长江中游航道冲淤及滩槽变化研究

CHANGJIANG ZHONGYOU
HANGDAO CHONGYU JI TANCAO BIANHUA YANJIU

刘万利　刘晓菲　张明进　李华国◎著

河海大学出版社
·南京·

内容提要

本书以长江中游宜昌至武汉河段为研究对象，采用实测资料分析和数值模拟计算等方法，分析了长江中游宜昌至武汉河段河道的基本特征，明晰了三峡蓄水后长江中游宜昌至武汉河段的水沙变化特征，并分河段总结了宜枝河段、上荆江河段、下荆江河段和城汉河段的航道冲淤及滩槽变化情况，阐明了长江中游宜昌至武汉河段河床冲淤和滩槽变化的基本规律。

本书可供从事航道整治、河床演变分析、工程规划及设计等方面工作的科技人员参考使用，也可作为高等院校相关专业师生的参考用书。

图书在版编目(CIP)数据

长江中游航道冲淤及滩槽变化研究 / 刘万利等著. -- 南京：河海大学出版社，2022.12
ISBN 978-7-5630-7873-8

Ⅰ. ①长… Ⅱ. ①刘… Ⅲ. ①长江—中游—航道整治—研究 Ⅳ. ①U617

中国版本图书馆 CIP 数据核字(2022)第 245793 号

书　　名	长江中游航道冲淤及滩槽变化研究
书　　号	ISBN 978-7-5630-7873-8
责任编辑	杜文渊
特约校对	李　浪　杜彩平
装帧设计	徐娟娟
出版发行	河海大学出版社
地　　址	南京市西康路1号(邮编:210098)
电　　话	(025)83737852(总编室)　(025)83787763(编辑室) (025)83722833(营销部)
经　　销	江苏省新华发行集团有限公司
排　　版	南京布克文化发展有限公司
印　　刷	广东虎彩云印刷有限公司
开　　本	718毫米×1000毫米　1/16
印　　张	12.25
字　　数	210千字
版　　次	2022年12月第1版
印　　次	2022年12月第1次印刷
定　　价	79.80元

作者简介

刘万利，武汉大学博士研究生，清华大学博士后。任职于交通运输部天津水运工程科学研究院，研究员。主要从事港口与航道工程专业领域的科学研究工作。

近年来，主持或主要参与了国家重点研发项目、国家"863"项目、西部重大专项、西部交通建设科技项目、长江黄金水道航道建设项目、基础理论研究课题、河工模型试验研究、河流水沙数值模拟技术研究等几十余项研究课题，取得了许多技术突破和创新，其中多项成果达到了国际领先水平或国际先进水平，为工程实施解决了诸多棘手的技术难题，为交通运输行业重要战略和国家战略的制定提供了技术支撑。

曾获天津市"131"创新型人才培养工程第一层次人选，交通运输青年科技英才荣誉称号；先后获省部级科技奖励一等奖2项、二等奖8项、三等奖2项；出版学术专著3部，发表学术论文40余篇，其中SCI、EI检索论文10余篇；获得授权发明和实用新型专利20余项、软件著作权5项。

序

　　长江黄金水道是横贯我国东、中、西部经济走廊的水运大动脉和对外开放的重要门户,是目前世界上内河运输最繁忙、运量最大的通航河流。近年来,长江干线航道建设取得了明显进展,通航条件也得到了较大改善。长江下游南京以下航道水深已达 12.5 m,可满足大型船舶的通航要求。长江上游库区航道条件也有较大的提高,长江航运在流域经济社会发展中发挥了越来越重要的作用。长江中游航道作为长江干线航道的重要组成部分,虽然近年来对部分重点滩险进行了一系列的整治,但由于滩险众多、河床演变复杂,通航能力差,在很大程度上仍受自然条件的影响,尤其是遇中、小水年的枯水期,航道维护相当困难,长江中游航道已成为影响长江航运整体畅通的瓶颈。因此,为进一步提升长江黄金水道的通过能力,构建"畅通、高效、平安、绿色"的现代化水运体系提供技术支撑与保障,开展长江中游航道冲淤及滩槽变化规律研究尤为重要和紧迫。

　　本书采用现场调研、资料收集、资料整理和分析研究等方法,厘清了三峡上游来水来沙条件变化以及三峡工程蓄水运用对长江中游水沙条件的影响规律,并在此基础上,把握三峡工程运用后长江中游河道冲淤变化规律,揭示长江中游滩槽变化与来水来沙条件变化的关系,阐明长江中游航道冲淤及滩槽的演变规律,为长江中游系统航道整治提供技术支撑。主要研究成果如下:

　　(1) 分析了三峡水库运行初期长江中游宜昌至武汉河段水沙的时空变化、三峡运行初期长江中游总体冲刷特性、泥沙粒径的时空变化、泥沙沿程冲刷恢复的情况等,弄清了三峡上游来水来沙条件变化以及三峡工程蓄水运用对长江中游水沙条件的影响规律。

　　(2) 在长江中游水沙变化分析的基础上,对长江中游宜枝河段、上荆江河段、下荆江河段、城汉河段等的航道冲淤及滩槽变化进行了分析，揭示长江中游滩槽变化与来水来沙条件变化的关系。

(3)分析了长江中游河床冲淤强度随时空的变化规律、枯水河槽冲淤规律、滩地冲淤规律以及砂卵石河段和沙质河段滩槽变化规律，阐明了长江中游航道冲淤及滩槽的演变规律。

杨云平、刘鹏飞、杨阳、平克军等参与了本书的相关研究、资料整理和绘图工作，李旺生研究员、李一兵研究员给予了技术上的指导，本书凝聚了他们的汗水和智慧，是大家共同劳动的结晶。交通运输部天津水运工程科学研究院和内河港航工程研究中心的领导及全体同事在本书的编写和出版过程中给予了大力支持、关怀和资助，特此感谢！

此外，在本书编写过程中，还得到了长江航道局、武汉大学的大力支持和协助，同时也得到行业内有关专家的热情帮助与指导。在此，谨向所有给予支持与帮助的各级领导和专家表示衷心的感谢！

由于作者水平有限，书中难免有疏漏和不妥之处，敬请读者批评指正。

编著者

2022年3月于天津滨海新区

目录

第1章 绪论 ·· 001
　1.1 引言 ·· 001
　1.2 研究现状 ·· 002
　1.3 本书主要内容 ··· 007

第2章 长江中游宜昌至武汉河段河道概况 ······································· 008
　2.1 宜枝河段 ·· 008
　2.2 上荆江河段 ·· 008
　2.3 下荆江河段 ·· 011
　2.4 城汉河段 ·· 012

第3章 长江中游宜昌至武汉河段水沙变化分析 ································· 014
　3.1 三峡水库运行初期长江中游水沙条件的时空变化 ···················· 014
　3.2 三峡运行初期长江中游总体冲刷特性 ··································· 029
　3.3 三峡运行初期长江中游泥沙粒径的时空变化 ·························· 042
　3.4 三峡运行初期长江中游泥沙沿程冲刷恢复的分析 ···················· 049
　3.5 主要结论 ·· 054

第4章 宜枝河段航道冲淤及滩槽变化 ·· 056
　4.1 宜枝河段重点河段基本情况 ·· 056
　4.2 宜昌河段航道冲淤及滩槽变化 ··· 057

4.3 宜都河段航道冲淤及滩槽变化 ········· 059

第5章 上荆江河段航道冲淤及滩槽变化 ········· 062
5.1 上荆江河段重点河段基本情况 ········· 062
5.2 芦家河河段航道冲淤及滩槽变化 ········· 063
5.3 枝江—江口河段航道冲淤及滩槽变化 ········· 069
5.4 沙市河段航道冲淤及滩槽变化 ········· 074
5.5 周天河段航道冲淤及滩槽变化 ········· 091

第6章 下荆江河段航道冲淤及滩槽变化 ········· 100
6.1 下荆江河段重点河段基本情况 ········· 100
6.2 碾子湾河段航道冲淤及滩槽变化 ········· 101
6.3 莱家铺水道航道冲淤及滩槽变化 ········· 111
6.4 窑监大河段航道冲淤及滩槽变化 ········· 114
6.5 铁铺—熊家洲河段航道冲淤及滩槽变化 ········· 124
6.6 尺八口水道航道冲淤及滩槽变化 ········· 127

第7章 城汉河段航道冲淤及滩槽变化 ········· 129
7.1 城汉河段重点河段基本情况 ········· 129
7.2 界牌河段航道冲淤及滩槽变化 ········· 130
7.3 陆溪口水道航道冲淤及滩槽变化 ········· 139
7.4 嘉鱼—燕子窝河段航道冲淤及滩槽变化 ········· 145

第8章 宜昌至武汉河段航道冲淤及滩槽变化基本规律 ········· 155
8.1 河床冲淤强度随时间及空间的变化规律 ········· 155
8.2 枯水河槽冲淤规律 ········· 161
8.3 滩地冲淤规律 ········· 171
8.4 砂卵石河段及沙质河段滩槽变化规律与水沙变化的关系 ········· 174

参考文献 ········· 183

第 1 章

绪论

1.1 引言

长江黄金水道是横贯我国东、中、西部经济走廊的水运大动脉和对外开放的重要门户,是目前世界上内河运输最繁忙、运量最大的通航河流。党中央、国务院十分重视长江黄金水道的建设,多次就长江水运发展作出重要指示。2009年12月国务院副总理张德江深入长江航道调研,并在全国内河航运座谈会上强调:"当前和今后一个时期,要把内河航运发展摆在经济社会发展的重要位置,纳入国民经济和社会发展规划,坚持科学规划,坚持深化改革,坚持加大力度,坚持加快建设步伐。"2011年1月21日,国务院颁布了《关于加快长江等内河水运发展的意见》(国发〔2011〕2号),标志着长江等内河水运发展已经上升为国家战略。

近年来,长江干线航道建设取得了明显进展,通航条件也得到了较大改善。长江下游南京以下航道水深已达 12.5 m,可满足大型船舶的通航要求。长江上游库区航道条件也有较大的提高,长江航运在流域经济社会发展中发挥了越来越重要的作用。长江中游航道作为长江干线航道的重要组成部分,虽然近年来对部分重点滩险进行了一系列的整治,但由于滩险众多、河床演变复杂、通航能力差,在很大程度上仍受自然条件的影响,尤其是遇中、小水年的枯水期,航道维护相当困难,长江中游航道已成为影响长江航运整体畅通的瓶颈(图 1.1-1)。

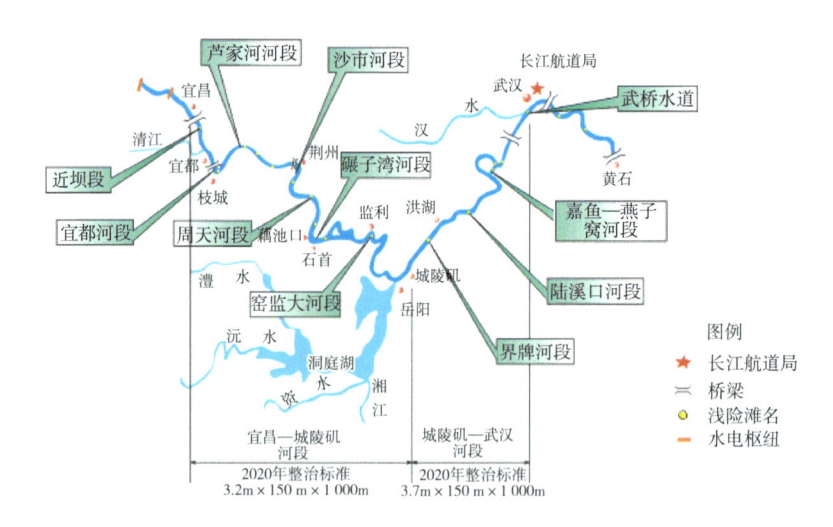

图 1.1-1　宜昌至武汉河段河势及滩险分布图

1.2　研究现状

1.2.1　河床演变规律研究

　　河床演变是指河流在自然条件下,受两岸土质、植被影响,或在受人工建筑物影响时所发生的变化。河床演变受河道发育历史、河流地貌和地质特征的影响,是携带泥沙水流与可冲积的河床不断相互作用的结果。在任何一个河段或任何一个局部地区内,水流受坡降、河床宽窄、河岸地质条件、植被等因素影响都具有不同的流速,具有冲刷河床和挟沙能力,从而使河道发生变化。河道演变就其演变形式而言,可分为两类:一类称为纵向演变,表现为河床纵向上升或下降,即淤积或冲刷;另一类称为横向演变,表现为河床水平左右摆动。这两种演变错综复杂地交织在一起,有时同时发生,有时单独发生。

　　事实表明,河床总是处于不断变化的过程中,受多种因素影响,每种因素的影响都存在着随机性,近期演变直接影响其未来的发展趋势,且演变是非常复杂的。河道的不断演变势必对航道产生巨大的影响,如河湾的发展、汊道的兴衰、浅滩的移动直接影响着航道的走向、水深、宽度等,改变航道基本的物理参数,影响船舶在航道中的航行条件。尽管河道演变存在着多因素性、动态性、连续性和复杂性,但也存在着一定的规律性。研究者发现,尽管在同一条河流上,不同河段河床形态和演变规律各有不同,但在不同河流上某些河段的河床形态和演变规律却很相似。航道整治工程是以河床演变规律为基本前提和指导的,正确的航道整治工程必须建立在对河床演变的正确理解及掌握的基础上,进行航道整治工程的难点不在于建筑物本身,而在于整治建筑物所激起的河床演变是否朝预期的方向发展。因此,正确认识和掌握航道冲淤变化规律,尤其是滩槽变化特征是进行航道整治工程的基础,具有十分重要的意义。就长江中下游河段的河床演变来看,多年来,我国的科技工作者开展了大量的研究工作,并取得了丰硕的成果。

三峡工程蓄水以前,近代国内大批的学者和科研机构,对长江流域进行了大量的实地调研、考察和研究,尤其是重点险段(如沙市段、监利段等),研究成果丰富,为近年来长江中游航道的大规模整治提供了重要的依据。

根据张修桂的调查研究,从先秦至1840年,长江中下游河道演变的总趋势是,分流淤塞、河道缩窄、曲率增大。在分流畅通、江面开阔、河道顺直的历史早期,史书明确记载的长江的洪水过程极不显著;而在分流淤塞、江面缩窄、弯道发展的近现代,长江的洪水过程日益加剧。中游荆江水位在近5 000年内大幅度上升,其升幅竟达13.6 m之巨。长江中下游河道,在历史演变过程中,形成两种迥然不同的河型,即蜿蜒型河道与分汊型河道。因水动力条件及边界条件的明显差异,近代这两种类型河道的演变过程与特点也是各不相同的。

陈泽方等通过分析计算指出,1986—2002年武汉河段冲淤基本平衡,冲刷部位主要集中在武汉天兴洲洲头,淤积部位主要集中在天兴洲左汊及天兴洲右汊内洲体右侧部分和武钢工业港等区域。

王维国等指出,荆江河段的水沙变化在近期主要表现为上游来水量无趋势性增大或减少,来沙量自20世纪90年代以来明显减少。入洞庭湖三口分流分沙呈减少趋势,尤其以藕池口衰减最为突出。1998年,大水造床作用明显,上荆江滩槽皆冲,以冲滩为主;下荆江表现为冲槽淤滩,总体呈淤积状态。重点河弯,如沙市、石首河段,自1998年大水以来的最新演变情况主要表现为沙洲移动、主流线摆动,顶冲点普遍下移,崩岸时有发生。

三峡工程蓄水后,改变了坝下游河道的来水来沙条件,长江中下游河段将经历较长时期的冲刷—平衡—回淤过程。

潘庆燊通过对长江中下游河道近50年变迁的研究,得出河道演变具有如下特点:河道总体河势基本稳定,局部河势变化较大;河道总体冲淤相对平衡,部分河段冲淤幅度较大;荆江和洞庭湖关系调整幅度加大;人为因素未改变河道演变基本规律;坐崩是长江中下游岸线崩退和护岸工程崩毁的主要形式;人为因素对长江口河道演变的影响增加。

贾锐敏从地形、地貌、河型、河床泥沙组成及河岸、河床的抗冲性等方面类比了三峡水库下游的宜昌至城陵矶河段与丹江口水库下游黄家港至皇庄河段,认为二者在水库蓄水运用后河床冲刷模式相似。基于这一观点,根据丹江口水库下游不同河段河床冲刷平均河底高程降低值与水位下降值的关系预测了三峡工程建成后对宜昌至城陵矶河道航道的影响,认为宜昌—江口段河岸抗冲性强,河床以冲刷下切与崩岸展宽为主,航深增加、航槽稳定,航道条件得到改善;上荆江河段预计河底冲刷下切与崩岸展宽并存,航深变化不大,但主泓因河道展宽摆动加强,给航道带来一定影响,应及时做好护滩工程使河道冲刷尽量限制在主河槽以内;下荆江河床预计以崩岸展宽为主,河底下降平均值小于水位下降值,航深减小、主槽多变,对航道十分不利,应做好整治规划并及时进行航道整治工程与护岸工程。

李宪中等在贾锐敏研究的基础上,针对三峡水库蓄水后,改变了自然状态下的水沙条件,引起坝下游荆江河段的冲刷下切、崩岸展宽、河势调整等一系列变化,着重分析了三峡枢纽蓄水后对荆江重点河段航道的影响,并提出了相应的对策。

江凌等分析了三峡工程蓄水以来荆江沙质河段不同类型河床的演变特性,预测计算了水库下游河床冲刷过程,进而探讨了河床演变趋势及其对航道的影响。研究分析表明:蓄水初期,上荆江深泓下切明显,但分汊放宽段航深不足问题突出;下荆江深泓冲淤相间,长顺直(微弯)河段的深槽过渡段下移,弯道进口处水流较分散,致使航槽不稳定。基于数学模型计算结果预测,蓄水5~10年,太平口—藕池口河段发生强烈冲刷,分汊放宽段中枯水河槽更宽浅,致使航道条件恶化,而且,支汊发展会影响主汊的通航条件;藕池口以下处于冲刷初期,过渡段浅滩碍航与否主要与退水过程有关,但弯道发展将使航槽位置发生变动。蓄水 15~20 年，藕池口以上冲刷基本完成，上荆江微弯分汊河型趋于稳定；藕池口以下发生强烈冲刷，过渡段浅滩高程降低，有利于航深的增加，弯道可能出现局部撇弯，致使航槽移位的现象。

刘小斌等研究分析发现，由于至 2009 年长江中游河段控制河势的护岸工程已基本实施，河道边界条件稳定，因此三峡工程建成蓄水后长江中游各河段的河床形态和河床演变规律总体上不会有重大改变，即仍保持原有河型不变，但各河段的河势将有不同程度的调整，有的河段可能很剧烈。

1.2.2 水库下游航道冲淤及滩槽变化规律研究

河流中大量建设的水利枢纽工程，对河流尤其是下游来水来沙将产生重大的影响，随着水库下游冲刷演变现象的普遍出现，国内外学者逐渐开始对此展开调查研究。国内外多个水库下游的河床调整现象证实：冲刷过程中，河床组成的不均匀及局部特殊形态对河床下切、水位下降历程有着重要影响。

埃及尼罗河阿斯旺大坝修建后，坝下实际下切深度与水位下降比预报值小得多，有关研究认为这与河床下伏不连续的卵石层以及沿程多个低堰的控制作用有关。Knodolf 讨论了水库拦沙和人工采沙引起的河床下切、河型转化；Niocal Surina 调查了意大利河流上普遍出现的河床下切和缩窄现象；Shields 讨论了水库下游的河道横向摆动机理，并利用航片定量分析了美国 Missouri River 下游建坝前后的河道摆动情况。

国内先后在官厅水库、三门峡水库和丹江口水库开展了较大规模的观测研究工作，为工程影响下的河流演变过程取得了大量的实测资料。对水库下游再造床过程的问题，地学界和水利学界从观测资料分析、试验模拟等多个方面开展了研究，探讨了水库下游河道冲淤变化、断面形态调整、河床地貌再造等方面的变化规律。

在河道上修建水利枢纽以后，枢纽下游河床冲刷现象主要有河床自上而下普遍冲刷、含沙量显著降低、河床显著粗化、纵比降调整等方面。同样的水沙条件变化，对于不同的河床边界可能造成不同的响应，而且这种响应由于冲刷历时的长短也可能动态变化。关于这种动态性，一般的研究认为，水库下游河床与水沙条件两者之间的不适应性在建库初期达到最大，因此，河床变形也以初期最为显著，并因时递减。冲刷过程中，随着河床及岸滩抗冲特性的变化，形态调整也产生变化。根据 Willimas 等对美国河流的统计,截流后初期河床下切冲刷幅度最大,之后随着河床粗化和比降调平,冲刷幅度逐渐减缓。许炯心以同流量的清水冲刷原始河床来模拟建库后的河床冲刷,发现初期以下切为主,之后出现以侧蚀为主的阶段,宽深比先减后增。对于纵剖面比降的变化,一般资料均显示初期以近坝段河床迅速调平为特征,之后逐渐向下游缓慢发展。水库下游的调整在趋向平衡的过程中,还会因为水文条件的变化出现间歇性的变缓和加速现象,完全达到平衡状态需要上百年时间。从减小挟沙能力和流量调平两种作用来看,韩其为认为,在建库初期以减小水流能量而引起的河床变形为主,而随着时间延续,断面形态逐渐向适应调节后的流量过程发展。

河床沿程冲刷的深度受到泥沙补给条件、河床抗冲性变化等的影响。随着河床冲刷的进行,下伏卵石层可能会逐步暴露,或者床沙粗化形成保护层,从而对河床调整过程产生深远的影响。埃及尼罗河上阿斯旺水坝修建以后,大坝下游河段实际上观察到的下切深度仅为 0.7 m,比不同的研究者所预测的数值(2.0~8.5 m)都要小得多,研究者认为这与河床以下埋藏着不连续的卵石层有关。许炯心运用地貌学方法对汉江丹江口水库下游河床调整过程中下伏卵石层的作用进行了系统的分析,下伏卵石层使河床下切受到抑制,随着卵石层的暴露,河床糙率将急剧增大,局部河床可能采取加大比降的方式进行补偿。

三峡水库下游的沙卵石河段经过下荆江裁弯引起的溯源冲刷、葛洲坝建设引起的沿程冲刷以及三峡水库蓄水后的清水冲刷,前人针对不同时期河段内局部水位下降与河床冲淤曾展开大量研究。施少华等人研究认为,宜昌至枝城段河道与河床比较稳定,岸线顺直,但葛洲坝和三峡水利枢纽建成后对河床的冲刷作用较大;荆江段是长江著名的弯曲段,其冲淤变化较大;城陵矶至湖口段为节点和分汊河床组成,一般来说节点较为稳定,而分汊河床不太稳定。

三峡工程蓄水后,由于"清水"下泄,水流挟沙能力富裕,加之长江中游为紧邻三峡工程的坝下河段,滩槽受冲力度最大。根据长江航道局三峡工程航道泥沙原型观测资料分析,在时间上,三峡工程蓄水以来,城陵矶以上河段基本上保持冲刷状态,城陵矶至汉口河段冲淤相间;在滩槽冲淤变化上,城陵矶以上河段为"滩槽均冲",宜昌至枝江段石质洲滩由于抗冲能力较强而变化较小,但"坡陡流急"凸显,成为主要碍航问题,荆江河段的沙质河床虽然深槽冲刷明显,但同时洲滩受冲洲头后退,洲体萎缩影响较为明显,主流摆动加剧。城陵矶至汉口河段为"冲槽淤滩",加之航道整治工程的控制,航道条件有所好转。

1.3 本书主要内容

本书的章节设置主要包括如下内容。

第一章:绪论。重点介绍研究背景、研究现状,以及本书的研究思路和研究成果。

第二章:长江中游宜昌至武汉河段河道概况。分河段重点介绍宜枝河段、上荆江河段、下荆江河段和城汉河段河道基本概况。

第三章:长江中游宜昌至武汉河段水沙变化分析。重点介绍三峡水库运行初期长江中游水沙的时空变化、总体冲刷特性、泥沙粒径的时空变化、泥沙沿程冲刷恢复的情况等。

第四章:宜枝河段航道冲淤及滩槽变化。分河段重点介绍宜昌河段和宜都河段的航道冲淤及滩槽变化。

第五章:上荆江河段航道冲淤及滩槽变化。分河段重点介绍芦家河河段、枝江—江口河段、沙市河段和周天河段的航道冲淤及滩槽变化。

第六章:下荆江河段航道冲淤及滩槽变化。分河段重点介绍碾子湾河段、莱家铺水道、窑监大河段、铁铺—熊家洲河段和尺八口水道的航道冲淤及滩槽变化。

第七章:城汉河段航道冲淤及滩槽变化。分河段重点介绍界牌河段、陆溪口水道和嘉鱼—燕子窝河段的航道冲淤及滩槽变化。

第八章:宜昌至武汉河段航道冲淤及滩槽变化基本规律。重点介绍河床冲淤强度随时空的变化规律、枯水河槽冲淤规律、滩地冲淤规律以及砂卵石河段和沙质河段滩槽变化规律与水沙的变化关系等。

第 2 章

长江中游宜昌至武汉河段河道概况

按照地理环境与河道特性,把长江中游宜昌至武汉分为4个长河段,即:宜昌至枝城河段(简称宜枝河段)、上荆江河段、下荆江河段和城陵矶至武汉河段(简称城汉河段)。

2.1 宜枝河段

宜枝河段位于三峡、葛洲坝枢纽下游,河段全长约 60.8 km,为顺直微弯河型(图 2.1-1),主要流经低山丘陵地带,由宜昌至云池顺直段和宜都、白洋、枝城 3 个弯道组成。宜枝河段内的河道平面形态和洲滩格局长期以来基本保持不变,由于沿程边界条件差异,平面形态主要呈现宽窄相间的特征,加之河床形态、边界条件不同以及支流入汇等因素的影响,纵剖面呈现凹凸不平的波状起伏。

2.2 上荆江河段

1. 平面形态

上荆江河段上起枝城,下迄藕池口,河段全长约 171.5 km,为微弯分汊河型(图 2.2-1),由江口、沙市、郝穴 3 个北向河湾和洋溪、涴市、公安 3 个南向河湾以及弯道间的顺直过渡段组成,河湾曲折率平均为 1.72,最小河湾半径为 3 040 m,最大为 10 300 m。河弯处多有江心洲,自上而下有关洲、董市洲、柳条洲、江口洲、火箭洲、马羊洲、三八滩、金城洲、突起洲等江心洲滩，河道最宽处约 3 000 m，最窄处仅 740 m，汊道均为双分汊河道。弯道之间的顺直过渡段长度为平滩河宽的 1.2~9.4 倍，较长的顺直段如涴市河湾与沙市河湾之间的太平口顺直段长达 10 km，而公安河湾与郝穴河湾之间的顺直段长仅 1.9 km。

图 2.1-1　宜枝河段河道平面图

枝城至江口段为低山丘陵区向冲积平原区过渡的河段，两岸多为低山丘陵控制，河岸稳定，河床覆盖层主要由沙、砾、卵石组成，平均厚度为 20~25 m，其下为基岩。江口至藕池口段两岸大部分为冲积平原，还有湖泊阶地、剥蚀丘陵和河流阶地以及河漫滩，河岸由卵石、沙和黏性土壤组成，下部卵石层顶板；中部沙层顶板高程较低，一般在枯水位以下；上部黏性土层较厚，一般为 8~16 m，以粉质壤土为主,夹黏土和沙壤土。

上荆江河段两岸均建有堤防,右岸为松滋江堤与荆南长江干堤,左岸为荆江大堤。由于两岸有大堤控制,整个河段平面形态相对稳定,但局部河段深泓摆动、洲滩消长较为频繁,以两弯道之间的长顺直过渡段和弯道分汊段最为典型。

2. 横断面

上荆江河段平面形态的特点是比较平顺,且弯道处多有江心洲,故弯道处的横断面多呈"W"形,变化较小,虽然有冲有淤,但基本上为周期性变化。

3. 纵剖面

上荆江河段内深泓平均高程约 17.1 m。河段内深泓高点主要出现在分流口以下段、顺直微弯段以及分汊段,如芦家河水道内深泓凸起,最大高程为 29 m,为整个荆江河段深泓的最高点。河段内深泓低点则主要出现在河湾或矶头附近,如太平口水道、马家咀水道、周公堤水道、藕池口水道,其深泓均发生明显突出。

图 2.2-1　上荆江河段河道平面图

2.3 下荆江河段

1. 平面形态

下荆江河段上起藕池口,下迄洞庭湖出口处的城陵矶,河段全长约 175.7 km。下荆江河段自然条件下蜿蜒曲折,易发生自然裁弯,河道摆动幅度大,为蜿蜒河型(图 2.3-1)。20 世纪 60 年代末至 70 年代初,下荆江河段经历了中洲子(1967 年)、上车湾(1969 年)两处人工裁弯以及沙滩子(1972 年)自然裁弯,河道缩短了约 78 km。裁弯后,由于下荆江河段不断实施河势控制工程与护岸工程,河道摆动幅度明显减小,岸线稳定性也得到了明显增强。目前,下荆江河段已成为限制性弯曲河道,由石首、沙滩子、调关、中洲子、监利、上车湾、荆江门、熊家洲、七弓岭、观音洲共 10 个弯段组成,河湾曲折率平均为 1.85,这些弯道中除石首河段有藕池口心滩、监利河段有乌龟洲为分汊河段外,其余均为单一河道。下荆江河段内弯道附近的凸岸存在着发育边滩,如石首弯道的向家滩、石首以下的碾子湾边滩、沙滩子弯道的三合垸边滩、调关弯道的季家咀边滩、中洲子弯道的莱家铺边滩、监利弯道的新河口边滩、上车湾附近的大马洲边滩、荆江门弯道的反咀

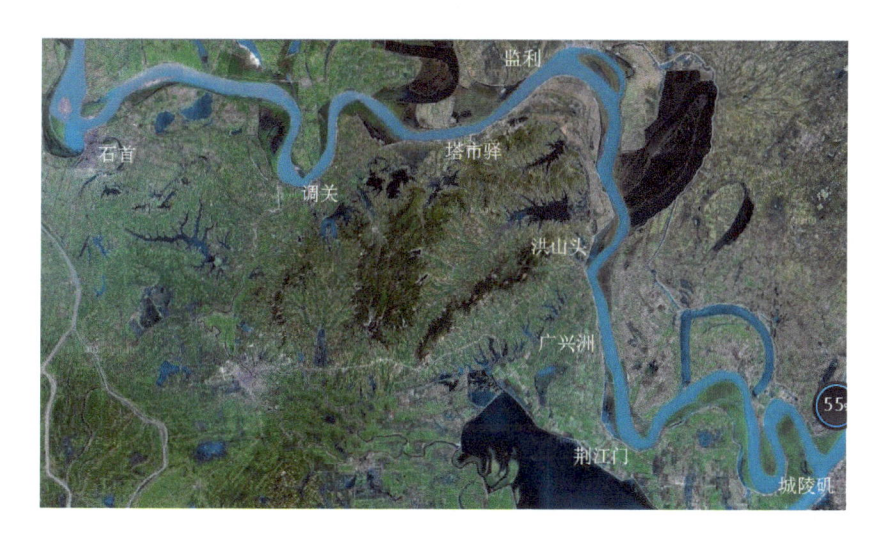

图 2.3-1 下荆江河道平面图

边滩、七号岭弯道的八仙洲边滩、观音洲弯道的七姓洲边滩等。下荆江边滩的形态系数(长/宽)约为8.08。

下荆江河段内河床组成为中细沙,卵石层在床面以下埋藏较深。河段右岸有部分地段为丘陵阶地,抗冲能力相对较强;左岸为冲积平原,河岸由下部沙层与上部黏性土层组成,抗冲能力差。下荆江河段的两岸建有堤防,左岸为荆江大堤与监利洪湖长江干堤,右岸为荆南长江干堤与岳阳长江干堤。自然条件下,下荆江弯道凹岸崩塌、凸岸淤长是其河道演变的主要特征,为了抑制崩岸、控制河势,提高荆江地区的防洪能力,从1983年开始,国家加大了对下荆江河段的守护力度,特别是1998年大洪水以后,在下荆江河段内实施了规模较大的河势控制工程,这些河势控制工程对稳定岸线与控制河势都起到了至关重要的作用。据不完全统计,下荆江河段内已守护岸线总长约146 km。

2. 横断面

下荆江河段蜿蜒曲折,河弯横断面多为不对称的偏"V"形,虽然下荆江平面变形的基本方式是凹岸崩塌、凸岸淤积,且河弯不断向下游蠕动,但河弯横断面变形方式一般为形状基本不变,主要是横向位移。

3. 纵剖面

下荆江河段内深泓纵剖面起伏大于上荆江,上荆江河段内深泓趋势沿程变化线较下荆江河段陡,下荆江河段内深泓高程平均值明显低于上荆江河段内的深泓高程平均值。

2.4 城汉河段

城汉河段上起城陵矶洞庭湖口,下迄武汉长江大桥,河段全长约228.1 km,为藕节状分汊河型(图2.4-1),两岸湖泊和河网交织,入口城陵矶处有我国第二大淡水湖洞庭湖汇入,出口有长江中游最大支流汉江汇入。由于洞庭湖和汉水汇入,河段内流量增大,江面较宽,平均河宽约1 500 m,河道顺直,水流平缓,河道总体上也较荆江河段稳定。城汉河段两岸多为孤独山丘,形成多处节点,河心也存在多处暗礁,两岸土质有所不同,易形成顺直放宽段乃至分汊(包括鹅头形汊道)河型。从河型来看,城汉河段可分为三部分:上段,城陵矶至潘家湾段为分

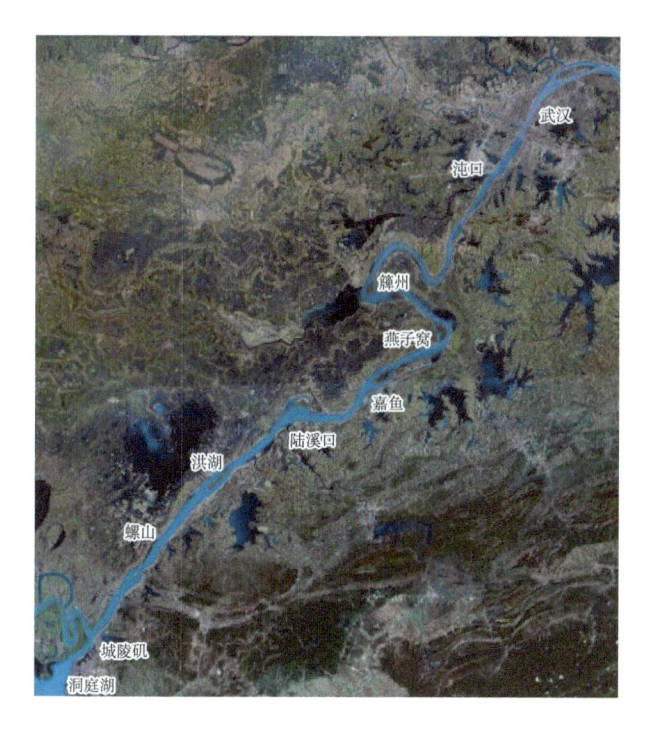

图 2.4-1　城汉河段河道平面图

汉河段，以顺直分汊为主，全长约 121.1 km，呈宽窄相间的藕节状分汊河型，窄段一般有节点控制；中段，潘家湾至纱帽山段为簰洲弯道段，全长约 74.4 km，为弯曲河型；下段，纱帽山至武汉长江大桥段为分汊河段，以顺直分汊为主，全长约 32.6 km，河道外形相对稳定，自上而下主要受三对对峙节点控制，节点处河宽较窄，节点之间河道展宽分汊，全河段平面形态呈藕节状分汊型。

第 3 章

长江中游宜昌至武汉河段水沙变化分析

3.1 三峡水库运行初期长江中游水沙条件的时空变化

3.1.1 三峡水库运行初期长江中游水流条件的变化

1. 径流总量的变化

长江中下游主要的水文站有宜昌、枝城、沙市、监利、螺山、汉口、大通。表 3.1-1 给出了各站蓄水以前（2002 年以前）多年平均、前两个蓄水阶段（2003—2007 年）年均、175 m 试验性蓄水期（2008—2012 年）各年度及年均的径流总量，据此分析长江中下游河道径流量的时空变化。

（1）径流量随时间的变化。

各水文站蓄水以前多年平均、前两个蓄水阶段年均以及试验性蓄水期年均径流量对比变化如图 3.1-1 所示，2008—2012 年径流量年际变化如图 3.1-2 所示。

表 3.1-1 长江中下游主要水文站年径流量统计表

单位：亿 m³

时段		水文站						
		宜昌	枝城	沙市	监利	螺山	汉口	大通
2002 年前平均径流量		4 369	4 450	3 942	3 576	6 460	7 111	9 052
2003—2007 年平均	径流量	3 936	4 021	3 720	3 560	5 823	6 677	8 148
	变化率1（%）	−9.90	−9.65	−5.63	−0.45	−9.86	−6.10	−9.98

第3章 长江中游宜昌至武汉河段水沙变化分析

(续表)

时段		水文站						
		宜昌	枝城	沙市	监利	螺山	汉口	大通
2008年	径流量	4 186	4 281	3 902	3 803	6 085	6 727	8 291
	变化率1(%)	-4.19	-3.80	-1.01	6.35	-5.80	-5.40	-8.41
	变化率2(%)	6.34	6.48	4.89	6.83	4.50	0.74	1.75
2009年	径流量	3 822	4 043	3 686	3 648	5 536	6 278	7 819
	变化率1(%)	-12.52	-9.15	-6.49	2.01%	-14.30	-11.71	-13.62
	变化率2(%)	-2.91	0.56	-0.91	2.47	-4.93	-5.98	-4.04
2010年	径流量	4 048	4 195	3 819	3 679	6 480	7 472	10 220
	变化率1(%)	-7.35	-5.73	-3.12	2.88	0.31	5.08	12.90
	变化率2(%)	2.84	4.34	2.66	3.34	11.29	11.90	25.43
2011年	径流量	3 393	3 583	3 345	3 329	4 653	5 495	6 671
	变化率1(%)	-22.34	-19.48	-15.14	-6.91	-27.97	-22.73	-26.30
	变化率2(%)	-13.80	-10.88	-10.08	-6.49	-20.09	-17.71	-18.13
2012年	径流量	4 648	4 717	4 224	4 046	6 929	7 566	10 030
	变化率1(%)	6.39	6.00	7.15	13.14	7.26	6.40	10.80
	变化率2(%)	18.08	17.32	13.55	13.65	19.00	13.31	23.09
2008—2012年平均	径流量	4 019	4 164	3 795	3 701	5 937	6 708	8 606
	变化率1(%)	-8.00	-6.43	-3.72	3.50	-8.10	-5.67	-4.92
	变化率2(%)	2.11	3.56	2.02	3.96	1.95	0.45	5.62

注：变化率1、2分别为与2002年前均值、2003—2007年均值的相对变化率。

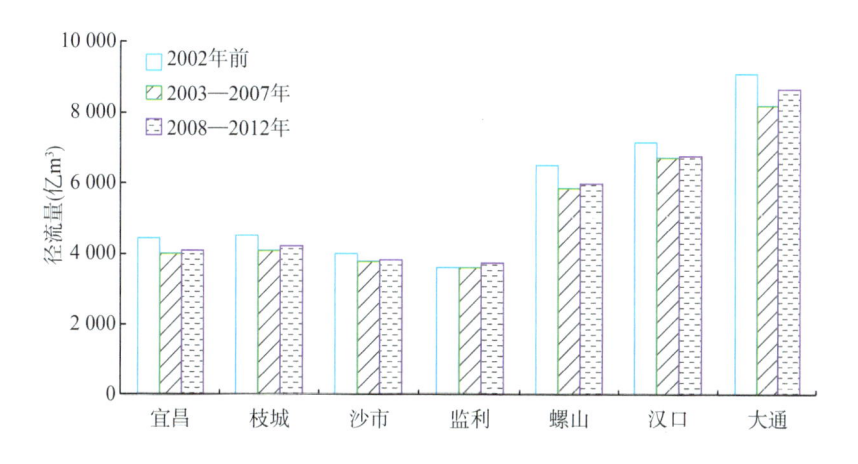

图 3.1-1 长江中下游主要水文站不同时期年均径流量变化

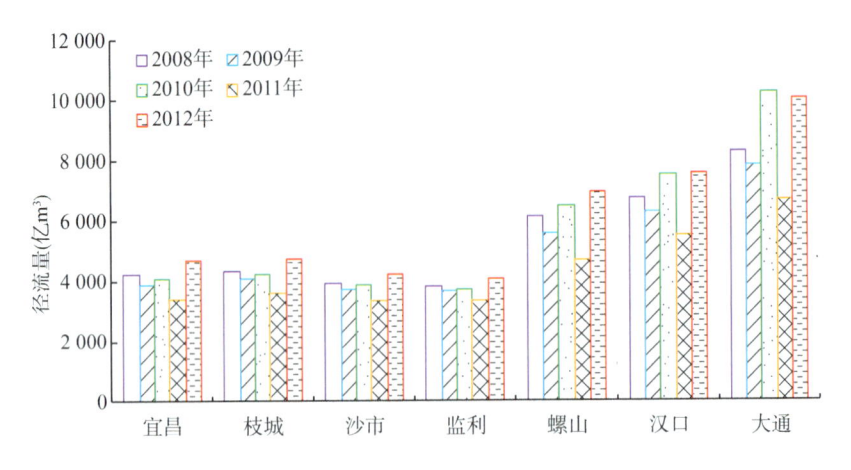

图 3.1-2　长江中下游主要水文站 2008—2012 年径流量变化

三峡水库蓄水后的 2003—2007 年,长江中游各站,除监利站水量与蓄水前基本持平外,其余各站的多年平均径流量较蓄水前偏枯 5%～10%。

三峡水库 175 m 试验性蓄水期(2008—2012 年)内,与试运行前的 2003—2007 年相比,汉口站基本持平,其余各站略有增加,增幅 2%～6%;与水库蓄水前多年平均相比,除监利站偏大 3.5%,其余各站偏枯 3%～8%。

总的来看,2008—2012 年各水文站年际间径流总量变幅有大有小,但丰枯基本一致。试验性蓄水期多年平均径流量与前两个蓄水阶段(2003—2007 年)多年均值以及蓄水前(2002 年以前)多年平均值均不同,这主要由水文过程的随机性造成。

(2) 径流量沿程变化。

水库蓄水以前和以后,不同阶段径流量沿程变化趋势是一致的。枝城站较宜昌站径流量略有增加,枝城站、沙市站、监利站径流量依次略减,监利站以下的螺山站、汉口站、大通站径流量则是沿程增加。其中,枝城站与宜昌站之间主要有清江入汇,沙市站与枝城站之间主要有松滋口和太平口分流,监利站与沙市站之间主要有藕池口分流,螺山站与监利站之间主要有城陵矶汇流,汉口站与螺山站之间主要有汉江入汇,大通站与汉口站之间主要有鄱阳湖湖口汇流。不难看出,径流总量的沿程的增减与上述分汇流情况基本吻合(图 3.1-3)。

沿程各站径流量的年际变化程度不同。监利站多年来径流总量最稳定,基本保持在 4 000 亿 m³ 左右,而监利以下各站径流量的年际变化较监利站以上各

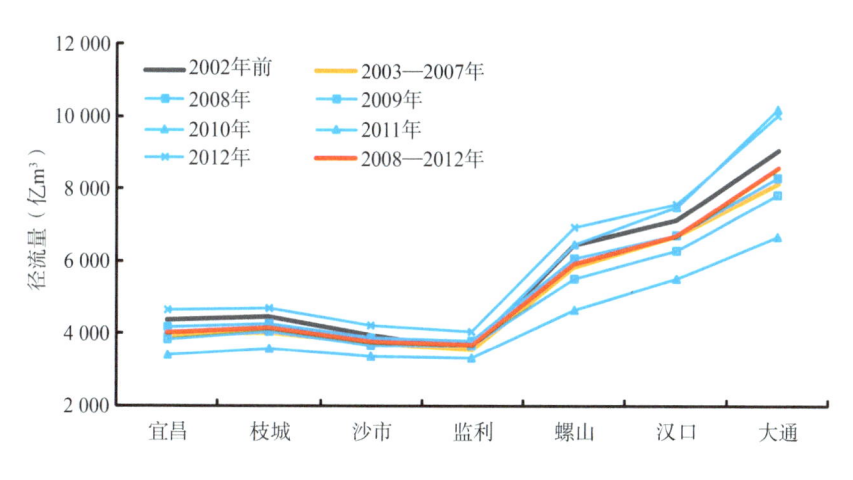

图 3.1-3　长江中下游不同时期年径流量沿程变化

站要剧烈得多,其中大通站的径流量年际变化最剧烈。究其原因主要还是受沿程分汇流的影响,洞庭湖 3 个分流口均在监利站上游,枝城以上只有清江入汇,受洞庭湖的自然调蓄作用,监利站径流的径流总量年际间变化较小;而监利站以下的螺山站径流量除上游来流外,还受到洞庭湖四水径流量变化的影响,汉口站受汉江水系的影响,大通站受鄱阳水系的影响,且这些影响沿程叠加,故大通站径流量的年际变化最为剧烈。

因此,坝下径流量的沿程变化主要受沿程分汇流情况以及区间汇流影响,而水库蓄水以及不同的运行方式对坝下游河段径流量的沿程变化影响不大。

2. 径流过程的变化

依据径流量年内分配统计结果点绘长江中游主要水文站年内径流量过程线以及各月径流量占全年的百分比,其中宜昌、枝城、沙市、监利 4 站汛期按照 6—9 月统计,螺山站、汉口站和大通站汛期按照 5—10 月来统计(表 3.1-2、图 3.1-4)。

试验性蓄水期(2008—2012 年)内,长江中游各水文站汛期径流量占全年百分比较 2003—2007 年期间均有所减小,相应地,非汛期径流量占全年百分比增大,除螺山站外,也较蓄水前多年平均值增加,这除了水文过程的变化外,与水库的调度也有一定关系。

表 3.1-2　各水文站汛期、非汛期径流量百分比

年份	水文站 不同时段径流量占 全年百分比(%)	宜昌	枝城	沙市	监利	螺山	汉口	大通
2002 年	汛期	59.3	58.8	56.6	54.9	59.2	73.5	72.3
	非汛期	40.7	41.2	43.4	45.1	40.8	26.5	27.7
2003—2007 年	汛期	60.4	59.8	56.8	55.9	64.1	71.3	69.4
	非汛期	39.6	40.2	43.2	44.1	35.9	28.7	30.6
2008—2012 年	汛期	58.5	57.6	54.9	53.5	63.4	69.1	68.0
	非汛期	41.5	42.4	45.1	46.5	36.6	30.9	32.0

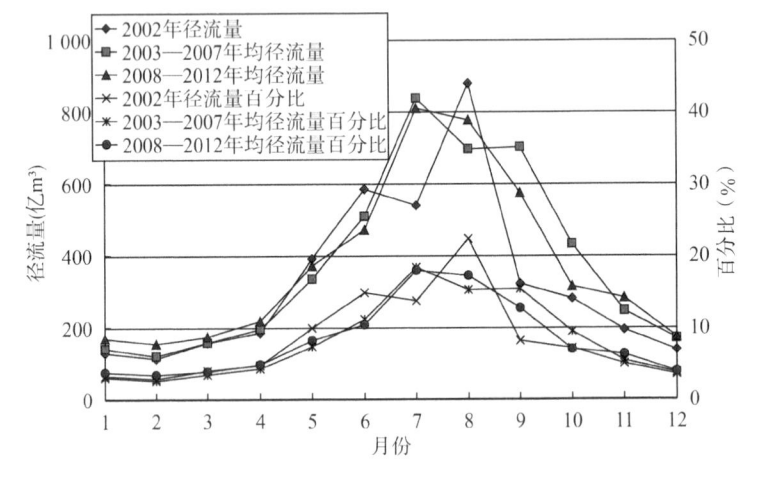

(a) 宜昌站径流量过程

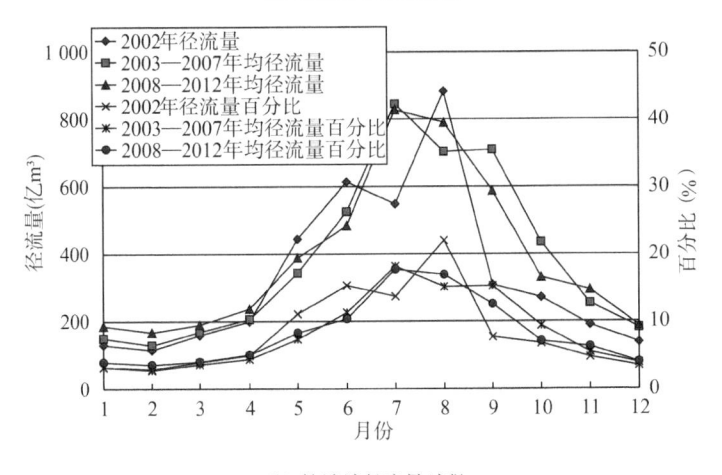

(b) 枝城站径流量过程

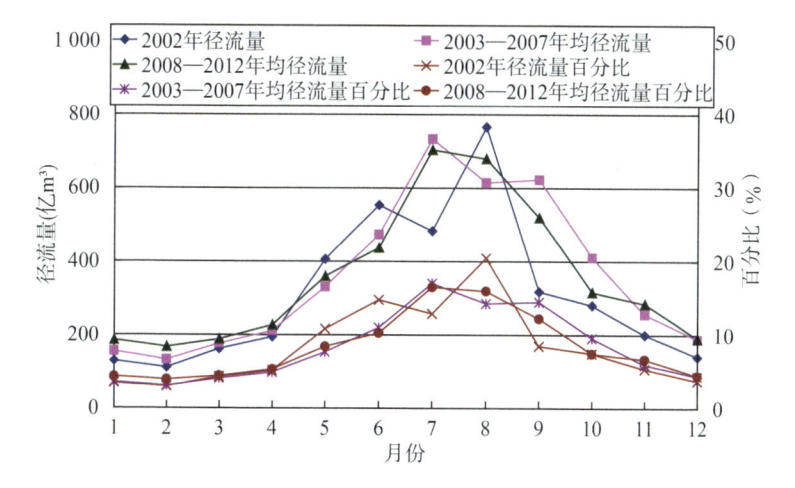

第3章 长江中游宜昌至武汉河段水沙变化分析

(c) 沙市站径流量过程

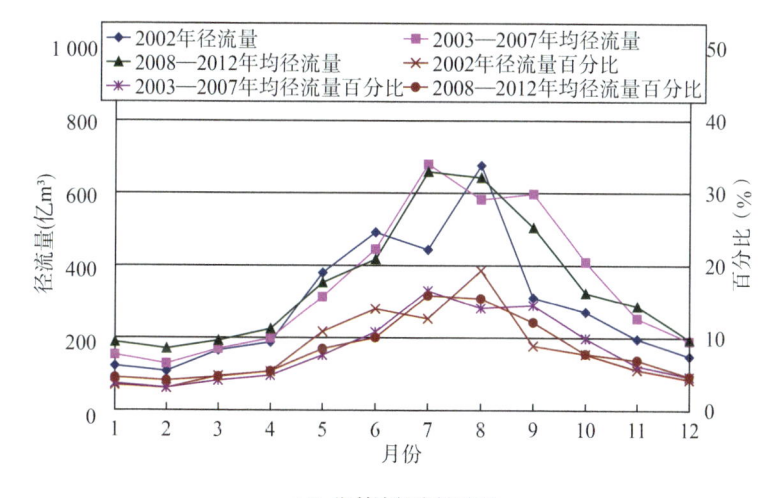

(d) 监利站径流量过程

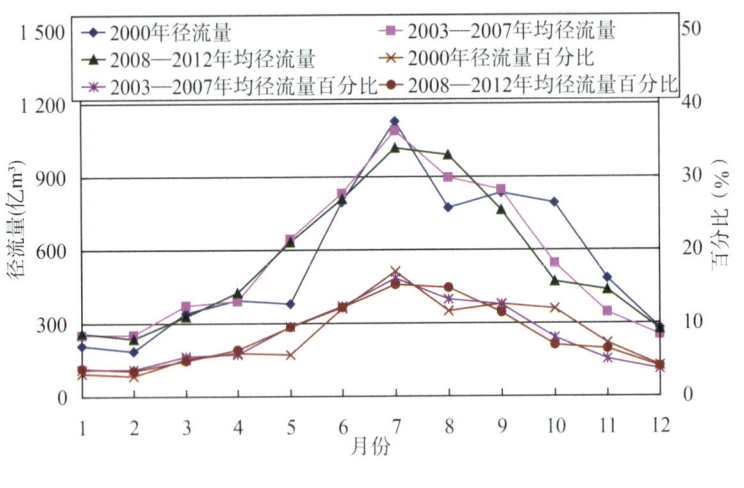

(e) 螺山站径流量过程

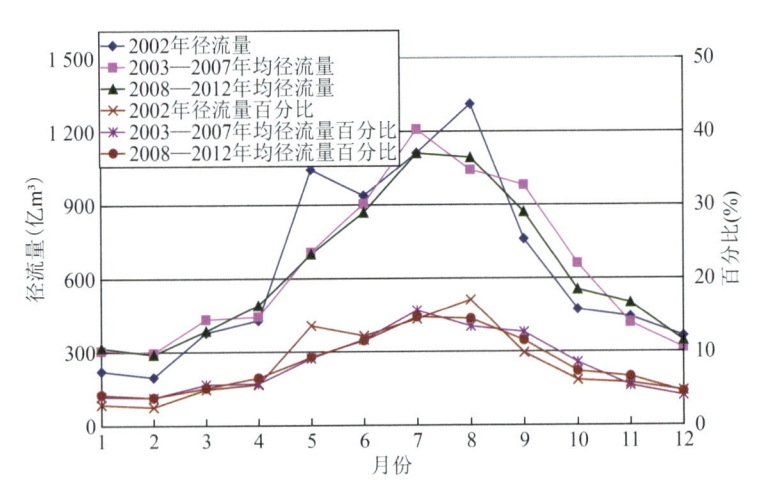

(f) 汉口站径流量过程

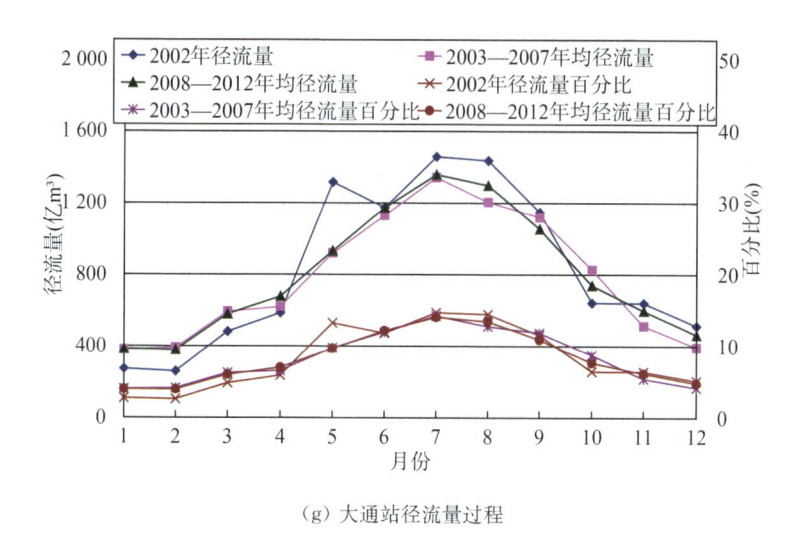

第 3 章　长江中游宜昌至武汉河段水沙变化分析

(g) 大通站径流量过程

图 3.1-4　长江中下游主要水文站径流量过程变化图

3. 最枯流量的变化

统计长江中游主要水文站的最枯流量(图 3.1-5)。蓄水后,宜昌至大通站最枯流量逐年增大。从沿程变化来看,不同蓄水阶段,最枯流量的变化趋势一致:宜昌站至监利站,最枯流量时,由于分流口分流量为零,因此呈沿程递增趋势,增大幅度不大;监利站至大通站,由于支流入汇,最枯流量沿程显著增大。

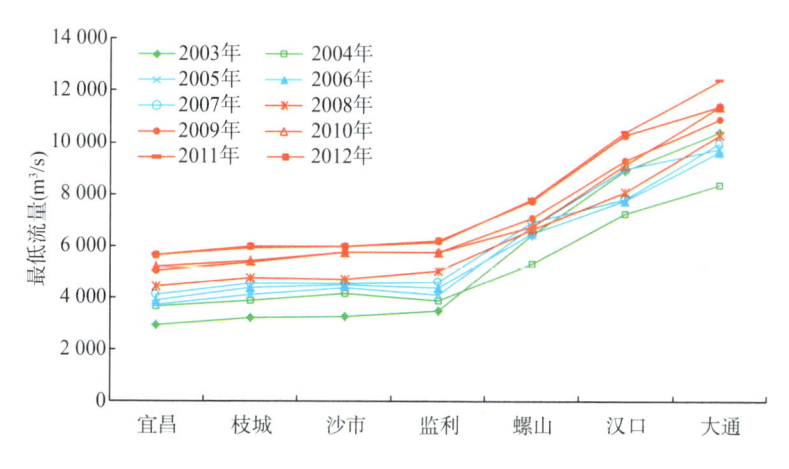

图 3.1-5　三峡蓄水后水库下游最枯流量

3.1.2 三峡水库运行初期长江中游输沙量的变化

1. 输沙总量的变化

表 3.1-3 给出了三峡坝下游各主要水文站蓄水以前（2002 年以前）多年平均、前两个蓄水阶段（2003—2007 年）年均、试运行期（2008—2012 年）各年度及年均的输沙总量，以此分析长江中下游河道输沙量的时空变化。

表 3.1-3 长江中下游主要水文站年输沙量统计表

单位：万 t

时段		水文站						
		宜昌	枝城	沙市	监利	螺山	汉口	大通
2002 年前平均输沙量		49 200	50 000	43 400	35 800	40 900	39 800	42 700
2003—2007 年平均	输沙量	6 668	8 168	9 304	10 196	11 386	12 932	15 836
	变化率1(%)	−86.45	−83.66	−78.56	−71.52	−72.16	−67.51	−62.91
2008 年	输沙量	3 200	3 900	4 900	7 600	9 150	10 100	13 000
	变化率1(%)	−93.50	−92.20	−88.71	−78.77	−77.63	−74.62	−69.56
	变化率2(%)	−52.01	−52.25	−47.33	−25.46	−19.64	−21.90	−17.91
2009 年	输沙量	3 510	4 090	5 060	7 060	7 720	8 740	11 100
	变化率1(%)	−92.87	−91.82	−88.34	−80.28	−81.12	−78.04	−74.00
	变化率2(%)	−47.36	−49.93	−45.61	−30.76	−32.20	−32.42	−29.91
2010 年	输沙量	3 280	3 790	4 800	6 020	8 370	11 100	18 500
	变化率1(%)	−93.33	−92.42	−88.94	−83.18	−79.54	−72.11	−56.67
	变化率2(%)	−50.81	−53.60	−48.41	−40.96	−26.49	−14.17	16.82
2011 年	输沙量	623	975	1 810	4 480	4 500	6 860	7 180
	变化率1(%)	−98.73	−98.05	−95.83	−87.49	−89.00	−82.76	−83.19
	变化率2(%)	−90.66	−88.06	−80.55	−56.06	−60.48	−46.95	−54.66
2012 年	输沙量	4 260	4 830	6 170	7 440	9 810	12 800	16 200
	变化率1(%)	−91.34	−90.34	−85.78	−79.22	−76.01	−67.84	−62.06
	变化率2(%)	−36.11	−40.87	−33.68	−27.03	−13.84	−1.02	2.30
2008—2012 年平均	输沙量	2 974.6	3 517	4 548	6 520	7 910	9 920	13 196
	变化率1(%)	−93.95	−92.97	−89.52	−81.79	−80.66	−75.08	−69.10
	变化率2(%)	−55.39	−56.94	−51.12	−36.05	−30.53	−23.29	−16.67

注：变化率1、2 分别为与2002 年前均值、2003—2007 年均值的相对变化率。

第3章 长江中游宜昌至武汉河段水沙变化分析

(1) 输沙量随时间的变化。

各水文站蓄水以前多年平均、前两个蓄水阶段年均以及试运行期年均输沙量对比变化如图 3.1-6 所示，2008—2012 年输沙量的变化如图 3.1-7 所示。

三峡水库蓄水以前，坝下游输沙量沿程变化主要受沿程分汇流、流域产沙以及河段冲淤的综合影响，输沙量多年均值的沿程变化与径流量的沿程变化基本一致，即监利以上的水文站输沙量沿程呈递减态势，监利以下各站输沙量沿程递增。

图 3.1-6 长江中下游主要水文站不同时期年均输沙量变化

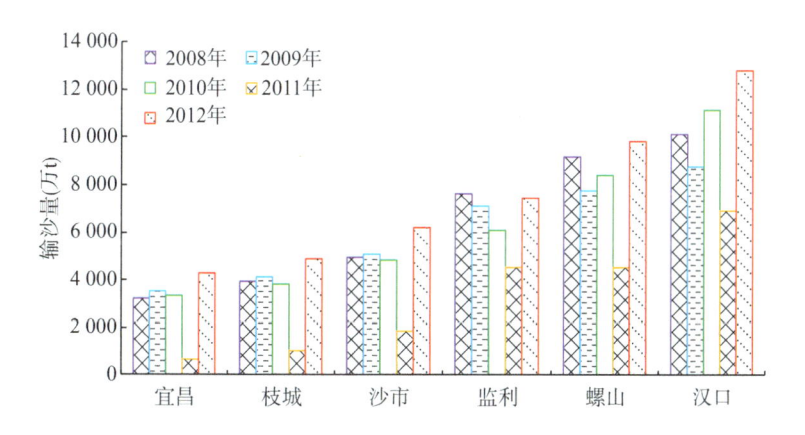

图 3.1-7 长江中下游主要水文站 2008—2012 年输沙量变化

(注：缺失大通站资料。)

蓄水后，由于大量泥沙淤积在库内，坝下的宜昌站输沙量大幅减少，由于不饱和输沙导致沿程冲刷使输沙量趋于恢复，另一方面也有区间产沙和支流沙量汇入的作用，宜昌站以下水文站的输沙量沿程递增，但与蓄水前情况相比仍表现出显著的减少。

显然，水库蓄水引起下游输沙量的变化，距坝越近，影响越显著。

可以看出，三峡水库蓄水后，受水库拦沙影响，坝下游各站输沙量均出现了骤减。三峡水库蓄水前，宜昌、枝城、沙市、监利、螺山、汉口、大通站多年平均输沙量分别为 4.92 亿 t、5.00 亿 t、4.34 亿 t、3.58 亿 t、4.09 亿 t、3.98 亿 t、4.27 亿 t。

三峡水库蓄水后前两个蓄水阶段（2003—2007 年），坝下游各站输沙量减幅在 62%～87% 之间。

进入试验性蓄水期，汛期坝前水位明显抬升，水库拦沙作用更为显著，坝下各水文站输沙量再次大幅减少。与 2003—2007 年相比，输沙量减小幅度在 16%～56% 之间，与水库蓄水前多年平均相比，减幅在 69%～94% 之间。

总之，坝下游输沙量一方面有水文过程的随机变化，且基本遵循"大水大沙、小水小沙"；另一方面三峡水库蓄水拦沙对坝下游河段输沙量影响显著，随着水库蓄水以及水位的逐步抬升，坝下各站输沙量均有不同程度的进一步减少。

（2）输沙量沿程变化。

图 3.1-8 给出了长江中下游 2008—2012 年各年以及不同时期年均输沙量的沿程变化情况。从图中看出：

三峡水库蓄水以前，坝下游输沙量的沿程变化主要受沿程分汇流、流域产沙以及河段冲淤的综合影响，输沙量多年均值的沿程变化与径流量的沿程变化基本一致，即监利以上的水文站输沙量沿程呈递减态势，监利以下各站输沙量沿程递增。

蓄水后以及试运行水位抬升后，由于大量泥沙淤积在库内，坝下的宜昌站输沙量大幅减少，由于不饱和输沙导致沿程冲刷使输沙量趋于恢复，另一方面也有区间产沙和支流沙量汇入的作用，宜昌站以下水文站的输沙量沿程递增，但与蓄水前情况相比仍表现出显著的减少。

显然，水库蓄水引起下游输沙量的变化，距坝越近，影响越显著。

2. 输沙量年内分配的变化

依据实测资料分别统计年内汛期与非汛期输沙量占全年百分数，其中宜昌、

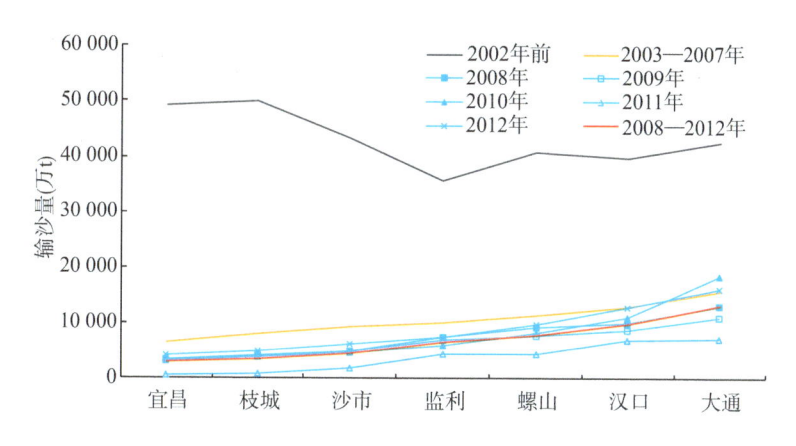

第3章 长江中游宜昌至武汉河段水沙变化分析

图 3.1-8 长江中下游不同时期年输沙量沿程变化

枝城、沙市、监利 4 站汛期与径流量统计一致,为 6—9 月;螺山站、汉口站和大通站汛期一致,为 5—10 月。依据实测资料点绘长江中游主要水文站年内输沙量过程线,如表 3.1-4 和图 3.1-9,可以看出:

与蓄水前相比,蓄水后宜昌、枝城、沙市 3 站汛期输沙量所占全年百分数明显增加,这显然与三峡水库汛期下泄泥沙所占全年百分数增大直接相关;监利及以下 4 站汛期输沙量占全年百分比较蓄水前有所减小,这又与沿程入汇泥沙所占比重增大有关。

蓄水后不同蓄水阶段汛期输沙量占全年百分数也不同。2008—2012 年,宜昌、枝城、沙市 3 站汛期输沙量占全年百分比较 2003—2007 年期间均有所增大,监利及以下 4 站汛期输沙量占全年百分比较 2003—2007 年期间均有所减小。

表 3.1-4 各水文站汛期、非汛期输沙量百分比

时段	不同时段输沙量占全年百分比(%)	宜昌	枝城	沙市	监利	螺山	汉口	大通
2002 年	汛期	89.3	86.2	82.0	78.5	78.4	88.7	85.9
	非汛期	10.7	13.8	18.0	21.5	21.6	11.3	14.1
2003—2007 年	汛期	95.3	93.2	85.3	78.0	79.5	87.6	82.7
	非汛期	4.7	6.8	14.7	22.0	20.5	12.4	17.3
2008—2012 年	汛期	98.5	96.0	89.1	76.5	73.7	76.0	78.3
	非汛期	1.5	4.0	10.9	23.5	26.3	24.0	21.7

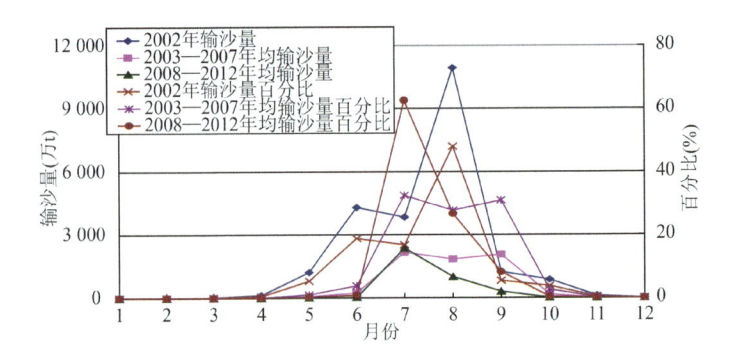

(a) 宜昌站输沙量年内分配

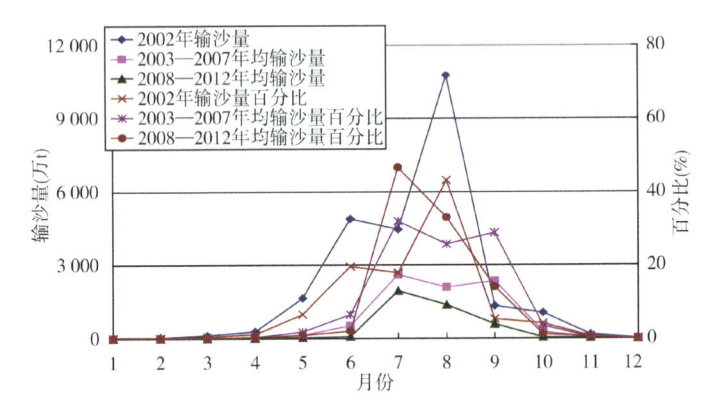

(b) 枝城站输沙量年内分配

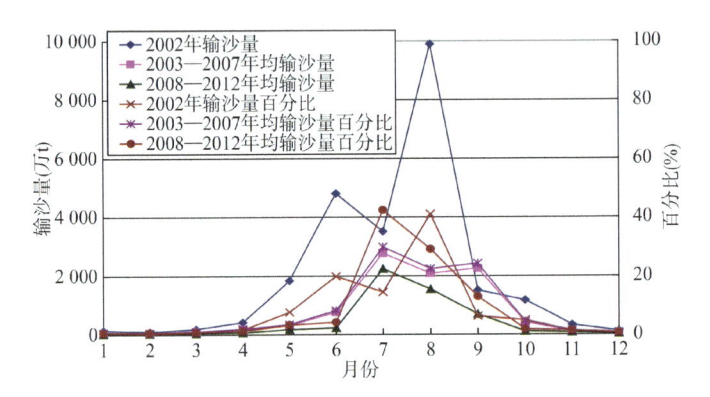

(c) 沙市站输沙量年内分配

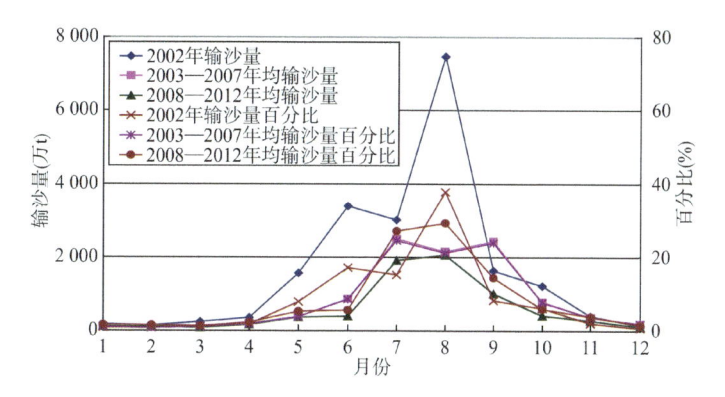

第3章 长江中游宜昌至武汉河段水沙变化分析

(d) 监利站输沙量年内分配

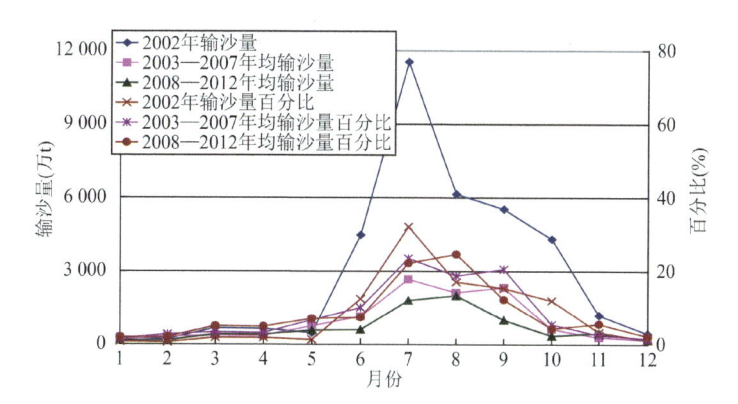

(e) 螺山站输沙量年内分配

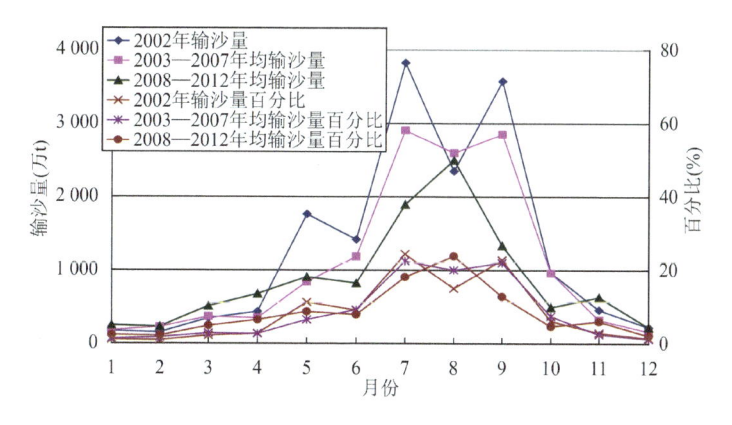

(f) 汉口站输沙量年内分配

（g）大通站输沙量年内分配

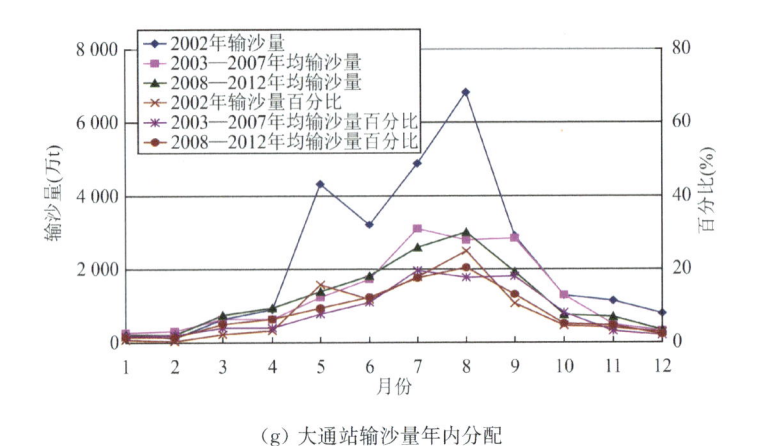

图 3.1-9　长江中下游主要水文站输沙量年内分配图

显然，由于蓄水位的进一步抬高，非汛期出库泥沙占全年百分比进一步减小，汛期增加；监利及以下各站，三峡下泄泥沙量比重减少，区间来沙所占比重的增加，使得枯水期输沙量占全年百分比增加。

3. 含沙量的变化

图 3.1-10 为长江中游主要水文站年均含沙量的变化过程。

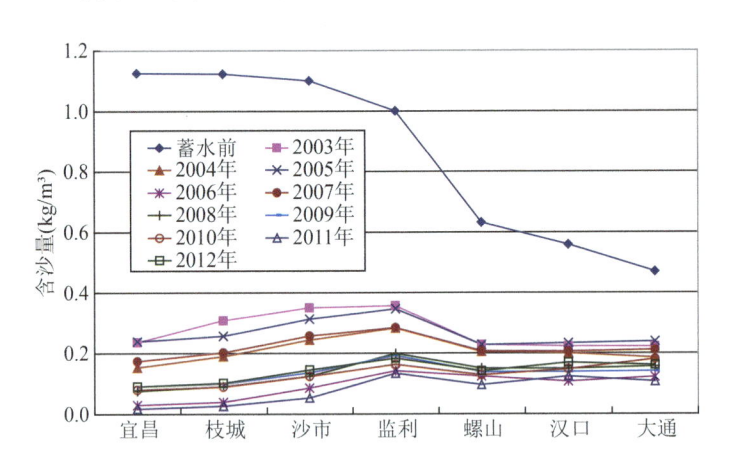

图 3.1-10　长江中游主要水文站含沙量变化

水库蓄水前后含沙量沿程变化趋势显然不同：蓄水前，长江中下游含沙量呈沿程减小趋势（监利以下较上游减少程度更剧烈），而蓄水后含沙量在监利站以上沿程有较快增加，并在监利站达到最大值，监利—螺山河段由于有洞庭湖较清水流入汇等原因,含沙量有所减小,螺山以下含沙量沿程又有所增加,但增幅十分有限。

蓄水后 2008—2012 年和 2003—2007 年含沙量沿程变化的差别也较大。2003—2007 年监利以上含沙量总体大于监利以下各站含沙量,而 2008—2012 年含沙量除监利站外,沿程总体呈增加趋势。

3.2 三峡运行初期长江中游总体冲刷特性

3.2.1 沙卵石河段的总体冲刷变化

长江中游的沙卵石河段一般认为上起宜昌,下至大埠街。就河道形态而言,两岸主要为丘陵阶地,河岸较为稳定;就河床组成而言,河床主要由沙卵石组成,局部基岩出露,且经过葛洲坝蓄水运用、20 世纪 90 年代来沙减少的作用,河床组成的抗冲性较强;就河段的位置而言,该河段紧邻三峡、葛洲坝下游,是受三峡蓄水影响最直接、最显著的河段。

1. 河床冲刷随时间的变化

(1) 沙卵石河段不同河段年际间冲刷量随来水来沙条件改变,总体上表现为一致性累积冲刷。

宜昌至大埠街沙卵石河段主要包括宜枝河段和枝江河段,其中宜枝河段又可分为宜昌河段和宜都河段。长江水利委员会水文局三峡原型观测资料给出了各河段的枯水河槽年冲淤量和冲刷强度(图 3.2-1~图 3.2-3)。

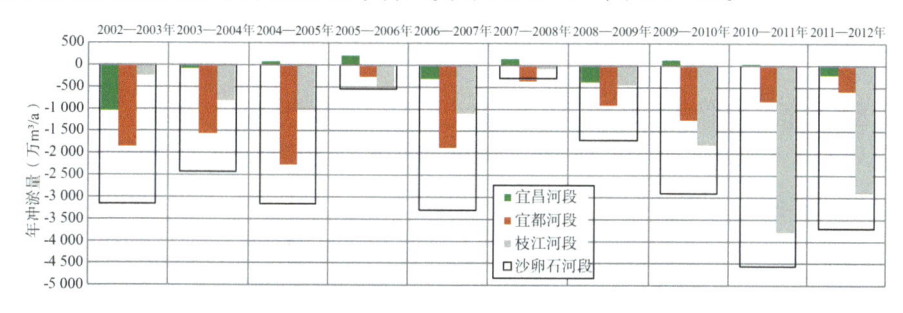

图 3.2-1 沙卵石各河段枯水河槽年冲淤量

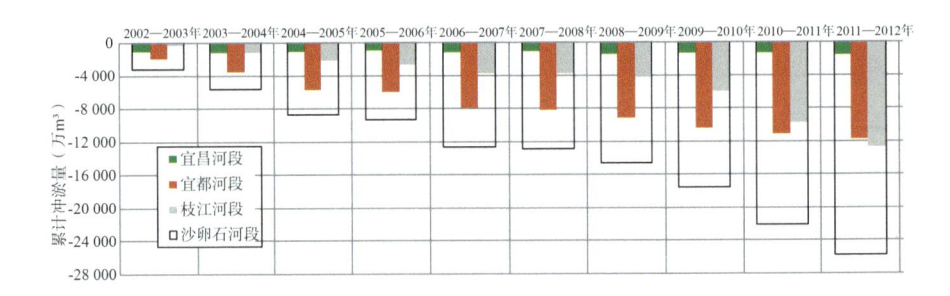

图 3.2-2　沙卵石河段枯水河槽累计冲淤量

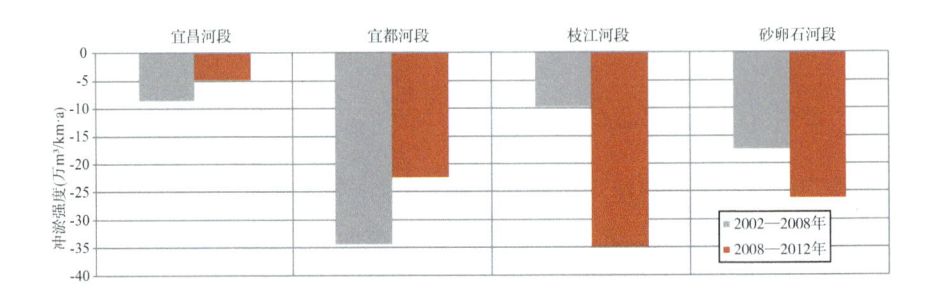

图 3.2-3　沙卵石各河段不同时段枯水河槽的冲刷强度

三峡工程蓄水运用以来,沙卵石河段呈现持续冲刷的趋势,年际间均表现为冲刷。由于来水来沙条件的变化,沙卵石河段每年的冲刷量不同,以 2010—2011 年冲刷最多,2007—2008 年冲刷最少。

(2) 试验性蓄水期由于来沙量进一步减小,沙卵石河段的冲刷强度较 2003 年 10 月—2008 年 10 月显著增加。

2002—2008 年和 2008—2012 年期间沙卵石河段的冲刷总量大体相当,均在 1.3 亿 m³ 左右,由于两个时段长度不同,分别为 7 年和 5 年,因此该河段 2008—2012 年期间的冲刷强度为 2002—2008 冲刷强度的 1.5 倍,显著增加。

2. 河床冲刷的沿程变化

(1) 沙卵石河段平面形态、河床组成沿程不均匀变化使得蓄水后河床沿程冲刷也呈不均匀分布。

河床组成的可动性使得蓄水后的冲刷成为可能,河床组成的沿程变化也使得河段冲刷沿程呈不均匀特点:在河床组成抗冲性较强的地方,冲刷量和冲刷幅度较小;在河床组成抗冲性较弱的地方,冲刷量和冲刷幅度大。

第3章 长江中游宜昌至武汉河段水沙变化分析

沙卵石河段沿程的冲淤总体上遵循枢纽下游河道一般冲刷的规律,即近坝处的宜枝河段(全长 60 km)总的冲刷量要略大于枝江河段(全长 64 km)的冲刷量。

在沙卵石河段的3个河段中,宜昌河段的冲刷量较小,宜都河段和枝江河段枯水河槽(枯水河槽、基本河槽和平滩河槽分别对应宜昌流量 5 000 m³/s、10 000 m³/s 和 30 000 m³/s 的河槽)的冲刷量占沙卵石全河段总冲刷量的90%以上,因此2002—2012年河床冲刷主要在宜都河段和枝江河段,即宜都与枝江河段是沙卵石河段主要的冲刷部位。

冲刷沿程分布不均匀性还体现在深泓纵剖面的变化上。由图3.2-4可看出,蓄水后沙卵石河段深泓纵剖面总体冲刷下降,但下降幅度沿程变化很大:总体上,深泓高程较低的部位下降幅度大,深泓高程较高的部位下降幅度小;另外,宜都河段内大石坝、龙窝等深泓高程较高的部位也产生了较明显下降;深泓高程的不均匀下降使得纵剖面的起伏程度加大。图3.2-5给出的2002年10月—2012年10月期间,沙卵石河段深泓下降幅度也显示:全河段内深泓变幅最大的位置,主要集中在虎牙滩—枝城河段,其中白洋弯道和龙窝李家溪单一段深泓下切尤其显著;下临江坪和关洲的深泓还有一定程度的淤高。在2008年10月—2012年10月期间,深泓变化主要集中在关洲—芦家河,其中幅度最为明显的在白洋弯道和陈二口附近。

(2)随着三峡蓄水运用的推进,沙卵石河段主要冲刷部位逐渐向下游移动,目前的主要冲刷部位已经下移到关洲—芦家河水道河段。

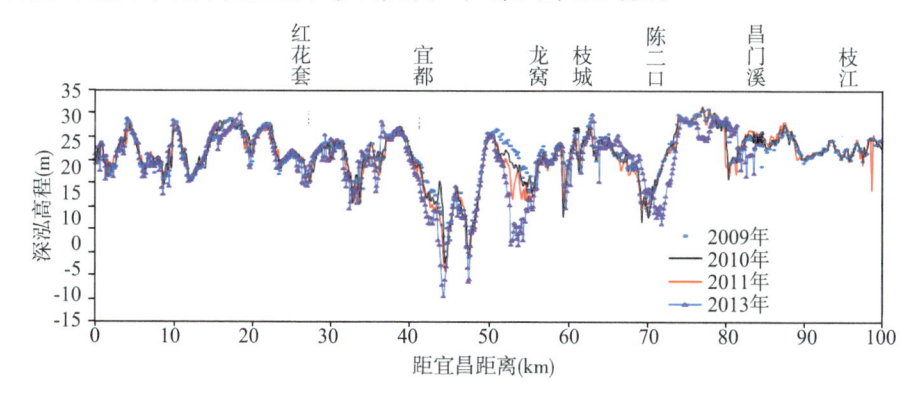

图 3.2-4 沙卵石河段深泓纵剖面图

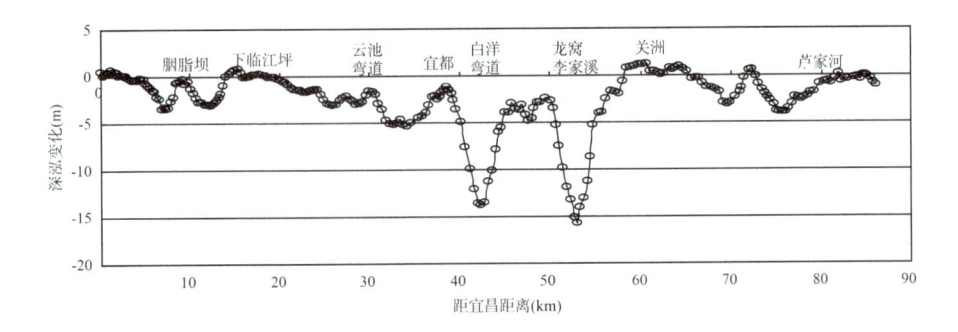

图 3.2-5　2002—2012 年间沿程深泓变幅

图 3.2-6 为宜昌、宜都和枝江河段在三峡蓄水后河床冲刷强度，从图中可以发现：

不同沙卵石河段的河床冲刷强度随时间的变化是不相同的：宜昌河段的河床冲刷强度在 2002—2008 年的头两年内即出现明显的下降，随后几年冲淤强度很小；宜都河段在蓄水之初冲刷强度最大，到 2012 年，该河段河床冲刷强度呈减弱态势，但仍远大于宜昌河段；枝江河段河床的冲刷强度总体表现为增加。

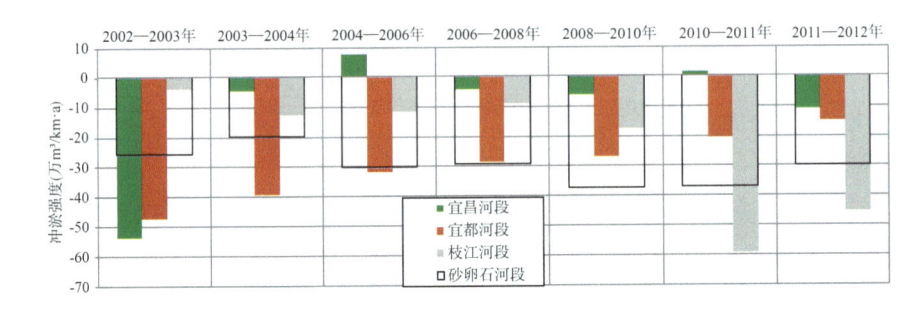

图 3.2-6　砂卵石各河段河床冲淤强度沿时变化

在不同时段，冲刷强度最大的河段也不相同：在三峡投入运行的第一年，宜昌河段的冲刷强度最大，而宜都河段的冲刷强度也相对较大，略小于宜昌河段的冲刷强度，枝江河段的冲刷强度最小；在 2003—2010 年期间，宜都河段的冲刷强度最大，枝江河段的冲刷强度次之，宜昌河段的最小；最近两年则表现为枝江河段的冲刷幅度最大。按照大的时段统计(图 3.2-3)，在 2002—2008 年期间宜都河段的冲刷强度最大，而在试验性蓄水期(2008—2012 年)间，枝江河段的冲刷强度已经超过了宜都河段。

显然,进入试验性蓄水期,沙卵石河段主要冲刷部位已经逐渐从宜都河段下移到枝江河段,其中关洲水道河段表现尤为突出。表3.2-1为关洲水道(枝城至陈二口)、芦家河水道(陈二口至昌门溪)冲刷量和冲刷强度统计表。

表 3.2-1　三峡水库蓄水后枝城—昌门溪河段冲刷量

时段	枝城—陈二口(14.9 km) 冲刷总量(10^4 m³)	枝城—陈二口(14.9 km) 单位河长冲刷量(10^4 m³/km)	陈二口—昌门溪(12.1 km) 冲刷总量(10^4 m³)	陈二口—昌门溪(12.1 km) 单位河长冲刷量(10^4 m³/km)
2003.03—2004.03	150.8	10.1	423.12	35.0
2004.03—2005.03	−1 075	−72.1	−901.9	−74.5
2005.03—2006.03	−43.4	−2.9	−121	−10.0
2006.03—2007.03	65.64	4.4	165	13.6
2007.03—2008.03	−442.45	−29.7	−121.28	−10.0
2003—2008	−1 344.41	−90.2	−556.06	−45.9
2008.03—2009.03	58.77	3.9	−577	−47.7
2009.03—2010.03	−289.19	−19.4	−343.7	−28.4
2010.03—2010.11	−1 358	−91.1	−102	−8.4
2010.11—2012.03	−1 401	−94.0	−171	−14.1
2008—2012	−2 989.42	−200.6	−1 193.7	−98.6
2003.03—2012.03	−4 333.83	−290.9	−1 749.76	−144.6

可以看出:进入试验性蓄水期以后,关洲和芦家河水道河段的冲刷强度迅速增加,关洲水道在2010—2012年间的冲刷强度合计为185万 m³/km,占总冲刷强度的64%;芦家河水道2008—2012年间冲刷强度为98.6 m³/km,占总冲刷强度的近70%。

综合分析来看,在现状来水来沙条件下,宜昌河段冲刷已经基本完成;宜都河段在2003—2008年发生剧烈冲刷,随着河床进一步粗化,河床抗冲性增强,2008—2012年该河段的冲刷强度开始降低;目前,枝江河段已经进入剧烈冲刷期。

3. 河床冲刷的横向分布

(1)沙卵石河段两岸稳定,蓄水后岸线基本未变,其冲刷部位主要在枯水河槽,基本河槽以上的河床甚至出现小幅的淤积。

表3.2-2给出了沙卵石河段的冲淤变化,图3.2-7、图3.2-8为宜枝河段冲淤量在不同高程的分布。可以看出:

沙卵石河段的冲淤调整以枯水河槽为主,且随着三峡运行水位的抬高,枯水河槽冲刷量占总冲刷量的比重在不断的增大。以宜枝河段为例,在三峡投入运行的头两年,枯水河槽的冲刷量占总冲刷量的比重不到80%;至2009年,河床的冲刷几乎全部来源于枯水河槽。

表 3.2-2　三峡水库蓄水以来沙卵石河段河道泥沙冲淤统计表

时段	冲淤量(万 m³)					
	宜昌河段		宜都河段		枝江河段	
	枯水河槽	基本河槽	枯水河槽	基本河槽	枯水河槽	基本河槽
2002.10—2003.10	−1 044	−1 099	−1 867	−1 927	−320	−254
2003.10—2004.10	−91	−63	−1 550	−1 691	−768	−1 055
2004.10—2005.10	88	107	−2 261	−2 386	−923	−869
2005.10—2006.10	222	227	−267	−250	−403	−659
2006.10—2007.10	−311	−332	−1 888	−1 965	−1 051	−1 170
2007.10—2008.10	146	170	−364	−159	−64	−90
2008.10—2009.10	−371	−400	−890	−1 086	−425	−401
2009.10—2010.10	130	136	−1 242	−1 192	−1 715	−1 822
2010.10—2011.10	30	41	−814	−864	−3 717	−3 868
2011.10—2012.10	−90	−111	−723	−730	−1 964	−2 218
2002.10—2012.10	−1 292	−1 324	−11 866	−12 251	−11 349	−12 406

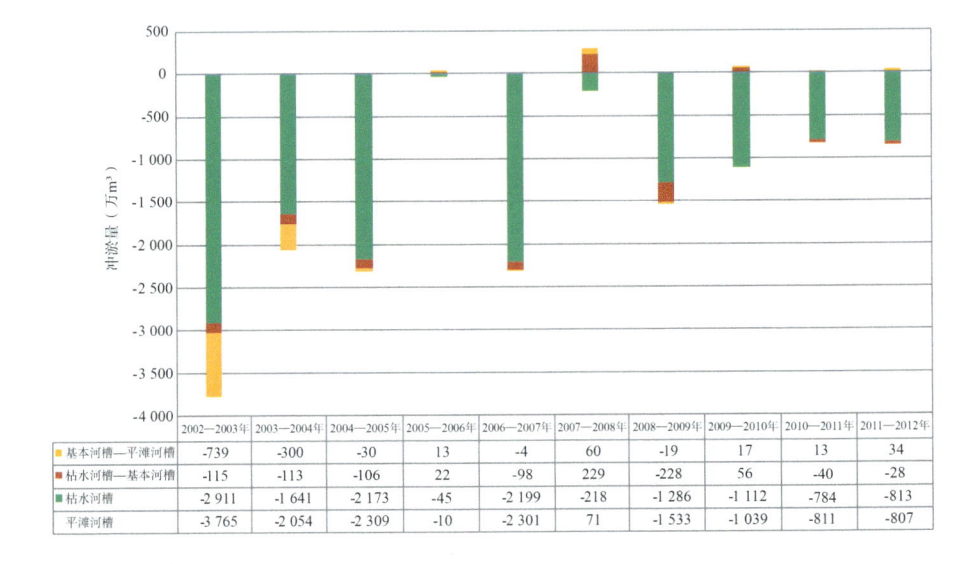

	2002—2003年	2003—2004年	2004—2005年	2005—2006年	2006—2007年	2007—2008年	2008—2009年	2009—2010年	2010—2011年	2011—2012年
基本河槽—平滩河槽	-739	-300	-30	13	-4	60	-19	17	13	34
枯水河槽—基本河槽	-115	-113	-106	22	-98	229	-228	56	-40	-28
枯水河槽	-2 911	-1 641	-2 173	-45	-2 199	-218	-1 286	-1 112	-784	-813
平滩河槽	-3 765	-2 054	-2 309	-10	-2 301	71	-1 533	-1 039	-811	-807

图 3.2-7　宜枝河段各部分河槽冲淤量

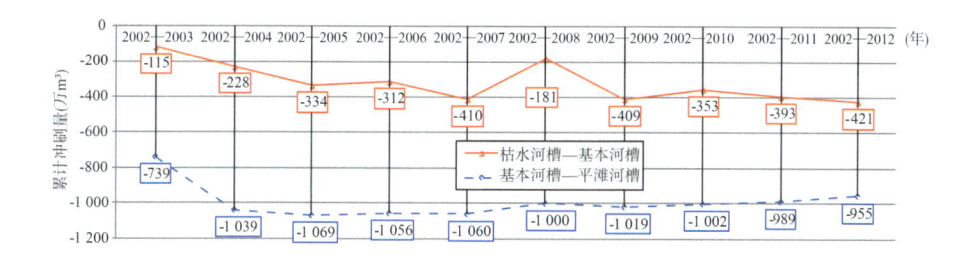

第3章　长江中游宜昌至武汉河段水沙变化分析

图 3.2-8　宜枝河段垂向部分累计冲刷量

枯水河槽—基本河槽之间的河床在整体上呈冲刷状态，冲刷量占河道冲刷总量的比重很小，宜枝河段在 2009—2012 年试验性蓄水期间的冲刷量较之前有明显的减小，而枝江河段反而有所增大。

基本河槽—平滩河槽之间的河床在整体上呈冲刷状态，且冲刷主要是在三峡投入运行的初期完成的，从 2005 年就开始出现淤积，但是淤积量相对较小。

（2）沙卵石河段枯水河槽的宽度在蓄水后发生变化，单一河段枯水河槽宽度出现缩小的现象，分汊河段枯水河槽宽度以展宽为主。2003—2008 年和 2008—2012 年期间，枯水河槽宽度的变化特点基本一致。

图 3.2-9 给出了各级流量下枝江河段河槽的平均宽度，从图中可以看出，枝江河段枯水河槽宽度的平均变化幅度最大，展宽 50 m 左右，基本河槽次之，而平滩河槽的宽度几乎没有明显的变化。

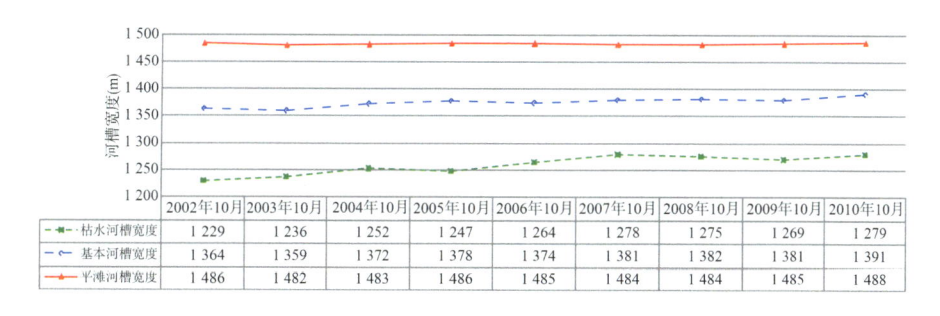

	2002年10月	2003年10月	2004年10月	2005年10月	2006年10月	2007年10月	2008年10月	2009年10月	2010年10月
枯水河槽宽度	1 229	1 236	1 252	1 247	1 264	1 278	1 275	1 269	1 279
基本河槽宽度	1 364	1 359	1 372	1 378	1 374	1 381	1 382	1 381	1 391
平滩河槽宽度	1 486	1 482	1 483	1 486	1 485	1 484	1 484	1 485	1 488

图 3.2-9　枝江河段河槽宽度变化图

从图 3.2-10 中可以看出，沙卵石河段局部枯水河槽宽度均存在一定程度的变化，沙卵石河段的单一河段以微幅束窄为主，其中宜昌河段的胭脂坝缩窄最为明显，虎牙滩处有小幅的展宽；宜都河段枯水河槽宽度变化不明显，但宜都、龙窝附近的展宽相对较大;枝江河段枯水河槽的宽度整体上呈展宽趋势,陈二口附近的展宽最为明显,变幅在 400 m 以上,其余各处也以展宽为主。

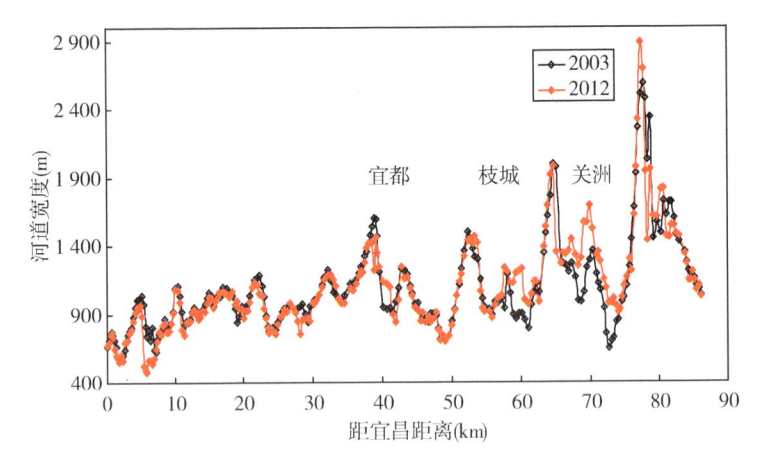

(a) 2003—2012 年砂卵石河段枯水河槽宽度

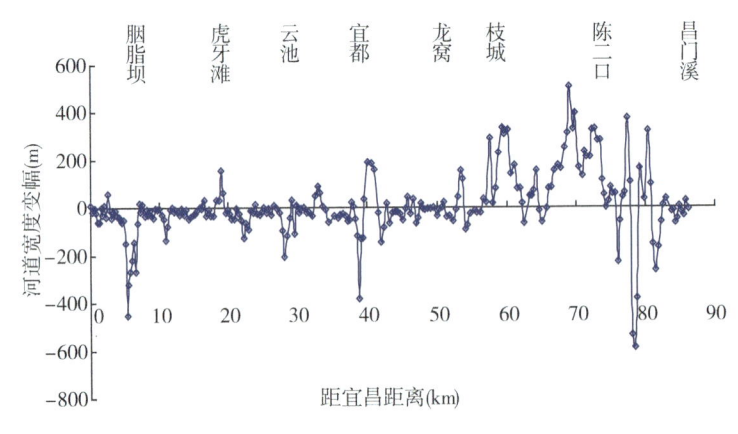

(b) 2003—2012 年砂卵石河段枯水河槽宽度变幅

图 3.2-10　2003—2012 年砂卵石枯水河槽宽度沿程变化

3.2.2　沙质河段的总体冲刷变化

长江中游大埠街以下为沙质河床河段。由于沙质河床河段位于冲积平原地区,除局部有山矶节点控制,两岸滩体、岸线稳定性相对较低,河床组成抗冲性差,因此其冲淤变化不同于沙卵石河段。

第3章 长江中游宜昌至武汉河段水沙变化分析

（1）蓄水后直到2012年，沙质河床河段年际间有冲有淤，总体呈冲刷状态。

三峡工程蓄水运用以来，截至2012年10月，沙质河段河床的累计冲刷量超过9亿 m^3。

枝江至城陵矶河段是离三峡水库最近的沙质河段，受到三峡水库2003年6月蓄水运用后"清水"下泄的影响，该河段呈累积性冲刷，且冲刷较为剧烈，但总体河势基本稳定。2002年10月至2012年10月，该河段的平滩河槽累计冲刷泥沙4.9亿 m^3，见表3.2-3。其中，石首河段（74.3 km）的冲刷量最大，占该河段冲刷量的31.6%；沙市河段（49.7 km）、公安河段（54.3 km）和监利河段（94.2 km）的冲刷量分别占该河段冲刷量的21.5%、20.3%和26.6%，即1.05亿 m^3、0.99亿 m^3 和1.30亿 m^3。

表3.2-3 三峡水库蓄水以来荆江河段河道泥沙冲淤统计表

起止地点	长度(km)	时段(年)	冲淤量(万 m^3) 枯水河槽	基本河槽	平滩河槽
枝城至藕池口（上荆江）	171.7	2002—2003	-2 300	-2 100	-2 396
		2003—2004	-3 900	-4 600	-4 982
		2004—2005	-4 103	-3 800	-4 980
		2005—2006	895	807	676
		2006—2007	-4 240	-4 347	-3 996
		2007—2008	-623	-574	-250
		2002—2008	-14 271	-14 614	-15 928
		2008—2009	-2 612	-2 652	-2 725
		2009—2010	-3 649	-3 779	-3 856
		2010—2011	-6 210	-6 225	-6 305
		2011—2012	-3 394	-3 941	-4 290
		2008—2012	-15 865	-16 597	-17 176
		2002—2012	-30 136	-31 211	-33 104
藕池口至城陵矶（下荆江）	175.5	2002—2003	-4 100	-5 200	-7 424
		2003—2004	-5 100	-6 100	-7 997
		2004—2005	-2 277	-2 800	-2 389

(续表)

起止地点	长度(km)	时段(年)	冲淤量(万 m³) 枯水河槽	冲淤量(万 m³) 基本河槽	冲淤量(万 m³) 平滩河槽
藕池口至城陵矶（下荆江）	175.5	2005—2006	-2 761	-2 708	-3 338
		2006—2007	-659	-341	641
		2007—2008	-62	-177	76
		2002—2008	-14 959	-17 326	-20 431
		2008—2009	-4 996	-5 065	-5 526
		2009—2010	-1 280	-1 040	-1 127
		2010—2011	-1 733	-1 481	-1 238
		2011—2012	-656	-809	-652
		2008—2012	-8 665	-8 395	-8 543
		2002—2012	-23 624	-25 721	-28 974
枝城至城陵矶（荆江河段）	347.2	2002—2003	-6 400	-7 300	-9 820
		2003—2004	-9 000	-10 700	-12 979
		2004—2005	-6 380	-6 600	-7 369
		2005—2006	-1 867	-1 901	-2 662
		2006—2007	-4 899	-4 688	-3 355
		2007—2008	-685	-751	-174
		2002—2008	-29 231	-31 940	-36 359
		2008—2009	-7 608	-7 717	-8 251
		2009—2010	-4 929	-4 819	-4 983
		2010—2011	-7 943	-7 706	-7 543
		2011—2012	-4 050	-4 750	-4 942
		2008—2012	-24 530	-24 992	-25 719
		2002—2012	-53 761	-56 932	-62 078

城陵矶至汉口河段全长 251 km，在 2001 年 10 月至 2012 年 10 月期间，河段平滩河槽冲刷量为 1.26 亿 m³，冲刷量较上游河段明显偏弱（表 3.2-4）。嘉鱼以上河段（长约 97.1 km）河床冲淤相对平衡，嘉鱼以下河段河床则以冲刷为主，其中嘉鱼河段、簰洲河段和武汉上段的平滩河槽冲刷幅度相对较大。

表 3.2-4　城陵矶至汉口河段河道泥沙冲淤统计表

起止地点	长度(km)	时段	冲淤量(万 m³) 枯水河槽	基本河槽	平滩河槽
城陵矶至汉口	251	2001—2003	−1 374	−2 548	−4 798
		2003—2004	1 033	2 033	2 445
		2004—2005	−4 742	−4 713	−4 789
		2005—2006	2 071	1 265	1 152
		2006—2007	−3 443	−3 261	−3 370
		2007—2008	−104	1 295	3 567
		2001—2008	−6 559	−5 929	−5 793
		2008—2009	−383	−1 489	−2 183
		2009—2010	−3 349	−2 851	−2 857
		2010—2011	1 204	1 050	1 586
		2011—2012	−2 499	−2 792	−3 309
		2008—2012	−5 027	−6 082	−6 763
		2001—2012	−11 586	−12 011	−12 556

注：城陵矶至汉口河段枯水河槽、基本河槽、平滩河槽分别对应螺山流量 6 500 m³/s、12 000 m³/s、33 000 m³/s。

汉口至湖口河段全长 295.4 km，从 2001 年 10 月至 2012 年 10 月期间的平滩河槽冲刷量为 2.96 亿 m³（表 3.2-5）。

表 3.2-5　汉口至湖口河段河道泥沙冲淤统计表

起止地点	长度(km)	时段	冲淤量(万 m³) 枯水河槽	基本河槽	平滩河槽
汉口至湖口	295.4	2001—2003	7 230	1 538	−876
		2003—2004	1 638	908	1 191
		2004—2005	−13 705	−15 150	−14 995
		2005—2006	889	117	−16
		2006—2007	1 343	1 723	1 780
		2007—2008	−3 284	248	1 383
		2001—2008	−5 889	−10 616	−11 533
		2008—2009	−8 877	−11 502	−12 001
		2009—2010	−3 017	−1 388	−1 014
		2010—2011	−7 331	−5 674	−4 904

(续表)

起止地点	长度(km)	时段	冲淤量(万 m³)		
			枯水河槽	基本河槽	平滩河槽
汉口至湖口	295.4	2011—2012	−5 328	−3 358	−3 508
		2008—2012	−24 553	−21 922	−21 427
		2001—2012	−27 220	−29 177	−29 573

注：汉口至湖口河段枯水河槽、基本河槽、平滩河槽分别对应汉口流量 7 000 m³/s、14 000 m³/s、35 000 m³/s。

（2）2003—2008 年期间除了荆江河段与沙卵石河段基本呈一致性冲刷特点相同外，其余河段年际间有冲有淤；试验性蓄水期间沙质河床河段全线呈一致冲刷状态，沙质河段的冲刷强度较 2003 年 10 月—2008 年 10 月的冲刷强度有一定程度的增大。

图 3.2-11 反映出沙质河床河段蓄水后累积冲刷量随时间的变化。可以看出，蓄水后初期，冲刷量较大，但随后冲刷量的累计增加速度变缓；进入试验性蓄水期以后，沙质河床河段累积冲刷量又进入了迅速增加的阶段。

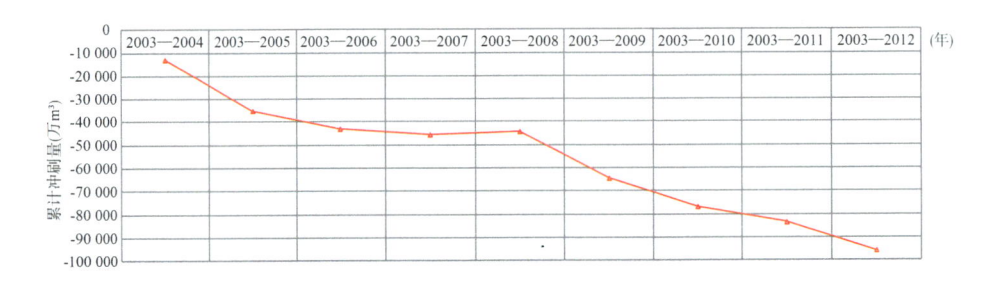

图 3.2-11　沙质河段累计冲刷量

枝城至城陵矶的荆江河段在蓄水后处于一致冲刷状态，但三峡试验性蓄水之后该河段的冲刷强度更大。从图 3.2-12 给出的荆江 4 个河段 2003—2008 年和 2008—2012 年冲刷量对比柱状图可以看出，每个河段试验性蓄水期的冲刷量均大于 2003—2008 年间。

2003 年 10 月—2008 年 10 月，城陵矶至汉口河段的上段总体表现为淤积，其中白螺矶河段（城陵矶—杨林山）、界牌河段（杨林山—赤壁）、陆溪口河段和嘉鱼河段河床淤积明显，嘉鱼河段以下则以冲刷为主，主要是簰洲河段和武汉河段（上）。

2008 年 10 月至 2012 年 10 月，城汉河段沿程呈冲刷状态，其中白螺矶河

第3章 长江中游宜昌至武汉河段水沙变化分析

段、界牌河段、陆溪口河段、嘉鱼河段和武汉河段均表现为冲刷,并且以白螺矶河段和嘉鱼河段冲刷最为剧烈(图3.2-13)。

在2003—2008年期间,汉湖河段沿程冲淤相间,总体上表现为冲刷;2008年之后,该河床表现为沿程以冲刷为主(图3.2-14)。

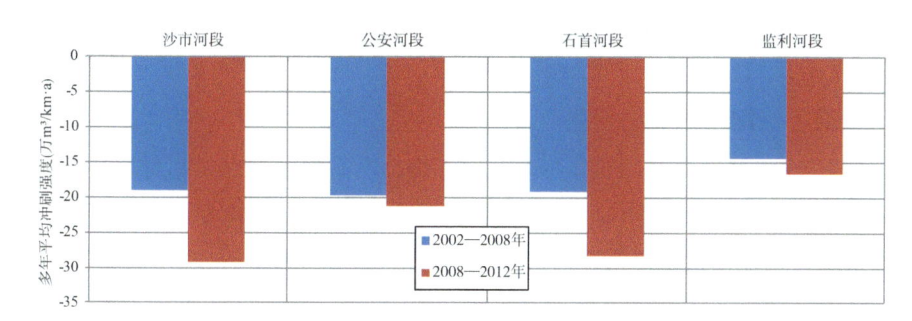

图3.2-12 江口—城陵矶河段累计冲淤量

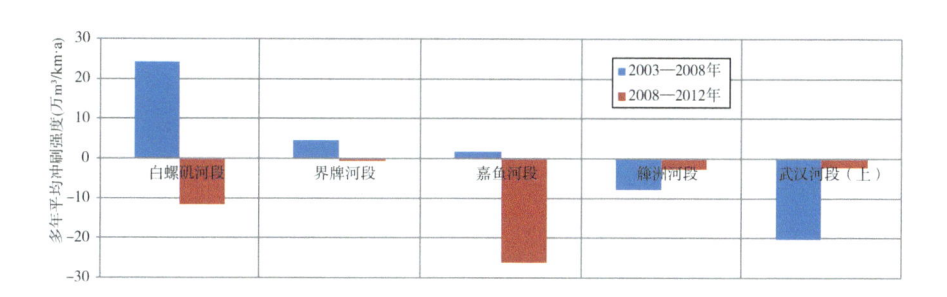

图3.2-13 城汉河段累计冲淤量

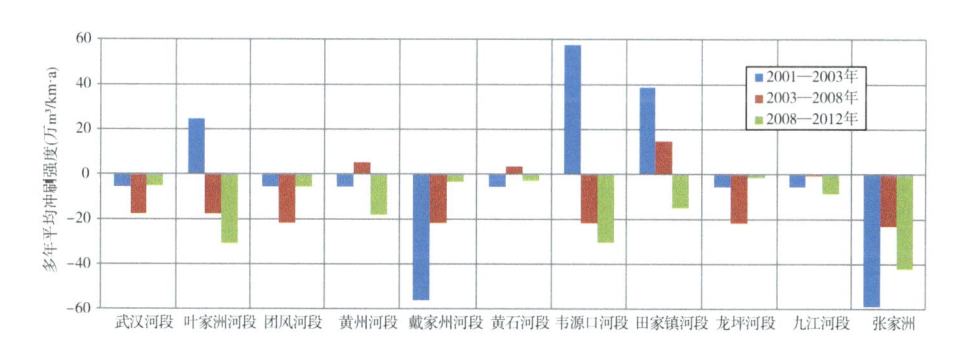

图3.2-14 汉湖河段冲刷强度

041

3.3 三峡运行初期长江中游泥沙粒径的时空变化

3.3.1 三峡水库运行初期长江中游悬沙级配的变化

1. 悬沙级配随时间的变化

表3.3-1、表3.3-2给出了三峡蓄水前后，坝下游主要水文站悬移质泥沙中值粒径及粒径大于0.125 mm的沙重百分数，依此绘制三峡蓄水前及蓄水后不同时期坝下游主要水文站悬移质泥沙中值粒径及粒径大于0.125 mm的沙重百分比对比图(图3.3-1、图3.3-2)。

表3.3-1 三峡水库坝下主要水文站悬移质泥沙中值粒径对比

单位:mm

年份	水文站							
	黄陵庙	宜昌	枝城	沙市	监利	螺山	汉口	大通
2002年前	—	0.009	0.009	0.012	0.009	0.012	0.010	0.009
2003年	0.007	0.007	0.011	0.018	0.021	0.014	0.012	0.010
2004年	0.006	0.005	0.009	0.022	0.061	0.023	0.019	0.006
2005年	0.005	0.005	0.007	0.013	0.025	0.010	0.011	0.008
2006年	0.003	0.003	0.006	0.099	0.150	0.026	0.011	0.008
2007年	0.003	0.003	0.005	0.017	0.056	0.018	0.012	0.013
2008年	0.003	0.003	0.006	0.017	0.109	0.012	0.010	0.012
2009年	0.003	0.003	0.005	0.012	0.067	0.007	0.007	0.010
2010年	0.006	0.006	0.007	0.010	0.015	0.011	0.013	0.013
2011年					0.068	0.014	0.021	0.009
2012年	0.007	0.007	0.009	0.012	0.017	0.012	0.021	0.011
2003—2007年	0.005	0.005	0.008	0.034	0.063	0.018	0.013	0.009
2008—2012年	0.005	0.005	0.007	0.014	0.055	0.011	0.014	0.011

注:宜昌、监利站多年平均统计年份为1986—2002年;枝城站多年平均统计年份为1992—2002年;沙市站多年平均统计年份为1991—2002年;螺山、汉口、大通站多年平均统计年份为1987—2002年。

由于水库蓄水，大量粗颗粒泥沙拦截在库内，下泄泥沙明显细化。蓄水后，宜昌站与黄陵庙站相比悬沙中值粒径相差不大，粗沙比例略有上升，故基本可以用宜昌站的悬沙级配作为出库悬沙级配进行分析。2003—2007年,出库泥沙变细,宜昌站的悬沙中值粒径由蓄水前的多年均值为0.009 mm,减小到2008—2012年5年平均的0.005 mm,悬沙中粗颗粒泥沙($d>0.125$ mm)的沙重百分数由蓄水前的9%减少到2003—2007年的6.6%。2008—2012年,黄陵庙站和宜昌站的粗沙比例再次明显减小至0.7%和1.3%,而中值粒径基本不变,可以看出,试验性蓄水后,对粗颗粒泥沙的拦截作用有所增强,分选作用显著。

表3.3-2　三峡水库坝下主要水文站悬移质泥沙($d>0.125$ mm)沙重百分数对比

单位:%

年份	水文站							
	黄陵庙	宜昌	枝城	沙市	监利	螺山	汉口	大通
2002年前	—	9	6.9	9.8	9.6	13.5	7.8	7.8
2003年	10.8	14	25.8	26.6	19.4	21	16.2	0.4
2004年	4.2	8.9	22.5	31.7	39.7	28	25	4.5
2005年	1	5.4	12.6	23.9	28.4	22.9	18.6	7.6
2006年	0.3	2.2	16.8	45.7	57	36.2	25.6	8.8
2007年	1.4	2.5	19	32.2	41.5	29.1	24.3	10.4
2008年	0.4	1.4	5.1	33.8	46.8	13.5	7.8	10.1
2009年	0.2	1.5	9.6	29.5	43.6	22.5	18.7	10
2010年	0.3	1.4	6.2	18.8	26.5	14.9	15.9	10.3
2011年	2	1.1	7.3	26.8	41.7	20.6	21.6	3.5
2012年	—	1.2	2.6	13.1	21.8	16.6	24.2	9.0
2003—2007年	3.5	6.6	19.3	32.0	37.2	27.4	21.9	6.3
2008—2012年	0.7	1.3	6.2	24.4	36.1	17.6	17.6	8.6

注:宜昌、监利站多年平均统计年份为1986—2002年;枝城站多年平均统计年份为1992—2002年。

水库下泄的"清水细沙"由于不饱和输沙,从近坝河段开始导致河床冲刷,原本为河床质的较粗的泥沙被不断冲起,补给被水库拦截的悬移质泥沙,而较细的冲泄质及细颗粒床沙质却很难得到冲刷恢复,故悬沙组成变粗。随着冲刷进一步发展,河床表面形成抗冲粗化层而阻止进一步的冲刷,使该河段的悬沙组成再次变细。随着冲刷、粗化先后向下游的推进,坝下河段悬沙组成依次完成上述变粗—变细的过程。枝城站悬沙中值粒径蓄水前后基本保持不变,粗颗粒泥沙($d>0.125$ mm)的沙重比例在前两个蓄水阶段(2003—2007年)有明显的增大,

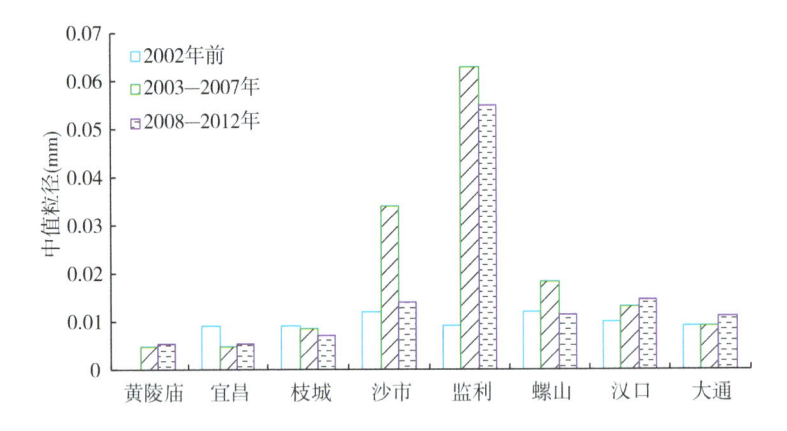

图 3.3-1 坝下主要水文站不同时期悬沙中值粒径变化

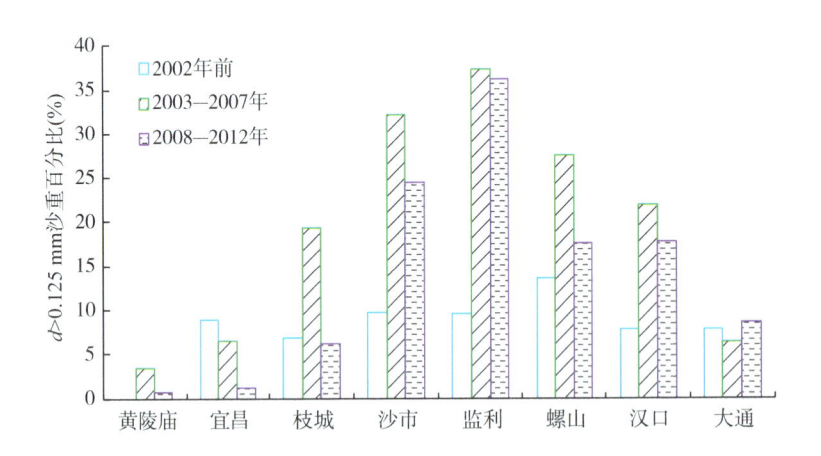

图 3.3-2 坝下主要水文站不同时期悬沙粗颗粒($d>0.125$ mm)泥沙含量变化

进入试验性蓄水期后又基本恢复到蓄水前水平。沙市、监利、螺山 3 站在蓄水后悬沙中值粒径都有不同程度的增大，之后又有所恢复。其中，监利站变化最显著，蓄水前多年平均值为 0.009 mm，蓄水后 2003—2007 年增大到 0.063 mm，为蓄水前的 7 倍左右，2008—2012 年略有减小至 0.055 mm；粗颗粒泥沙（$d>0.125$ mm）的沙重比例也遵循相似的变化规律。

汉口站和大通站蓄水前后中值粒径变化不大，粗颗粒泥沙（$d>0.125$ mm）的沙重比例汉口站有较明显增加，大通站无明显变化。可见，目前三峡蓄水对这两个水文站附近河段的悬沙组成影响还不大。

2. 悬沙级配的沿程变化

图 3.3-3、图 3.3-4 分别给出了蓄水前后坝下主要水文站悬沙中值粒径和粗颗粒($d>0.125$ mm)泥沙含量的沿程变化情况,分析可知:

自然状态下,长江中游河段悬移质泥沙组成的沿程变化主要受悬沙输移沿程分选作用、河床边界条件、分汇流以及流域产沙等的影响,在这些因素的综合作用下,三峡蓄水以前河段悬沙中值粒径大小以及粗颗粒泥沙($d>0.125$ mm)的沙重比例沿程均无太大变化。

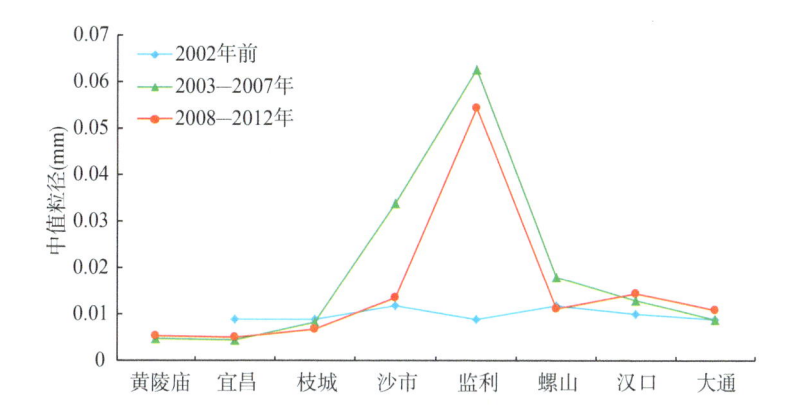

图 3.3-3 坝下主要水文站悬沙中值粒径沿程变化

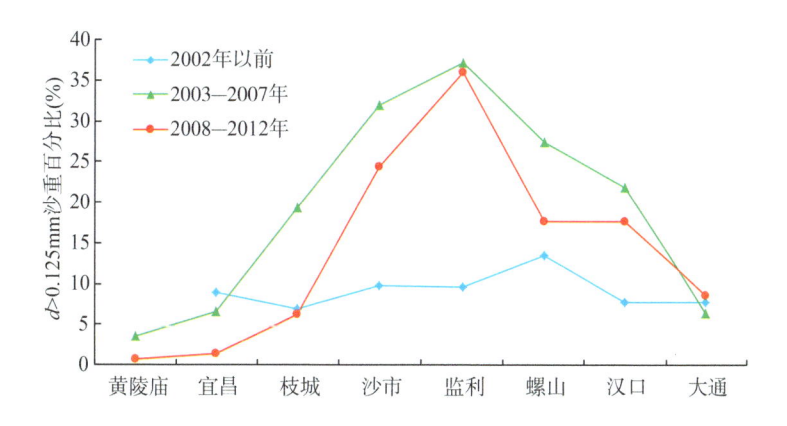

图 3.3-4 坝下主要水文站悬沙粗颗粒($d>0.125$ mm)泥沙含量沿程变化

2003—2007 年,出库泥沙变细,至枝城站中值粒径基本与蓄水前持平,而粗沙($d>0.125$ mm)比例已经大大超过了蓄水前的情况。以监利站为分界,监利站以上各站中值粒径大小以及粗沙($d>0.125$ mm)比例沿程增大，监利站以下各站沿程减小。究其原因，监利以上河段主要由于悬沙沿程冲刷恢复且床沙组成较粗，大量粗颗粒泥沙沿程被冲起导致悬沙级配沿程不断变粗；监利站以下河段水流挟沙饱和度已显著恢复，且床沙组成较细，主要是由于悬沙中粗颗粒泥沙不断与床沙中较细的泥沙发生交换，使得悬沙级配沿程变细，但总体看来枝城站至汉口站与蓄水前情况相比悬沙均有所粗化，大通站暂无明显变化。可见，在此阶段冲刷影响主要在监利站以上河段，且河床粗化基本发展到枝城站附近。

2008—2012年，与前两个蓄水阶段相比，悬沙级配的沿程变化整体趋势并未改变，其中沙市站的悬沙中值粒径显著减小，沙市站及其上游各站粗沙($d>0.125$ mm)比例显著降低，可见，在此阶段河床粗化已发展至沙市站附近。

3.3.2 三峡水库运行初期长江中游床沙粒径的时空变化

根据宜昌站汛后实测床沙资料分析，三峡水库蓄水前99%的床沙粒径在0.062～0.50 mm之间；而在三峡水库135～139 m运行期，99%的床沙粒径在0.125～1.00 mm之间，其粒径约为蓄水前的2倍；在三峡水库144～156 m运行期，床沙粗化趋势更加明显，更粗一级的粒径组所占的比重有逐年上升趋势；2008年汛后三峡水库进入175 m试验性蓄水运行期，2009年宜昌站断面床沙粗化更进一步，卵石为床沙主要成分(表3.3-3、图3.3-5)。2010年、2011年由于宜昌河段连续表现出泥沙淤积的现象，宜昌站床沙中细颗粒粒径的泥沙略有增加，最大粒径也从2009年的74.9 mm降至2010年的45.1 mm，2011年最大粒径略降至41.5 mm；粒径在64.0～128.0 mm之间的泥沙含量从2009年的75.8%明显下降至2011年的0.0%；粒径在16.0～64.0 mm之间的泥沙含量则逐年增加，2010年为69.1%，2011年达到95.2%，床沙的变化随河床冲淤变化而改变。

表3.3-3　三峡水库蓄水运行期以来宜昌站汛后床沙组成级配变化情况统计表

单位：%

粒径组(mm)	0.016～0.031	0.031～0.062	0.062～0.125	0.125～0.25	0.25～0.5	0.5～1	1～2	2～4	4～8	8～16	16～32	32～64	64～128
2001.12	0	0.5	19.5	73.9	5.7	0.4	0	0	0	0	0	0	0
2002.12	0	0.6	27.2	55.1	16.3	0.8	0	0	0	0	0	0	0
2003.12	0	0	1.2	25.4	68.8	4.4	0.2	0	0	0	0	0	0

(续表)

粒径组(mm)	0.016~0.031	0.031~0.062	0.062~0.125	0.125~0.25	0.25~0.5	0.5~1	1~2	2~4	4~8	8~16	16~32	32~64	64~128
2004.12	0	0	0.9	16.9	71.2	10.7	0.3	0	0	0	0	0	0
2005.12	0	0	0.2	3.6	65.8	29.3	1.1	0	0	0	0	0	0
2006.12	0	0	0.6	4.3	15.5	6.3	2.8	1.4	2.7	5.7	15.1	45.6	0
2007.12	0	0	0	2	7.3	8.1	6.7	4.2	12.1	20.5	17.4	21.3	0
2008.12	0	0	0	0.5	3.1	3.0	4.0	1.7	7.9	19.5	49.1	11.2	0
2009.12	0	0	0	0	0.5	2.0	0.7	0.2	0	2.3	6.4	11.2	75.8
2010.12	0	0.1	0.6	5.4	10.5	7.3	1.5	0.4	1.4	3.7	20.3	48.8	0
2011.12	0	0	0	0.1	0.1	0.3	0.3	0.2	0.0	0.3	3.5	52.6	42.6
2012.12	0	0	0	0.3	1.0	5.0	20.5	9.1	2.1	3.3	19.8	38.9	0

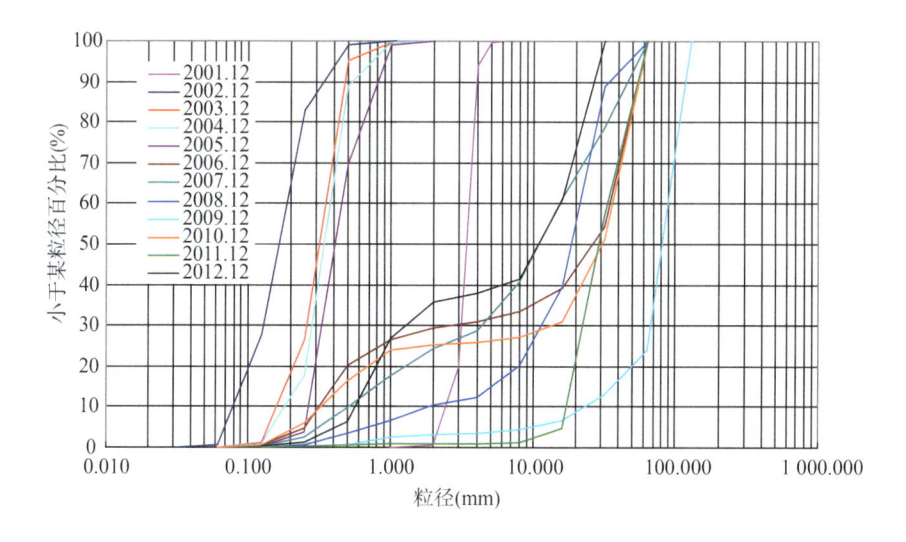

图 3.3-5 宜昌水文站汛后床沙级配曲线变化图

2012年,虽然宜昌河段发生冲刷,但冲刷幅度较小,河段横向变化并不明显,宜昌站水文断面汛后床沙粒径表现为更进一步的细化,床沙最大粒径下降至16.2 mm,粒径在8.0~16.0 mm之间的泥沙含量从2011年的3.5%增加至2012年的19.8%。宜昌水文断面床沙呈细化的趋势。

三峡工程蓄水后,随着河道冲刷宜昌至杨家脑河段河床逐步由蓄水前的沙质河床或沙夹卵石河床逐步演变为卵石夹沙河床。床沙组成逐年粗化和沿程粗化的趋势明显,与河床演变趋势大致相应,也与推移质粒径变化趋势基本一致(表3.3-4)。

由于2012年仅对部分节点河段的断面进行了床沙取样,因此在此只对节点河段断面的床沙进行对比分析。从床沙中值粒径变化看,各节点河段的床沙组成变化不一,其中宜昌河段沿程床沙以卵石居多,河床组成为卵、砾与少量沙质,与上年度相比,节点河段的床沙有一定程度的粗化。宜都河段中南阳碛节点断面宜65的床沙中值粒径变粗;外河坝的枝2断面的床沙和上年度相比,有一定的变细,但床沙最大粒径仍达47.0 mm,卵、砾石含量达52%。枝江河段中关洲以上河段节点断面的床沙均表现为粗化,尤其是关洲河段,床沙粗化明显加剧,关洲以下董市洲至杨家脑段,河床组成中多为粒径大于19.00 mm的卵石,说明河段冲刷带的下移对枝江河段床沙组成的影响较大。

表3.3-4 宜昌至杨家脑河段床沙 $D50$ 变化统计表

单位:mm

断面	距坝里程(km)	2001.09	2003.11	2004.12	2007.10	2008.10	2009.10	2010.10	2011.10	2012.10
宜34	4.85	0.266	0.293	0.338	52.200	57.300	34.500	37.300	29.000	—
宜37	6.19	0.277	7.410	1.740	72.800	39.400	—	58.200	19.000	
宜昌站	8.95	0.261	0.320	0.402	28.400	26.800	33.600	26.100	24.000	25.100
昌13	10.89	2.510	0.343	10.900	28.400	70.200	69.000	33.700	24.200	38.900
昌15	13.45	0.253	0.513	7.290	30.280	43.700	37.300	19.600	30.800	
宜45	15.5	0.241	0.280	9.310	24.000	23.700	25.900	23.800	—	16.200
宜47	18.47	0.254	0.268	1.660	23.900	23.500	52.000	16.200	1.580	
宜49	21.49	0.254	0.243	4.680	5.600	0.503	37.800	20.800	卵石	34.500
宜51	24.27	0.228	0.227	3.310	12.200	2.800	39.800	44.400	1.930	
宜53	27.17	0.490	0.575	0.692	0.543	57.700	21.200	28.200	18.400	
宜55	30.47	0.253	0.314	0.417	30.120	0.898	21.800	26.600	20.200	
宜57	33.08	0.252	0.279	0.355	28.100	22.500	65.600	71.700	23.300	
宜59	36.2	0.201	0.201	0.331	13.910	2.780	52.600	60.100	23.500	
宜61	38.94	0.309	0.417	3.020	25.690	32.100	40.000	16.100	19.800	
宜63	41.31	0.186	0.336	5.010	26.080	13.800	5.620	32.700	17.600	
宜65	42.95	0.589	0.352	3.470	15.720	—	46.600	80.600	0.557	20.200
宜67	44.33	0.321	0.498	1.940	35.340	0.507	64.500	15.100	18.100	
宜69	46.7	0.316	0.296	2.820	0.395	42.400	58.100	54.700	66.800	—

第3章 长江中游宜昌至武汉河段水沙变化分析

(续表)

断面	距坝里程(km)	2001.09	2003.11	2004.12	2007.10	2008.10	2009.10	2010.10	2011.10	2012.10
宜71	49.01	0.191	0.286	0.363	0.443	—	12.600	32.700	0.366	
宜73	51.63	0.302	0.380	1.700	0.300	4.090	0.343	0.395	0.705	—
宜75	54.65	0.151	0.249	1.350	0.410	0.418	0.370	0.353	11.500	
枝2	57.89	0.302	0.309	0.324	0.315	—	1.190	0.365	13.300	6.670
荆3	63.84	0.204	0.273	0.292	0.391	0.338	0.319	0.261	0.297	
关01	66.75	9.200	0.217	21.700	0.320	23.100	0.332	0.419	15.900	
荆5	68.33	0.266	0.281	0.262	0.300	2.150	0.446	0.522	9.940	28.200
荆6	71.38	0.221	0.232	0.234	0.290	8.920	0.282	0.364	0.966	66.200
关10	73.87	0.150	0.231	0.207	0.240	0.221	—	0.337	0.295	
董2	78.56	0.236	0.217	0.216	0.290	0.342	0.275	0.287	0.331	
董5	82.97	0.183	0.159	16.400	0.280	42.000	—	0.311	0.348	0.347
董8	87.96	0.204	0.156	0.209	0.230	0.264	0.273	0.260	0.313	
董10	91.88	0.375	0.179	33.500	0.250	56.000	46.900	59.200	36.900	22.300
董12	94.57	0.256	0.185	20.300	0.190	26.000	0.351	0.294	64.000	
荆15	98.67	18.200	0.188	23.600	0.250	11.300	0.258	0.254	0.363	
荆16	99.82	0.226	0.212	0.257	0.240	33.400	60.000	17.700	0.943	
荆17	104.41	19.100	0.208	21.700	0.250	17.500	39.900	0.338	23.700	
荆18	108.42	0.238	0.181	13.500	0.240	0.261	0.281	0.292	19.400	
荆21	115.25	0.140	0.238	19.600	0.260	7.090	0.292	0.288	32.700	16.000
荆25+1	120.36	0.222	0.171	0.222	0.240	0.267	0.247	0.242	—	
概略平均		1.522	0.466	6.148	12.090	19.841	24.865	20.555	15.871	—

总之，三峡水库蓄水前宜昌至杨家脑河段的粒径虽在一定范围变化，总体上属于沙砾河床，局部河段为砾石河床。三峡水库蓄水运行后，随着宜昌至杨家脑河段逐年冲刷，河床组成也明显粗化，已由沙砾质河床逐步演变为砾卵质河床。

3.4 三峡运行初期长江中游泥沙沿程冲刷恢复的分析

3.4.1 不同粒径组泥沙输沙量的时空变化

图3.4-1给出了坝下主要水文站不同时期分组悬移质泥沙输沙量的变化。

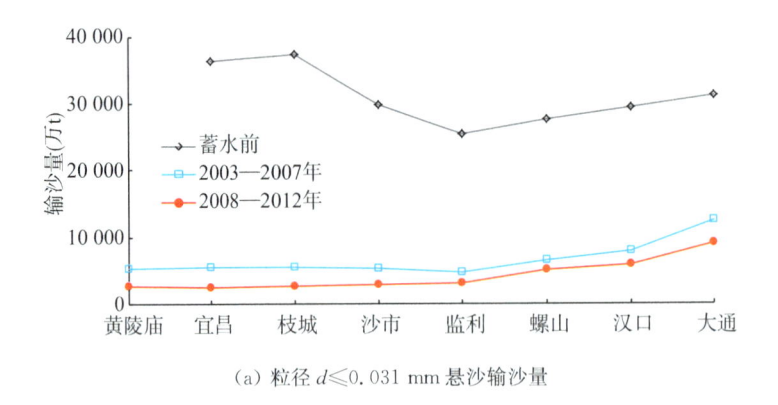

(a) 粒径 $d \leqslant 0.031$ mm 悬沙输沙量

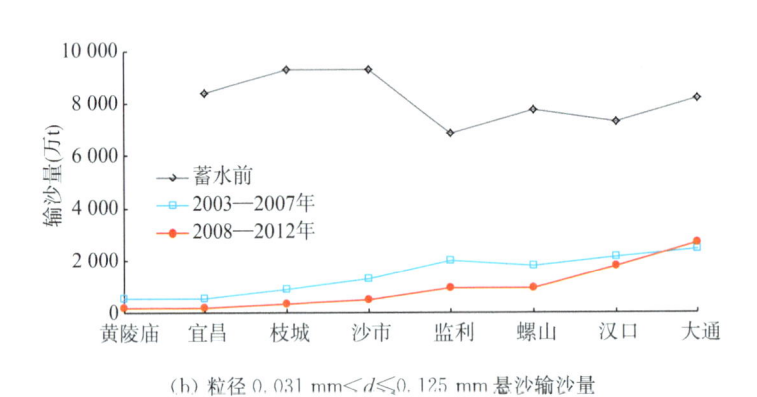

(b) 粒径 0.031 mm $< d \leqslant 0.125$ mm 悬沙输沙量

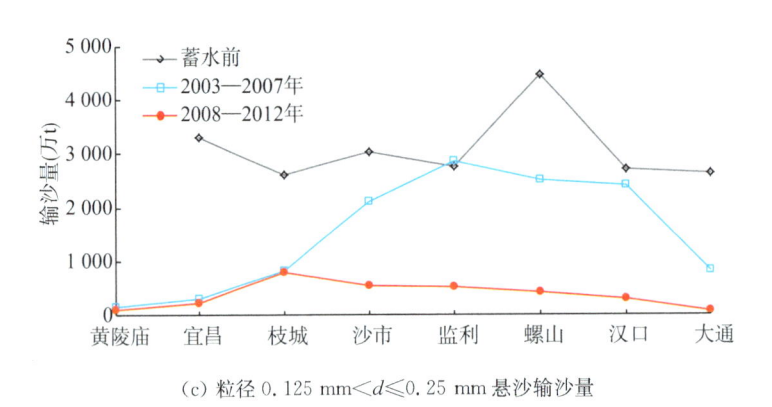

(c) 粒径 0.125 mm $< d \leqslant 0.25$ mm 悬沙输沙量

(d) 粒径 $d>0.25$ mm 悬沙输沙量

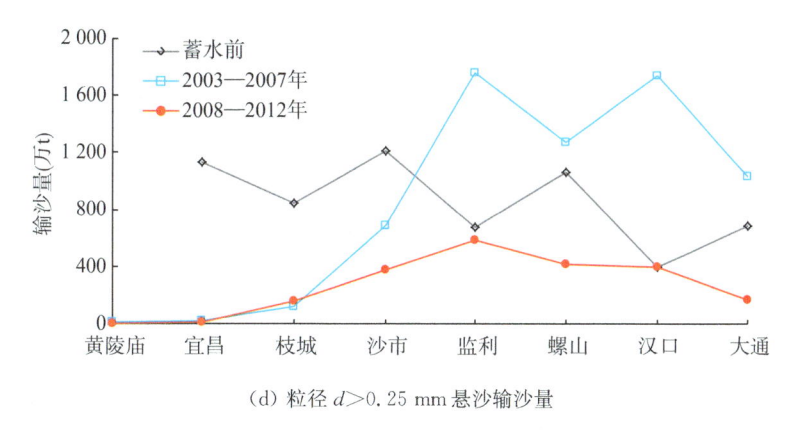

图 3.4-1　不同粒径的悬沙输沙量

1. 沿程变化

不同粒径组泥沙沿程恢复过程不同：

（1）蓄水后 2003—2007 年和 2008—2012 年，不同阶段粒径小于 0.031 mm 以及 0.031～0.125 mm 的泥沙从宜昌到大通递增，因此该粒径组泥沙恢复距离到大通站以下。

（2）粒径 0.125～0.25 mm 的泥沙，2003—2007 年从宜昌到监利递增，监利以下递减；2008—2012 年从宜昌到枝城递增，枝城以下递减。说明试验性蓄水期后，该粒径组泥沙恢复距离有缩短的现象。

（3）粒径大于 0.25 mm 的泥沙，2003—2007 年恢复距离为宜昌到监利站附近，且 2008—2012 年保持不变。

蓄水后长江中下游不同粒径恢复距离不同，粒径越粗，恢复距离越短。

2. 随时间变化

不同粒径组的泥沙输沙量随时间变化也有所不同：

（1）各水文站粒径小于等于 0.031 mm 的悬移质泥沙输沙量蓄水后较蓄水前均大幅度减小，试验性蓄水期较 2003—2007 年进一步减小。2008—2012 年年均输沙量分别为蓄水前多年平均值的 7.47%～29.80%，近期难以恢复。

（2）粒径 0.031～0.125 mm 悬沙的变化规律与小于等于 0.031 mm 的类似。2008—2012 年年均输沙量分别为蓄水前的 2.61%～32.98%，近期同样难以恢复。

（3）粒径 0.125～0.25 mm 的泥沙，2003—2007 年监利站输沙量已恢复到蓄水前的水平，2008—2012 年试验性蓄水期年均输沙量各站减小至蓄水前的 7.15%～30.85%。

（4）粒径大于 0.25 mm 的泥沙，2003—2007 年监利站及以下各站该组泥沙的输沙量大于蓄水前多年平均值，进入试验性蓄水期后，该组粒径悬沙的输沙量有所减少，但监利、汉口仍能恢复至蓄水前的水平。2008—2012 年，各站年均输沙量分别为蓄水前的 1.41%～100.87%。

3.4.2 三峡水库运行初期长江中游水流挟沙饱和度的时空变化

枢纽蓄水运用以后，大量泥沙拦蓄在库内，下泄水流处于不饱和状态。与之前分析相同，依然采用水沙搭配系数来分析长江中游河段水流挟沙饱和度的时空变化特点。

1990 年以前，可以认为长江属于基本冲淤平衡的河流，因此可将多年平均悬沙含沙量与多年平均流量的比值作为其饱和时的水沙搭配系数。1990 年至三峡蓄水前，上游来沙减少，三峡蓄水以后进一步减少，其年平均含沙量与年平均流量的比值小于多年平均含沙量与多年平均流量的比值，水流处于不饱和状态，因而引起下游河段的冲刷。

以长江中游各水文站年平均含沙量与年平均流量的比值计算该站当年的水沙搭配系数，同时按照粒径 0.125 mm 以上悬沙近似计算床沙质的水沙搭配系数来进一步分析床沙质的水流挟沙饱和度（表 3.4-1）。

图 3.4-2 给出了三峡蓄水前及蓄水后不同时期长江中游水流挟沙饱和度的变化，表 3.4-2 给出了三峡蓄水后不同时期水沙搭配系数占蓄水前值百分比，由图、表可知：

三峡蓄水后，坝下游水流挟沙饱和度大幅度减小，悬沙和床沙质的水沙搭配系数均大幅小于蓄水前值。随着水库蓄水运用时间延长，各站水流挟沙饱和度均进一步减小，说明河床的补充呈现减小的趋势。

2003—2007 年间，沿程冲刷甚至可以使得监利、汉口床沙质的水沙搭配系数恢复到与蓄水前相同；在进入试验性蓄水期以后，床沙质水沙搭配系数沿程再也没有完全恢复，即试验性蓄水期以后水流沿程不饱和。

从沿程变化来看，水沙搭配系数沿程增大，水流沿程恢复饱和。悬沙中的床沙质沿程恢复明显快于悬沙整体。

表 3.4-1　不同时段长江中游主要水文站水沙搭配系数统计结果

水沙搭配系数 (g·s·m⁻⁶)		宜昌	枝城	沙市	监利	螺山	汉口	大通
悬沙	蓄水前	0.081 3	0.079 6	0.088 1	0.088 3	0.030 9	0.024 8	0.016 4
	2003 年	0.018 3	0.023 1	0.028 3	0.030 8	0.011 3	0.009 6	0.007 6
	2004 年	0.011 8	0.014 3	0.019 8	0.024 0	0.010 8	0.009 3	0.007 5
	2005 年	0.016 5	0.017 9	0.023 5	0.027 1	0.011 2	0.009 9	0.008 4
	2006 年	0.003 5	0.004 4	0.009 9	0.016 6	0.008 5	0.006 4	0.005 6
	2007 年	0.013 8	0.015 4	0.021 6	0.024 6	0.011 6	0.010 1	0.008 7
	2008 年	0.005 8	0.006 7	0.010 1	0.016 6	0.007 8	0.007 0	0.006 0
	2009 年	0.007 6	0.007 9	0.011 7	0.016 7	0.007 7	0.007 0	0.005 7
	2010 年	0.006 3	0.006 8	0.010 4	0.014 0	0.006 3	0.006 3	0.005 6
	2011 年	0.001 7	0.002 4	0.005 1	0.012 7	0.006 6	0.007 2	0.005 1
	2012 年	0.006 2	0.006 8	0.010 9	0.014 3	0.006 4	0.007 1	0.005 1
床沙质	蓄水前	0.007 3	0.005 5	0.008 6	0.008 5	0.004 2	0.001 9	0.001 3
	2003 年	0.002 6	0.006 0	0.007 5	0.006 0	0.002 4	0.001 5	0.000 0
	2004 年	0.001 0	0.003 2	0.006 3	0.009 5	0.003 0	0.002 3	0.000 3
	2005 年	0.000 9	0.002 3	0.005 6	0.007 7	0.002 6	0.001 8	0.000 6
	2006 年	0.000 1	0.000 7	0.004 5	0.009 5	0.003 1	0.001 6	0.000 5
	2007 年	0.000 3	0.002 9	0.007 0	0.010 2	0.003 4	0.002 5	0.000 9
	2008 年	0.000 1	0.000 5	0.003 4	0.007 8	0.001 1	0.000 5	0.000 6
	2009 年	0.000 1	0.000 8	0.003 5	0.007 3	0.001 3	0.000 6	0.000 6
	2010 年	0.000 1	0.000 4	0.002 0	0.003 7	0.000 9	0.001 0	0.000 6
	2011 年	0.000 0	0.000 2	0.001 4	0.005 3	0.001 4	0.001 5	0.000 2
	2012 年	0.000 1	0.000 2	0.001 4	0.003 1	0.001 1	0.001 7	0.000 1

表 3.4-2　三峡蓄水后不同时期水沙搭配系数占蓄水前值百分比

占蓄水前值百分比(%)		宜昌	枝城	沙市	监利	螺山	汉口	大通
悬沙	2003—2007 年	15.7	18.8	23.4	27.9	34.6	36.5	45.9
	2008—2012 年	6.8	7.7	11.0	16.9	22.7	27.8	33.4
床沙质	2003—2007 年	13.5	54.9	71.6	101.2	69.1	101.4	37.5
	2008—2012 年	1.0	6.8	27.0	64.2	29.7	63.1	37.2

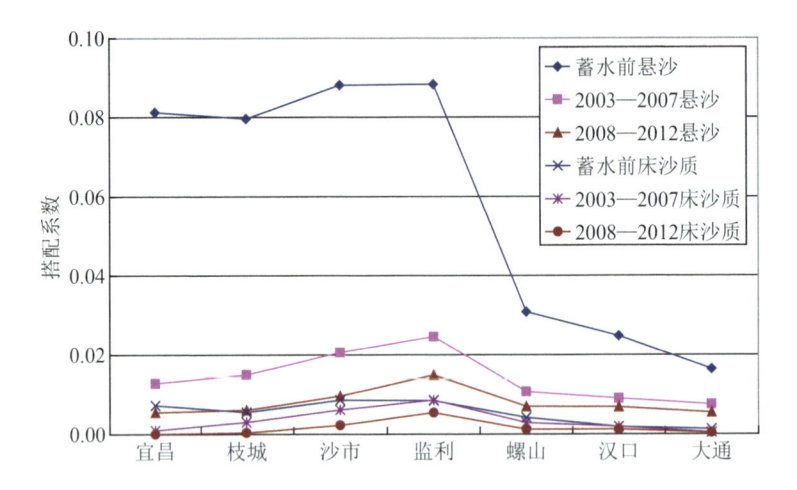

图 3.4-2　三峡蓄水前及蓄水后不同时期长江中游水流挟沙饱和度变化

3.5　主要结论

（1）三峡工程蓄水后，水库下游径流总量变化不大，径流量的沿程变化仍然主要受沿程分汇流情况以及区间汇流影响。水库的调蓄作用影响径流量年内分配，蓄水后汛期径流量占全年百分比减小，枯水流量增大。

（2）蓄水后，宜昌站至大通站最枯流量增大，特别是试验性蓄水期各站最枯流量显著增加；从沿程变化来看，不同蓄水阶段，最枯流量的变化趋势的变化规律一致：宜昌站至监利站，最枯流量呈沿程递增趋势，增大幅度不大；监利站至大通站，由于支流入汇，最枯流量沿程显著增大。

（3）三峡水库蓄水拦沙对坝下游河段输沙量影响显著：三峡坝下各站输沙量显著小于蓄水前，且随蓄水进程的推进而进一步明显减少，即试验性蓄水期2008—2012年年均输沙量少于蓄水初期2003—2007年年均输沙量；由于沿程冲刷及支流入汇的泥沙补给，下游各站输沙量沿程增大，监利以上各站含沙量沿程迅速增加，距坝越远，减沙幅度越小。

（4）三峡水库初期蓄水（2003—2007年），坝下游各站输沙量减幅在62%～87%之间。进入试验性蓄水期，蓄水水位抬升，水库拦沙作用更为显著，输沙量比 2003—2007 年期间进一步减小 16%～56%，达到 69%～94%。

（5）三峡水库运行初期，长江中游宜昌至监利段，悬沙粒径沿程粗化，表现出明显的枢纽下游河床冲刷过程的悬沙粒径变化特征；监利以下悬沙粒径沿程变细，与自然条件下河道沿程粒径级配变化特征相符，也说明三峡下游的冲刷尚未影响到监利以下河段。

（6）坝下河段不同粒径组悬沙输沙量时空变化规律不同：粒径越粗，冲刷恢复距离越短；细粒泥沙输沙量蓄水后各站均明显减小，且难以通过冲刷恢复；粗颗粒泥沙输沙量出库锐减，2003—2008 年期间经沿程冲刷可恢复甚至超过蓄水前水平，但在 2008—2013 年试验性蓄水期，粗颗粒泥沙沿程冲刷难以恢复到蓄水前水平。

（7）蓄水后，各站水流挟沙饱和度均大幅降低，试验性蓄水期较蓄水初期进一步降低。从沿程变化来看，水流挟沙饱和度在监利站以上沿程增大，监利站至螺山站减小，螺山站以下变化不大；由于细颗粒泥沙难以冲刷补充，床沙质水流挟沙饱和度的沿程恢复快于悬沙。

（8）2003—2007 年间，沿程冲刷甚至可以使得监利、汉口的床沙质水沙搭配系数恢复到跟蓄水前相同，在进入试验性蓄水期以后，床沙质水沙搭配系数沿程再也没有完全恢复，即试验性蓄水期以后水流沿程难以恢复饱和。

第 4 章

宜枝河段航道冲淤及滩槽变化

4.1 宜枝河段重点河段基本情况

长江中游宜枝河段共有 8 个水道(表 4.1-1),重点河段基本情况如下。

1. 宜昌河段(宜昌至古老背)

宜昌河段为顺直型河道,两岸多山岩矶石,受山体控制,河道形态稳定少变;河床由沙卵石组成,主流摆动较小,枯水期水深足够。河段内的宜昌港、白沙老、虎牙峡和古老背 4 个水道航道条件稳定,均为优良水道。

2. 宜都河段(古老背至枝城)

宜都河段为弯曲型河道,弯道凹岸受濒临江边的山体控制,凸岸均有长条形边滩;河床由沙卵石组成,主流变化不大,只是在宜都弯道凹岸下部受清江入汇影响,主流偏向凸岸,形成主流在弯道段靠向凸岸的特殊情况。河段内的云池、宜都、白洋和龙窝 4 个水道航道条件稳定,均为优良水道。

表 4.1-1 宜枝河段各水道航道基本情况

序号	水道名称	平面形态	航道情况	序号	水道名称	平面形态	航道情况
1	宜昌港水道	微弯	优良	5	云池水道	顺直	优良
2	白沙老水道	顺直分汊	优良	6	宜都水道	弯曲分汊	优良
3	虎牙峡水道	顺直	优良	7	白洋水道	弯曲	优良
4	古老背水道	顺直	优良	8	龙窝水道	单一微弯	优良

4.2 宜昌河段航道冲淤及滩槽变化

1. 总体冲淤特点

1970年至三峡蓄水前,受荆江裁弯取直、葛洲坝水力枢纽建成运用及20世纪90年代开始长江上游来沙减少的影响,宜昌河段总体发生冲刷。三峡蓄水后,河段来沙量更是大幅度降低,宜昌河段进一步发生冲刷,2002年10月—2012年10月,宜昌河段枯水河槽总冲刷量为1 202万 m³,平滩河槽总冲刷量为1 733万 m³,表现为"滩槽均冲";宜昌河段在蓄水后的2003年冲刷量最大,随后几年逐渐减弱,已有研究成果显示,宜昌河段冲刷已基本完成。

2. 深泓变化

受两岸边界条件的制约,宜昌河段冲刷主要以纵向下切为主。2002年10月—2011年10月,宜昌河段深泓纵剖面平均冲刷下切1.7 m,其中,最大冲深约为5.4 m(图4.2-1)。

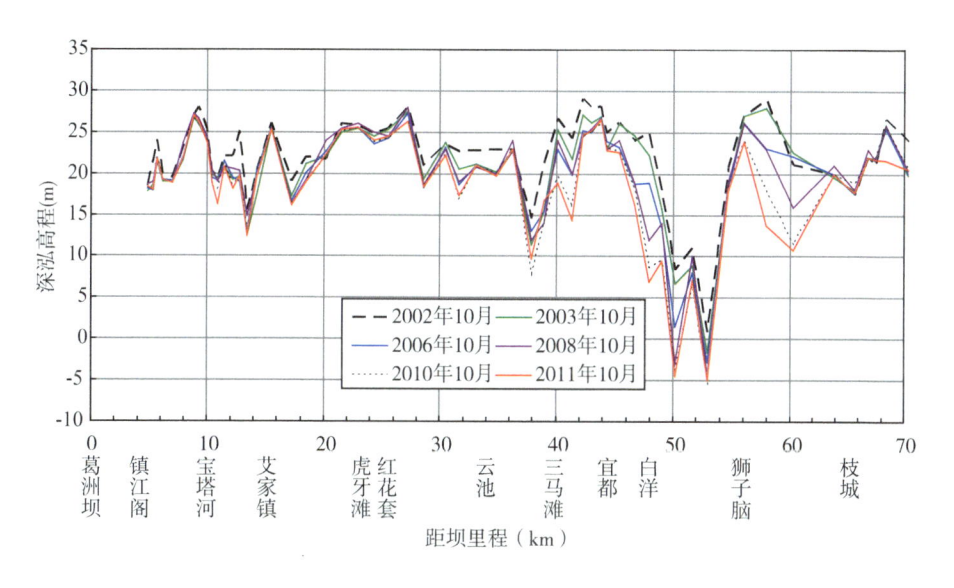

图 4.2-1 三峡水库蓄水后宜枝河段深泓线沿程变化图

3. 断面形态变化

宜昌河段断面形态调整幅度较小(图 4.2-2、图 4.2-3 所示),仅个别断面有冲刷(如宜48),图 4.2-4 显示该断面冲刷下切主要在深槽位置,并且这种冲刷主要发生于蓄水后的初期(2003—2004 年),之后断面形态基本稳定。

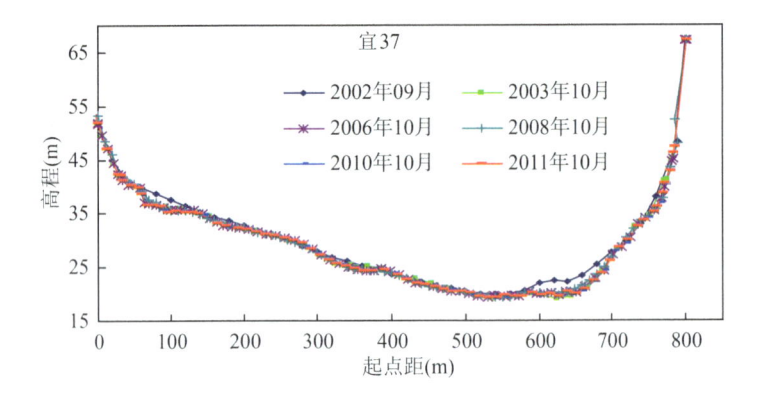

图 4.2-2　宜 37 断面(葛洲坝下游 6.2 km)冲淤变化图

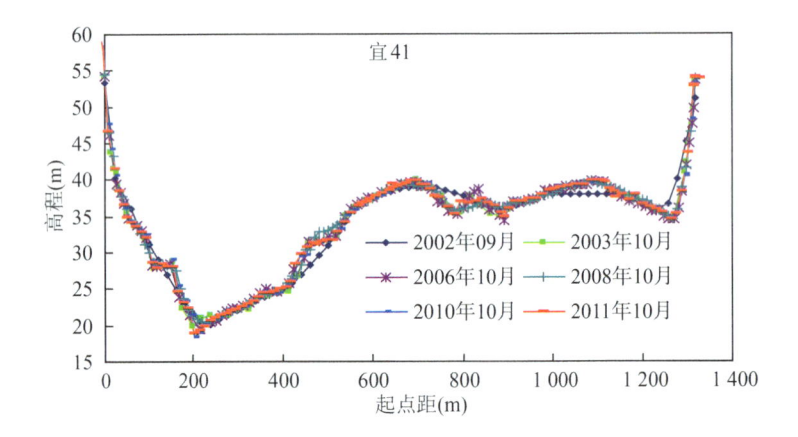

图 4.2-3　宜 41 断面(胭脂坝中部,葛洲坝下游 10.4 km)冲淤变化图

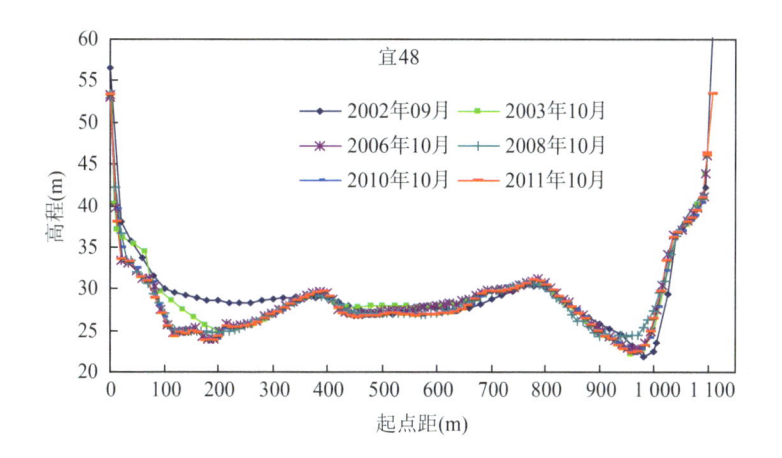

图 4.2-4　宜 48 断面(磨盘溪附近,葛洲坝下游 20.1 km)冲淤变化图

4.3　宜都河段航道冲淤及滩槽变化

1. 总体冲淤特点

1970 年至三峡蓄水前,受荆江裁弯取直、葛洲坝水力枢纽建成运用及 20 世纪 90 年代开始长江上游来沙减少的影响,宜都河段总体也发生冲刷;三峡蓄水后,宜都河段发生剧烈冲刷,2002 年 10 月—2012 年 10 月,宜都河段枯水河槽总冲刷量为 11 143 万 m³,平滩河槽总冲刷量为 11 972 万 m³,主要表现为"冲槽",其中 2003—2009 年冲刷比较剧烈,之后冲刷强度逐渐开始减弱。

2. 滩槽变化

宜都水道上起云池,下至白洋,河道呈弯曲分汊形态,且两端窄、中间宽,河心南阳碛卵石潜洲将河道分为左右两泓,左泓习称沙泓,为枯期主流位置;右泓习称石泓,为汛期主流位置。三峡蓄水后,宜都水道的洲滩呈现冲蚀现象。

(1)边滩退蚀。

宜都河段右岸的三马溪边滩、左岸的中沙咀边滩、沙坝湾边滩在三峡蓄水后均有所蚀退(图 4.3-1)。

(2)心滩滩头冲刷,洲尾上提,面积减小。

胭脂坝坝头和坝尾,坝尾冲刷萎缩明显;南阳碛洲头冲刷后退,洲尾上提,洲

(a) 3 m线变化　　　　　　　　　(b) 5 m线变化

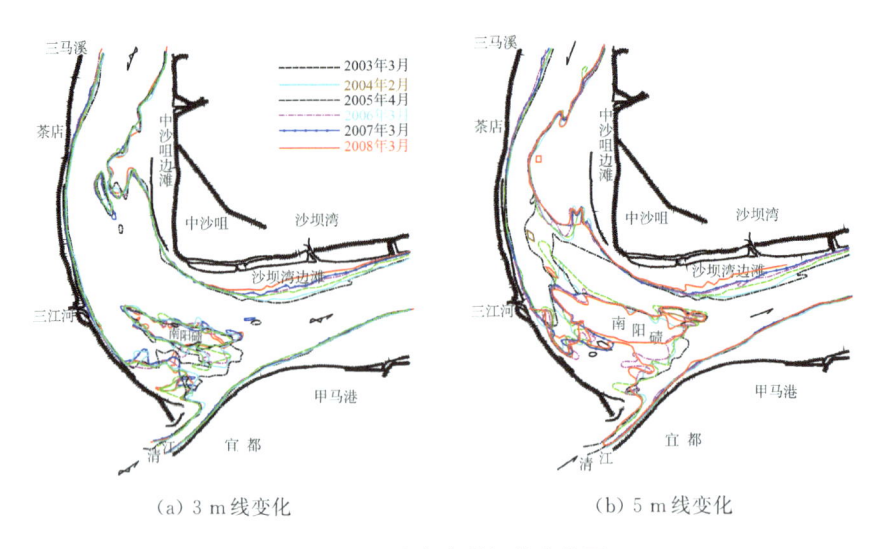

图 4.3-1　宜都水道河势变化图

体左右缘受冲刷(图 4.3-1)。

3. 深泓变化

三峡蓄水后,宜都河段相对于宜昌河段冲刷更明显,2002 年 10 月—2011 年 10 月宜都河段深泓纵剖面平均冲刷下切 5.3 m,最大冲深约 18.0 m(图 4.2-1)。

4. 断面形态变化

云池弯道、宜都汊道、白洋弯道及龙窝水道断面都发生明显冲刷下切,宜都汊道南阳碛右汊以及龙窝水道边滩略有冲刷;深泓下切的幅度随着时间呈现逐渐衰减的趋势,至 2011 年末,河床虽然仍存在冲刷,但冲刷幅度相比于蓄水初期的 2003 年,已明显减慢(图 4.3-2~图 4.3-4)。

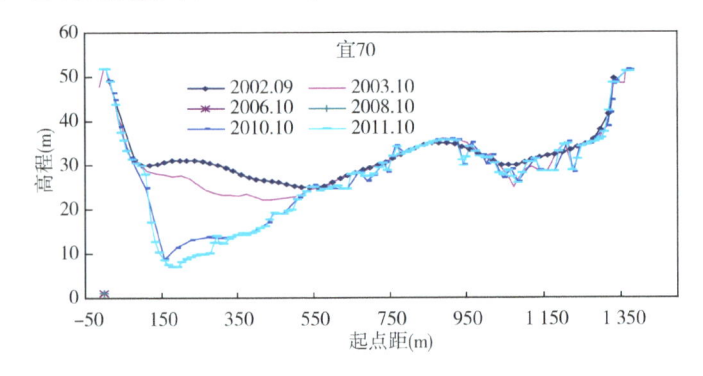

图 4.3-2　宜 70 断面(大石坝,葛洲坝下游 48.0 km)冲淤变化图

第4章 宜枝河段航道冲淤及滩槽变化

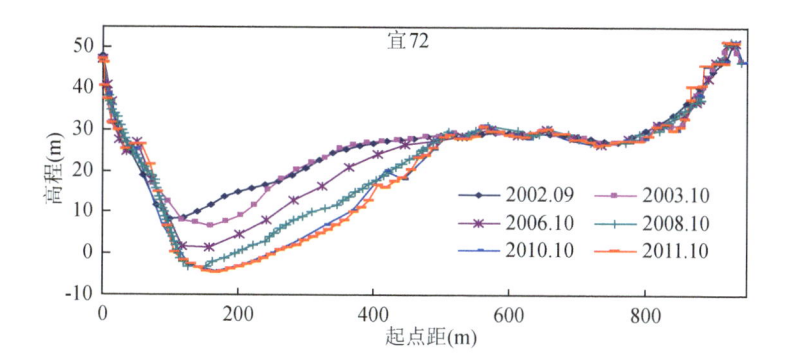

图4.3-3 宜72断面(白洋弯道弯顶,葛洲坝下游50.2 km)冲淤变化图

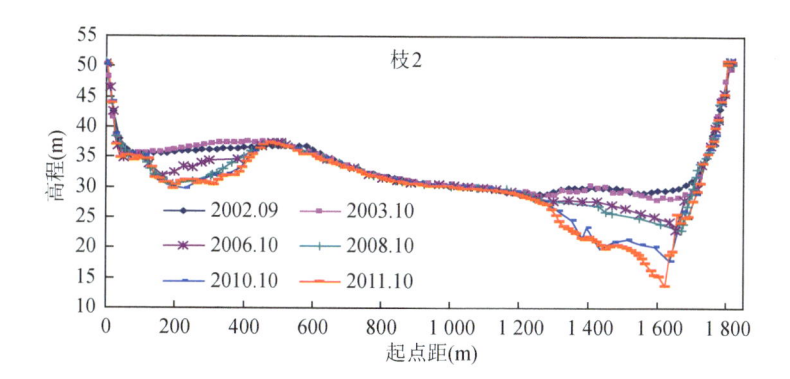

图4.3-4 枝2断面(外河坝,葛洲坝下游57.9 km)冲淤变化图

第 5 章

上荆江河段航道冲淤及滩槽变化

5.1 上荆江河段重点河段基本情况

长江中游上荆江河段共有 16 个水道(表 5.1-1),重点河段基本情况如下。

1. 芦家河河段(枝城至昌门溪)

芦家河河段为微弯分汊型河道,位于上荆江上段,处于山区河流向平原河流的过渡地带,河床由沙卵石组成,河道平面形态和洲滩格局少变,河势相对稳定,主流年内汛、枯期之间较不稳定,汛期流路较直,枯期流路弯曲,汛枯期主流在主支汊之间交替摆动。芦家河河段由枝城、关洲和芦家河 3 个水道组成,其中,芦家河水道为重点碍航水道,枝城和关洲水道为优良水道。

2. 枝江—江口河段(昌门溪至大布街)

枝江—江口河段为分汊型河道,位于沙卵石河段末端,上游紧邻芦家河重点浅滩,下游为抗冲性较弱的沙质河床,是长江中游最早受到三峡水库蓄水影响的沙卵石浅滩河段之一。枝江—江口河段由枝江、刘巷、江口和大布街 4 个水道组成,其中,枝江和江口水道为重点碍航水道,刘巷和大布街水道为优良水道。

3. 沙市河段(陈家湾至双石碑)

沙市河段为微弯分汊型河道,位于长江中游沙质河段首端,冲积河流的特征显著,河道很不稳定,河床演变剧烈,河道内主流频繁摆动、洲滩互为消长、汊道兴衰交替。沙市河段由太平口、瓦口子和马家咀 3 个水道组成,这 3 个水道一直是长江中游碍航浅水道,其中以太平口水道碍航最为严重。

4. 周天河段(郝穴至古长堤)

周天河段为顺直型河道,位于上荆江末端,历史上航道出浅严重被称为"瓶子口"水道,是长江中游重点碍航浅滩河段之一。周天河段由周公堤和天星洲2个水道组成,周公堤水道为重点碍航水道,天星洲水道为一般碍航水道。

表 5.1-1 上荆江河段各水道航道基本情况

序号	水道名称	平面形态	航道情况	序号	水道名称	平面形态	航道情况
1	枝城水道	微弯	优良	9	太平口水道	微弯分汊	重点碍航
2	关洲水道	微弯分汊	优良	10	瓦口子水道	微弯分汊	一般碍航
3	芦家河水道	微弯放宽	重点碍航	11	马家咀水道	微弯分汊	一般碍航
4	枝江水道	顺直分汊	重点碍航	12	陡湖堤水道	微弯	一般碍航
5	刘巷水道	顺直	优良	13	马家寨水道	微弯	优良
6	江口水道	微弯分汊	重点碍航	14	郝穴水道	微弯	优良
7	大布街水道	顺直分汊	优良	15	周公堤水道	顺直分汊	重点碍航
8	涴市水道	微弯分汊	优良	16	天星洲水道	微弯放宽	一般碍航

5.2 芦家河河段航道冲淤及滩槽变化

5.2.1 关洲水道航道冲淤及滩槽变化

1. 总体冲淤特点

三峡蓄水后,关洲水道总体处于冲刷态势。2009年以前,关洲水道冲淤调整幅度较小,关洲左汊小幅度冲刷,右汊出口至芦家河石泓进口段有小幅度冲刷,冲淤调整主要集中在关洲尾部,表现为尾部岸线持续崩退(图5.2-1)。2009年以后,关洲水道冲刷强度较大,尤其是2010—2012年,关洲水道出现剧烈冲刷。关洲水道的冲刷是以支汊发展、边滩退缩等侧蚀方式为主,关洲左汊为支汊,2010—2012年冲刷幅度较大,左汊平均冲深5 m以上,与之相伴而生的是左汊倒套不断上延发展,右汊进口出现淤积,左岸的人和垸边滩萎缩及关洲尾部逐渐侵蚀后退,至2012年3月,关洲汊道左汊深泓已低于右汊深泓,关洲左缘及尾部护岸工程边缘岸坡陡峭。

(a) 34 m 等高线

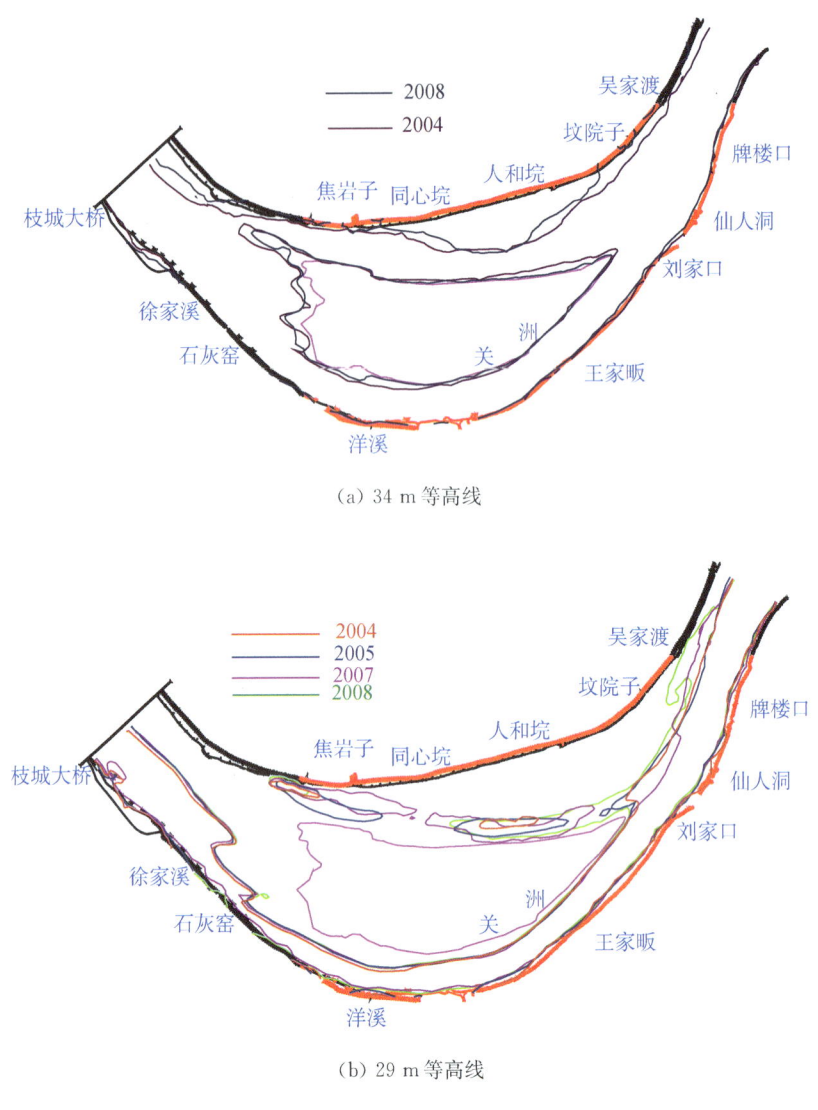

(b) 29 m 等高线

图 5.2-1　三峡蓄水后关洲河段洲滩变化

2. 滩槽变化

关洲水道内存在着成型的江心洲体,将河道分为左、右两汊,左汊为支汊,右汊为主汊。三峡蓄水后,水道内以边滩、支汊大幅冲刷为主,主汊深槽冲淤幅度变化不大。

关洲水道主汊深槽形态长期处于较为稳定的态势,2003 年以来各级等深线均变化不大,3 m 槽及 5 m 槽宽度均表现出较为稳定的态势。2009 年以前,坝下冲刷主要集中在枝城以上河段,关洲洲体的冲淤变幅极小,洲体两侧及尾部基本稳定,仅尾部低滩区域有小幅度的冲淤调整;2009 年后,洲体头部形态有所变化,洲体的变形主要集中在 2010 年以后,且以洲体尾部的冲刷最为明显,2010 年至 2012 年,洲尾大幅度冲刷,洲体尾部 0 m 线冲刷上提 420 m。

关洲支汊在三峡蓄水后变化较为剧烈,主要表现为支汊进口相对较为稳定,自支汊出口向上游逐年冲深、展宽。从等深线变化情况来看,虽然部分区域在不同水文年份出现了一定的冲淤交替,但 3 m 线、5 m 线均逐年上延、展宽,尤其在关洲水道冲刷量显著增大的 2010 年后,关洲支汊 10 m 等深线从左汊尾部迅速上延至进口区域,关洲左汊除硬质、高凸的进口外,其余区域水深均在 10 m 以上。

3. 深泓变化

从深泓变化也可以清楚地看出左右汊道冲淤调整的特点,关洲水道右汊深泓相对较为稳定,进口段深泓高凸,且 2010 年至 2012 年进口区域深泓有所淤高,向下游基本呈逐渐下降态势;而对左汊而言,左汊进口相对稳定,中下段深泓大幅度冲刷下切,从 2009 年以前的凹凸不平变化为普遍位于 10 m 以下。

4. 断面形态变化

关洲水道断面变化以边滩、支汊的大幅冲刷为主。1#断面位于关洲汊道头部,断面形态为偏"W"形,主槽贴右岸较稳定,断面左侧冲淤变化较大。2#断面位于关洲汊道中部,呈"W"形,多年来右汊基本稳定,冲淤变化不大;左汊冲刷明显,断面冲淤变化在 2009 年之前较缓慢,2009 年后呈现出迅猛发展态势。

5.2.2 芦家河水道航道冲淤及滩槽变化

芦家河水道是长江中游重点维护的沙卵石浅滩河段之一,水道放宽处河心有砾卵石碛坝,碛坝左右侧分别为沙泓、石泓两条航道,沙泓为枯水期主航道,石泓为中、洪水期主航道,主流流向年内洪、枯水期在沙泓、石泓之间左右摆动。

1. 总体冲淤特点

三峡蓄水前,随着枯洪流路在沙、石泓之间的摆动,沙泓"洪淤枯冲"的规律十分明显,沙泓进口段年内冲淤幅度平均达 10 m,最大冲淤幅度达 14 m,年际间沙泓冲淤基本平衡;而石泓年内冲淤幅度较小,一般为 1~3 m,最大达 6 m,河道变化具有典型的"涨淤落冲"演变规律。

三峡蓄水后,芦家河水道经历了一个"先淤积、后冲刷"的过程,但总体呈冲刷态势。2006年以前水道淤积,2006年以后水道单向冲刷。2009年以前,芦家河水道冲淤调整主要表现为石泓进口及中下段小幅度累积性冲刷和沙泓小幅度累积性淤积;2009年以后,随着上游关洲左汊冲刷发展,深槽走向趋向于石泓,使得石泓内部进一步冲刷发展,同时由于主流带向石泓偏移,使得沙泓进口区域出现大范围缓流区域,沙泓进口尤其是左岸鸳鸯港一带边滩大幅度淤积,挤压沙泓进口航槽。2003—2012年,水道内虽然短期内没有发生剧烈的冲淤调整,但年际间小幅度累积性冲淤使得石泓出现了较为明显的冲刷发展,主要表现为前沿陈二口深槽明显下探及碛坝坝尾至石泓出口冲深刷低。石泓冲刷发展使得沙泓进口出现了较大范围缓流区,沙泓进口明显淤浅。2012年初,沙泓进口5 m线断开达700 m;3 m线也较往年明显缩窄,从2003年的400 m缩窄至2012年初的190 m。

从表5.2-1来看,蓄水后芦家河水道的上游来沙大幅减少,该水道总体冲刷幅度不强,一方面与该水道呈微弯放宽的河型有一定关系;另一方面也说明该水道的卵石层面高程较高,河床地形已相对固定,难以出现明显的冲刷下切。

表5.2-1　芦家河水道年际冲淤量变化表

单位:万 m³

时段	芦家河水道(陈二口—昌门溪)
2003.3—2006.3	+916.2
2006.3—2007.3	−353.2
2007.3—2008.3	−121.3
2008.3—2009.3	−722.5
2009.3—2010.4	−12.5
2003.3—2010.4	−293.3

注:"−"表示冲刷,"+"表示淤积。

2. 滩槽变化

芦家河水道内冲刷以支汊发展、碛坝尾部退缩以及串沟发展等侧蚀方式为主,具体情况如下。

(1)洲滩变化。

芦家河水道主要存在的洲滩有鸳鸯港边滩、羊家老边滩和芦家河碛坝。

鸳鸯港边滩:三峡蓄水前,鸳鸯港边滩冲淤交替;三峡蓄水后,边滩大幅冲刷后退。2007年3月与2006年同期比较,鸳鸯港边滩近深槽侧,部分冲深在2 m以上;到2008年,边滩淤积,滩体外缘右移,鸳鸯港边滩滩体大部分有1 m以上的淤积;到2009年,鸳鸯港边滩上部继续淤积,3 m等深线向江中有所淤展;至2010年,鸳鸯港边滩略有冲刷。

羊家老边滩:三峡蓄水后,羊家老边滩表现为冲刷,受石泓出口处深槽右摆的影响,边滩滩体大幅冲刷后退,滩体外缘冲刷幅度多在2 m以上。2008—2009年度,羊家老边滩整体略有冲刷,滩体面积减小,高程也有所降低;2009—2010年度,羊家老边滩变化较小。

芦家河碛坝:2004年以来,芦家河碛坝洲长呈现较大幅度减小,洲宽往复变化,洲体长度大幅度减小,洲体面积也有较大幅度的减小,2008年仅为2004年的39%。2009年度,碛坝受冲变小,洲头、洲尾变散,洲体高程也冲刷降低。2010年度,碛坝略呈淤长之势,洲头、洲尾淤积长大,滩体高程虽未增加,但滩体面积略有增大。

(2) 深槽变化。

从等深线年际间的变化情况来看,河道进口区域随着上游关洲水道左汊的冲刷发展逐年下探,各级等深线均稳定地指向石泓进口,石泓及碛坝内部冲淤变形极为频繁,尤其在石泓内部,礁石林立,各级等深线分布均较为复杂,0 m线分布较为散乱,且在毛家花屋一带存在由沙泓向石泓过渡的窜沟,窜沟宽度约200 m,长度约1 200 m;3 m线时宽时窄、时断时续,呈"绳套"状分布。沙泓内部等深线变化规律性较强,沙泓进口左侧鸳鸯港边滩在2009年以来逐渐淤积涨大,滩缘各级等深线明显外扩,挤压沙泓进口区域,使得沙泓进口航道较窄,目前3 m线宽度不足200 m,沙泓进口5 m线变化特点与3 m线基本一致。2009年前,沙泓进口5 m线勉强贯通;2009年后,沙泓进口5 m线长期处于断开状态,同时沙泓中下段毛家花屋一带,河床坚硬难冲,5 m线常年断开(图5.2-2)。

3. 深泓变化

由于沙、石泓深槽内可冲层有限,三峡蓄水以来,沙、石泓深泓高程较为稳定。从表5.2-2中可以看出,仅2005—2006年沙泓高程变化较为明显,2006年以后基本稳定,蓄水以来,沙、石泓深泓一直保持较大高差,2010年度石泓平均高程较沙泓高1.82 m,这一现象说明石泓对水位的控制作用可能要强于沙泓。

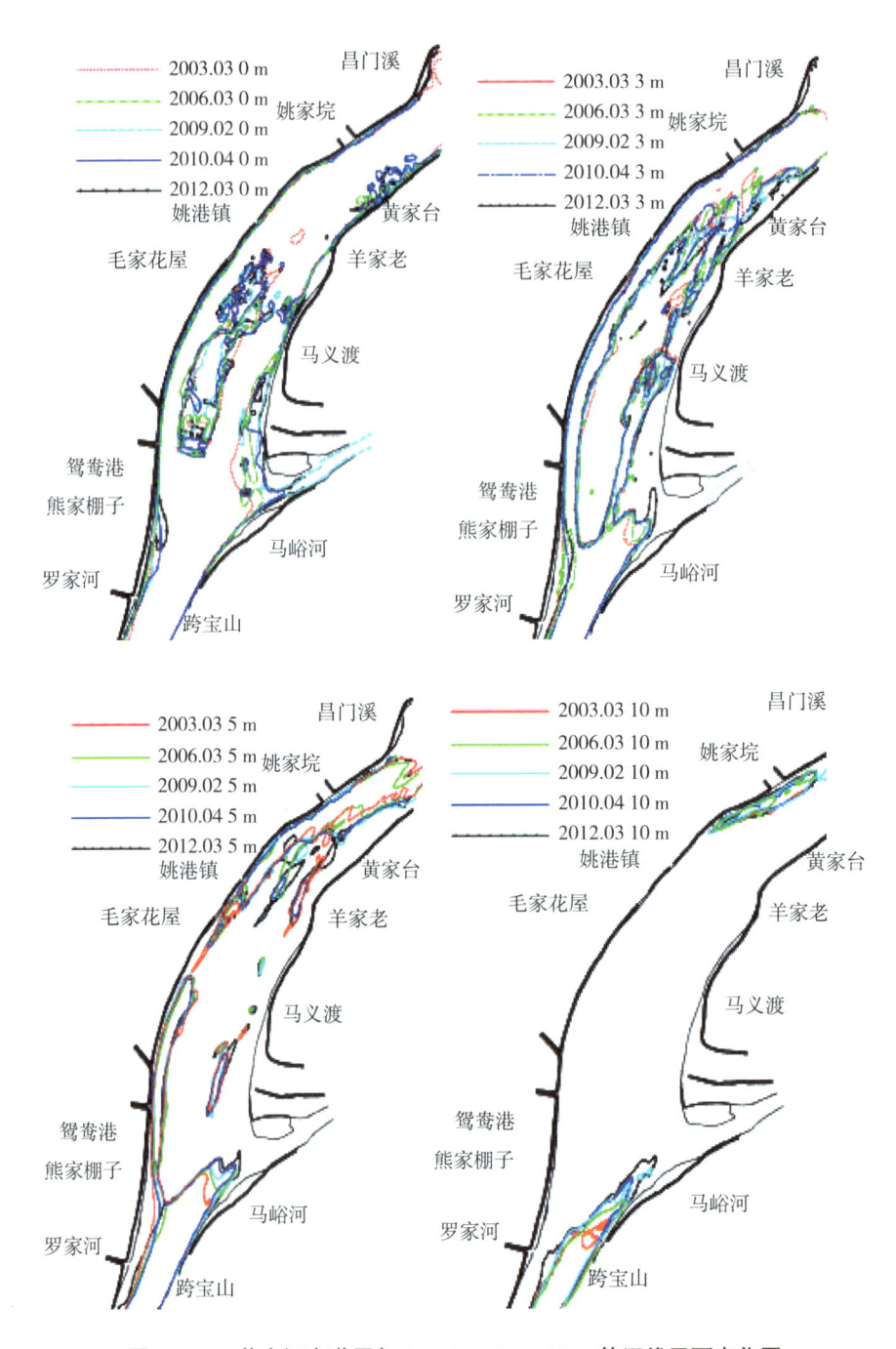

图 5.2-2 芦家河水道历年 0 m、3 m、5 m、10 m 等深线平面变化图

表 5.2-2　蓄水前后芦家河沙、石泓深泓平均高程

单位:m

时段	沙泓		石泓	
	平均高程	变化值	平均高程	变化值
2005.2	26.84	—	28.97	—
2006.3	27.84	+0.64	28.93	−0.04
2007.3	27.50	+0.02	29.12	+0.19
2008.3	27.37	−0.13	29.20	+0.08
2009.2	27.23	−0.15	29.11	−0.09
2010.4	27.21	−0.02	29.03	−0.08

4. 断面形态变化

芦家河水道 3# 断面位于芦家河水道进口陈二口偏下的位置,断面形态为偏"V"形。2002 年至 2012 年,该断面呈现"冲槽淤滩"的变化特点,右侧主槽最大冲深 2.7 m,左侧边滩最大淤高 5.4 m。

5.3　枝江—江口河段航道冲淤及滩槽变化

1. 冲淤总体特点

三峡蓄水前,枝江—江口河段冲刷较为剧烈,1975 年至 1998 年呈持续冲刷状态,累积平均冲刷厚度达 2.5 m。

三峡蓄水后,以 2006 年为界,枝江—江口河段经历了由冲淤交替然后向单向冲刷发展的两个阶段。从河段冲淤量来看(表 5.3-1),2006 年以前,枝江—江口河段对于水沙条件的剧烈变化并没有明显的响应,河段冲淤交替;2006 年汛期以后,河段总体冲刷,2006—2009 年的 3 年时间里河段内总冲刷量达 3 400 万 m³。2009 年 10 月,枝江—江口河段开始实施航道整治一期工程,一期工程实施以来的 2009—2010 年河段略有淤积。枝江—江口河段冲刷的基本特点是,枝江以上冲刷幅度小于枝江以下,深槽冲刷幅度大于高凸的浅滩段。

表 5.3-1　枝江—江口河段 5 000 m³/s 枯水河槽年际冲淤量变化表

单位：万 m³

时段(年/月)	枝江—江口河段(昌门溪—大埠街)
2003.3—2004.2	−258.84
2004.2—2005.2	−419.68
2005.2—2006.3	+990.54
2006.3—2007.3	−1 180.94
2007.3—2008.3	−748.59
2008.3—2009.3	−1 534.91
2009.3—2010.3	+435.17
2003.3—2010.3	−2 717.25

注："−"表示冲刷，"+"表示淤积。

2. 滩槽变化

枝江—江口河段内存在的主要洲滩有江心洲(水陆洲、柳条洲)和边滩(张家桃园、吴家渡边滩)。三峡蓄水后，洲滩总体呈现冲刷萎缩态势。

水陆洲：水陆洲位于昌门溪以下的河道放宽处，三峡水库蓄水以来以及一期工程实施前，水陆洲洲头低滩、洲体右缘以及洲尾成型堆积体都有冲刷萎缩，其中较为显著的洲尾成型堆积体近两年急剧萎缩的同时也趋向于散乱，尤其是洲头低滩也不断地受到水流切割及人为取沙的影响，洲体完整性受到明显破坏(表 5.3-2、图 5.3-1)。

表 5.3-2　水陆洲附近洲滩各等高线以上部分面积变化表

单位：km²

时间	水陆洲洲头低滩		水陆洲洲体			洲尾
	35 m	40 m	33 m	35 m	40 m	31 m
2003.3	1.060	0.165	0.386	0.210	0.171	0.027
2004.3	1.002	0.166	0.300	0.250	0.174	0.069
2005.3	0.827	0.161	0.247	0.201	0.170	0.064
2006.3	0.845	0.159	0.235	0.201	0.167	0.505
2007.3	0.725	0.412	0.213	0.150	0.140	0.205
2008.3	0.725	0.149	0.153	0.144	0.140	0.000
2009.3	0.712	0.149	0.151	0.144	0.140	0.063

注：水陆洲附近航行基准面约为 32.50 m。

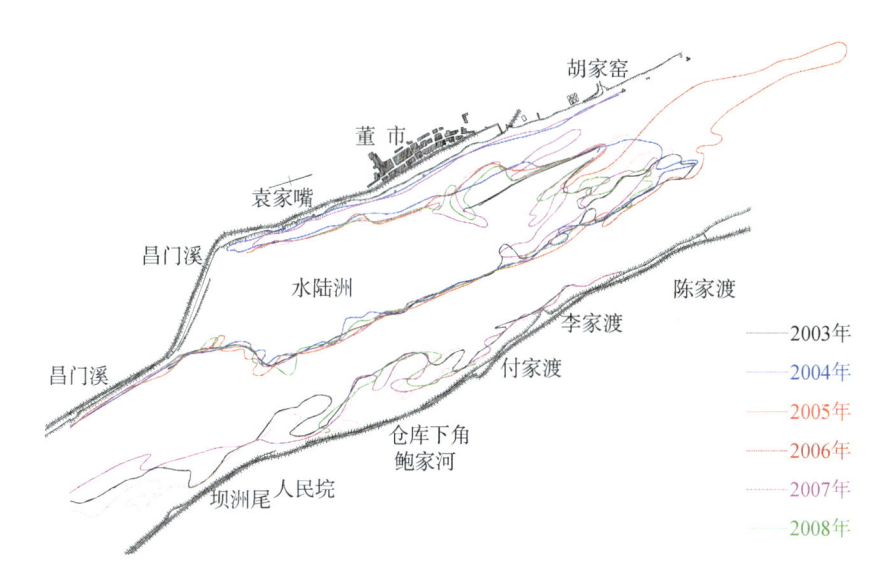

第5章　上荆江河段航道冲淤及滩槽变化

图 5.3-1　枝江河段水陆洲 30 m 等高线

一期工程对水陆洲头实施了护滩工程,工程实施后,护滩范围内的滩体整体有所淤涨。2010 年 3 月与 2009 年 3 月相比,水陆洲洲头右缘 0 m 线向外延伸约 200 m,3 m 线变化幅度不大;滩尾 0 m 线基本不变,3 m 线略有萎缩。

张家桃园边滩:张家桃园边滩位于枝江水道肖家堤拐一带的凸岸侧,三峡蓄水前,张家桃园边滩总体表现为冲刷、下移;三峡蓄水后,张家桃园边滩经历了一个先萎缩后又淤长的过程。

2006 年以来,枝江—江口河段开始剧烈冲刷,张家桃园边滩迅速萎缩变小、变低,至 2008 年初,0 m 线以上部分的面积已不足 2003 年同期的一半,2009 年初该边滩 0 m 线已基本消失(表 5.3-3、图 5.3-2)。张家桃园边滩头部实施护滩工程后,滩体冲刷趋势得到有效遏制,工程范围内滩体有所淤涨,0 m 线再度出现。

表 5.3-3　张家桃园边滩 32 m 等高线以上部分面积变化表

时间(年、月)	2003.3	2004.3	2005.3	2006.3	2007.3	2008.3	2009.3
面积(km²)	0.136	0.068	0.017	0.105	0.103	0.060	0.030

注:张家桃园处航行基准面约为 32.30 m。

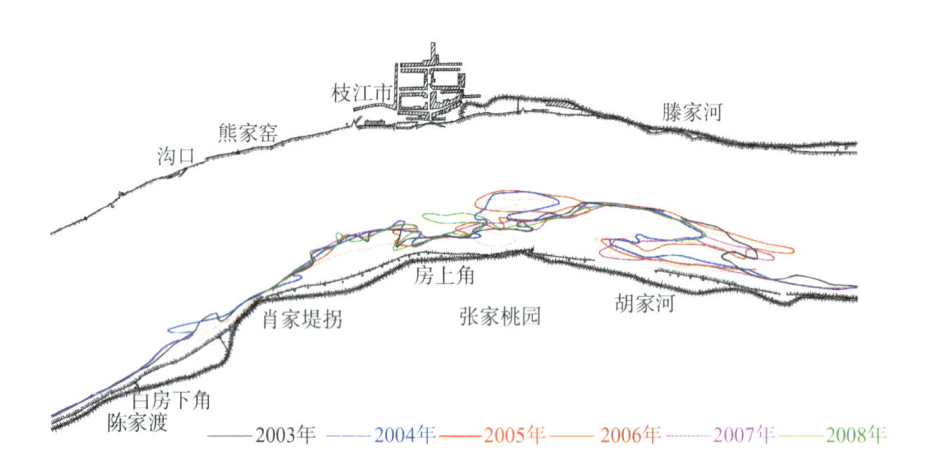

图 5.3-2　枝江河段张家桃园边滩 30 m 等高线

柳条洲：三峡蓄水前，柳条洲表现为洲头和洲尾呈现此消彼长的变化趋势，洲头中部较稳定。三峡蓄水后，柳条洲洲头与洲尾此消彼长的变化规律已发生改变，柳条洲洲头仍以冲刷为主，洲头中部继续保持稳定，但同时洲尾也呈冲刷态势。从柳条洲洲体面积的变化来看，其规律与河道的总体冲淤变化是密切关联的，2006 年以前冲淤交替，洲体总体变化不大，甚至略有淤长；2006 年以来，洲体迅速冲刷缩小，尤以低滩变化最为明显（表 5.3-4、图 5.3-3）。2009 年至 2010 年，柳条洲头部低滩淤积上延，滩体中部右缘 0 m 线淤涨，左缘 0 m 线后退，3 m 线范围基本不变。

表 5.3-4　柳条洲 35 m 和 40 m 等高线以上部分面积变化表

时间（年、月）		2003.3	2004.3	2005.3	2006.3	2007.3	2008.3	2009.3
面积（km²）	35 m	1.421	1.434	1.346	1.377	1.200	1.105	1.092
	40 m	0.900	0.910	0.903	0.892	0.801	0.800	0.708

注：柳条洲处航行基准面约为 32.00 m。

吴家渡边滩：三峡蓄水后至 2007 年初，吴家渡边滩有冲有淤，滩体面积变化不大；从 2007 年开始，滩体面积急剧萎缩，滩体下移，滩形变狭长（表 5.3-5、图 5.3-4）。吴家渡边滩护滩带修建后，工程区域滩体平均淤高 0.15 m，有效守护了吴家渡边滩头部，但吴家渡边滩 0 m 线仍然不明显，滩体较为低平；3 m 线头部大幅度冲刷后退，窜沟有所发展，滩体冲刷下移趋势依然存在。

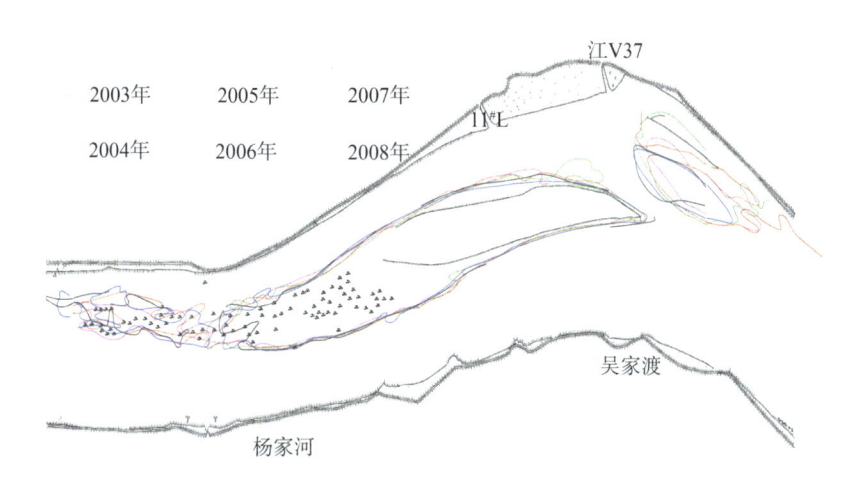

图 5.3-3　江口河段柳条洲 30 m 等高线

表 5.3-5　吴家渡边滩 30 m 等高线以上部分面积变化表

时间(年、月)	2003.3	2004.3	2005.3	2006.3	2007.3	2008.3	2009.3
面积(km²)	0.447	0.389	0.594	0.524	0.486	0.178	0.125

注:吴家渡边滩处航行基准面约为 31.90 m。

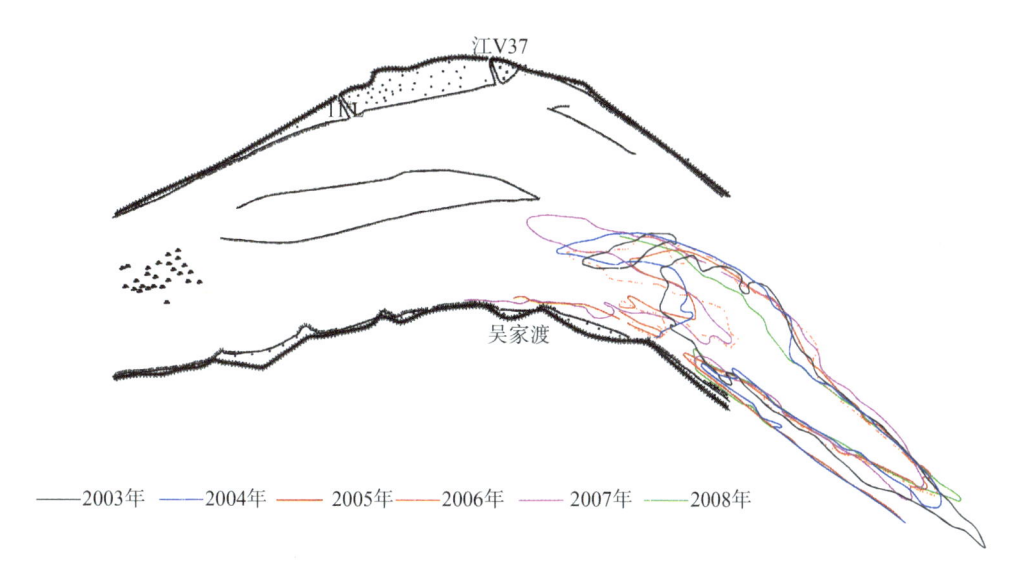

图 5.3-4　江口河段吴家渡边滩 28 m 等高线

3. 深泓变化

三峡蓄水前,枝江以上河段具有较强的抗冲性,枝江水道除局部深槽冲淤幅度较大之外,深泓总体变化不大,尤其是枝江上浅区变幅甚小,河床显示了较强的抗冲性。

三峡水库蓄水后,2003—2009年枝江—江口河段历年深泓纵剖面变化显示,蓄水以来河段有冲有淤,但总体表现为冲刷,其特点是枝江以上冲刷幅度小于枝江以下,深槽冲刷幅度大于高凸的浅滩段。枝江下浅区、江口过渡段浅滩所在位置高程较高,但由于沙质覆盖层相对较厚,年际之间冲刷较大;枝江上浅区、刘巷附近在蓄水后依然保持稳定,年际之间变化甚小。

4. 断面形态变化

荆18断面位于江口水道柳条洲中部,断面形态为典型的"W"形。2002年到2011年,该断面相态基本保持稳定,无明显的冲淤变化,进一步说明,枝江—江口河段的滩体冲刷主要为滩头、滩尾的冲刷萎缩(图5.3-5)。

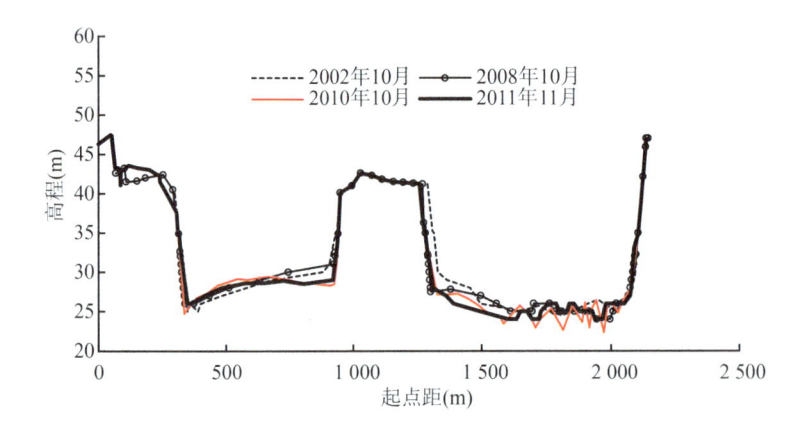

图5.3-5 柳条洲荆18断面冲淤变化图

5.4 沙市河段航道冲淤及滩槽变化

5.4.1 太平口水道航道冲淤及滩槽变化

1. 总体冲淤特点

太平口水道(图5.4-1)位于长江中游上荆江,是三峡下游第一个沙质河段。

冲积河流特征显著,河道很不稳定,河床演变剧烈,河道内主流频繁摆动、洲滩互为消长、汊道兴衰交替。三峡蓄水后,沙市河段来沙量锐减,受此影响,该水道大幅冲刷,以南槽、腊林洲中上段、三八滩等冲刷最为剧烈,而北槽、太平口心滩、杨林矶边滩、腊林洲下段低滩等有明显淤积。

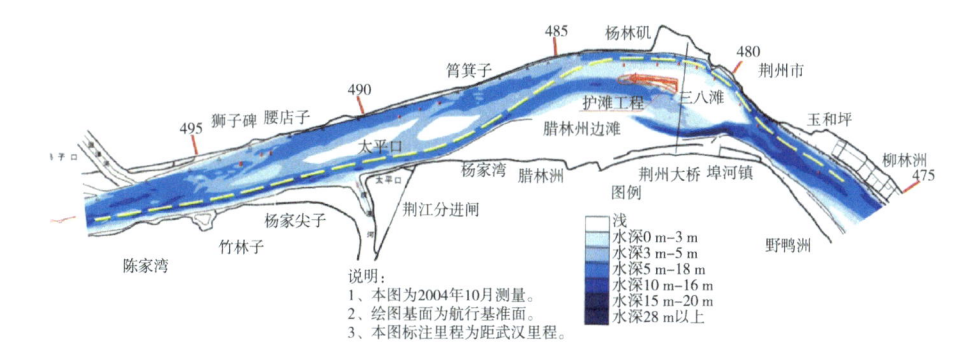

图 5.4-1 太平口水道河势图

2. 滩槽变化

(1) 洲滩变化。

在太平口水道的放宽段自上而下存在太平口心滩、腊林洲边滩和三八滩,各滩体在不同的水沙条件作用下消长不定、彼此关联。

蓄水前3年,滩槽的变化主要表现为新三八滩滩头冲刷后退—杨林矶边滩淤涨下移—杨林矶边滩与三八滩合并的周期性变化。不过,三八滩的规模总体而言是不断缩小的,2007年以后,三八滩滩头基本稳定,北汊进口发育形成较为稳定的航槽。

太平口心滩:三峡蓄水后,心滩总体上呈淤涨态势,滩头上提、滩尾淤高下延,面积及滩顶最大高程均有所增加。至2010年,滩体面积增加至2.13 km²,滩面最大高程达到航行基面上7.1 m,较三峡工程蓄水运用前增高3 m(表5.4-1)。

表 5.4-1 2003年以来太平口心滩滩形特征统计表

年份	面积(km²)	滩长(m)	滩高(m)	滩头位置(m)	滩尾位置(m)
2003.4	0.09	1 075	0.6	上 893	下 4 152
	0.77	3 142	4.1		

(续表)

年份	面积(km²)	滩长(m)	滩高(m)	滩头位置(m)	滩尾位置(m)
2004.1	0.36	2 022	0.6	上1 528	下4 820
	1.63	4 775	1.9		
2005.3	0.84	3 233	2.9	上1 058	下3 866
	0.60	1 744	3.3		
2006.4	1.32	3 420	6.7	上354	下4 682
	0.42	1 993	3.3		
2007.3	1.58	4 980	5.9	上320	下4 691
2008.4	0.54	2 372	2.5	上1 351	下4 765
	1.25	3 875	4.3		
2009.2	2.08	6 018	6.8	上1 699	下4 049
2010.3	2.13	5 760	7.1	上1 676	下4 084

注：表中高程均相对本河段航行基面(29.35 m)；滩头、滩尾及窜沟位置均相对于太平口。

腊林洲边滩：三峡蓄水后，腊林洲边滩主体滩面高程变化不大，变化主要为滩体的平面形态变化。边滩上段及拐点区域持续崩退，2003年至2010年，岸线平均崩退150 m。拐点以下滩体的高滩部分近年来较稳定，而低滩部分则变化明显。从滩形变化来看，蓄水后，低滩滩头缓慢萎缩，但近一年多来，低滩滩头萎缩较为明显，低滩滩头有大幅冲刷；低滩中部2003年至2005年淤展迅速，2008年有所萎缩，2009年虽然有所回淤，但是2010年初的测图显示已有切割的迹象；低滩尾部则在2005年以后大幅淤积下延，目前滩尾已到达窖金洲(表5.4-2)。

三八滩：三峡蓄水后，2000年汛后重新生成的新三八滩再度处于冲刷后退之势——滩头后退、滩体变窄变短、滩面刷低。2004年、2005年汛前实施的两次新三八滩应急守护工程受损较为严重，新三八滩继续冲刷缩小。2008年实施的沙市河段航道整治一期工程对受损的新三八滩应急守护工程进行了加固，目前新三八滩在荆州上江大桥以上的滩体基本被稳定，大桥以下的滩体逐年萎缩，而且萎缩的速度较快，洲体宽度与面积都有大幅萎缩，滩体高程也由2008年4月的航基面上3 m削低至1.7 m(表5.4-3)。

表 5.4-2　2003 年以来腊林洲边滩历年中枯水期滩形(0 m)特征统计表

年份	滩长(m)	最大滩宽(m)	最大滩面高程(m)	滩头位置	滩尾位置
2003.4	7 880	1 560	10.3	荆江分洪闸	荆 35 下 5 810 m
2004.1	6 910	1 770	11.5	荆江分洪闸	荆 35 下 4 760 m
2005.3	6 850	1 770	11.5	荆江分洪闸	荆 35 下 4 670 m
2005.11	6 940	1 500	11.5	荆江分洪闸	荆 35 下 4 740 m
2006.9	6 996	1 503	11.5	荆江分洪闸	荆 35 下 4 950 m
2007.2	7 024	1 562	未测	荆江分洪闸	荆 35 下 4 971 m
2008.4	7 387	1 455	未测	荆江分洪闸	荆 35 下 5 353 m
2009.2	7 642	1 498	11.7	荆江分洪闸	荆 35 下 5 612 m

表 5.4-3　三八滩滩形特征统计表

年份	面积(km²)	最大洲长(m)	最大洲宽(m)	洲顶高程(m)
2002.11	2.18	4 047	836	5.1
2003.11	2.24	3 508	1 039	7.4
2004.11	1.85	3 499	920	7.4
2005.3	1.72	3 497	95	7.4
2006.4	1.00	3 423	530	5.6
2007.3	0.72	2 651	468	5.7
2008.4	0.65	2 987	420	5.2
2009.2	0.52	2 762	354	4.3
2010.3	0.33	2 600	190	4.3

注：表中数据以航行基面 0 m 线计。

杨林矶边滩：2003 年汛后，随着三八滩滩头快速后退，杨林矶边滩淤积下延，再次与三八滩并为一体。2004 年和 2005 年，虽然细节方面的滩形演变过程略有不同，但也同样分别经历了两个"生成—下移—与三八滩合并"的周期，尤其是 2005 年汛后，老的杨林矶边滩与三八滩合并之时，新的杨林矶边滩已经生成，使原有北汊进口浅滩密布，沿岸航槽、河心航槽均严重淤塞。2005 年汛后生成的新杨林矶边滩在 2006 年全年逐渐淤大下移，同时北汊进口槽也逐渐下移，进入枯水期后，三八滩滩头的新槽迅速发展，使原槽口逐渐淤积，杨林矶边滩明显扩大下延，形成了长约 3 km 左右大面积的低矮滩体，至今这一平面形态保持基本稳定。

(2) 深槽变化。

太平口水道以杨林矶为界分为上下两段：上段被太平口心滩分为南北槽,南槽为主汊,北槽为支汊；下段被三八滩分为南北汊,南汊为支汊,北汊为主汊。

太平口心滩南北槽：1999 年,航道改走南槽后,北槽逐渐退为支汊,南槽逐年冲深。太平口心滩分汊段水深条件逐渐好转。

三八滩南北汊：北汊进口有两个主要槽口,分别是北汊进口近岸槽（习称 1# 槽）及三八滩应急工程左缘侧深槽（习称 2# 槽）,2007 年 9 月测图表明 1# 槽淤积严重,2# 槽有所发展。2008 年 4 月至 8 月,北汊上段、南汊上段均有明显的淤积,8 月到 10 月,除北汊中上段 4 m 浅滩冲刷下移,南汊均有明显的冲刷；从 2008 年 10 月到 2009 年 2 月,南北汊均持续冲刷,不过南汊出口的宽段淤积较为明显,4 m 线逐渐中断。2009 年,南北汊进口段仍呈"洪淤枯冲"的规律,不过 2009 年 2 月到 8 月,这些部位淤积并不明显,从 2009 年 9 月到 2010 年 2 月,1 m 线和 4 m 线变化都不大。南汊出口年内"洪冲枯淤"的特点则相对明显,2009 年 2 月到 8 月,南汊出口冲深明显,4 m 线冲通,然而 8 月以后则逐渐淤积,2009 年 11 月、2010 年 3 月的测图均显示南汊出口的宽段均有较大范围的 4 m 的浅包。2010 年 3 月至 8 月,河段内普遍淤积,北汊进口都淤积明显,仅南汊出口有一定程度的冲刷。

总的来说,太平口水道上段基本稳定,下段冲淤变化较复杂。

3. 深泓变化

太平口水道深泓很不稳定,在河道内频繁摆动。20 世纪 80 年代初期,太平口心滩形成以后,三八滩北汊中下段深泓稳定,进口段横向最大摆动幅度约为 1 km；三八滩南汊深泓 1985 年至 1990 年上提 1.7 km,1990 年后逐年下移,至 1998 年特大洪水前,下移约 2.3 km。2000 年汛后新三八滩形成后,沙市河段下段深泓小幅上提,至 2003 年,在北汊进口上下移动,移动最大幅度达 3.4 km；三八滩应急工程实施后,北汊进口深泓相对稳定,2005 年与 2004 年相比,摆动幅度不足 500 m。南汊内深泓横向摆动幅度较大,最大摆幅为 700 余米。近年来,太平口水道上段变化不大,但下段变化较大,主要表现在北汊进口段与南汊中段,北汊进口深泓线通常在筲箕子附近上下摆动,2007 年 9 月,北汊进口深泓线下移幅度加大,与 2006 年 9 月相比,下移幅度达 1.8 km,深泓贴三八滩应急工程左缘侧进入北汊中下段；而南汊深泓线仍保持在荆洲大桥 7# 孔附近,深泓线相对比较顺直。

4. 断面形态变化

荆 32 断面位于太平口心滩的位置，断面形态为"W"形。2002 年至 2011 年，该断面呈现"冲槽淤滩"的变化特点，断面左侧的北槽蓄水后持续冲刷，冲刷幅度较大；中间的太平口心滩滩面持续淤涨；右侧的南槽冲刷展宽（图 5.4-2）。

荆 42 断面位于三八滩，断面形态为不对称的"W"形。2002 年至 2011 年，断面冲淤变化较复杂，断面左侧北汊蓄水后持续冲刷，冲刷下切并展宽；右侧南汊 2005 年以前持续冲刷，之后又大幅度淤积，右侧的滩体大幅冲刷（图 5.4-3）。

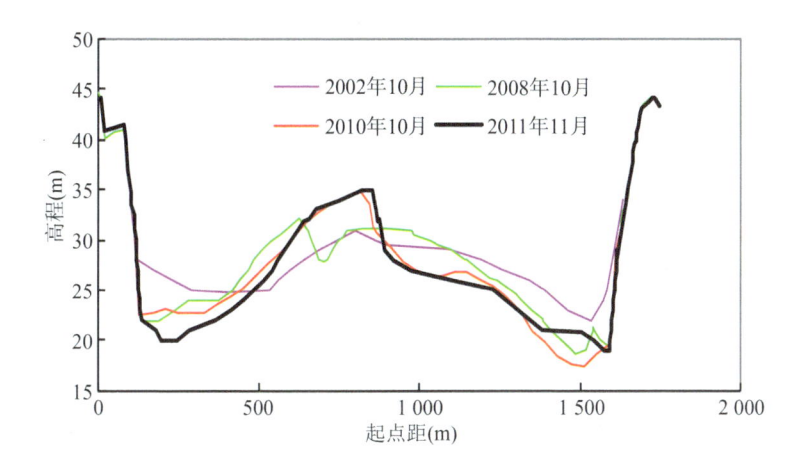

图 5.4-2 太平口心滩荆 32 断面冲淤变化图

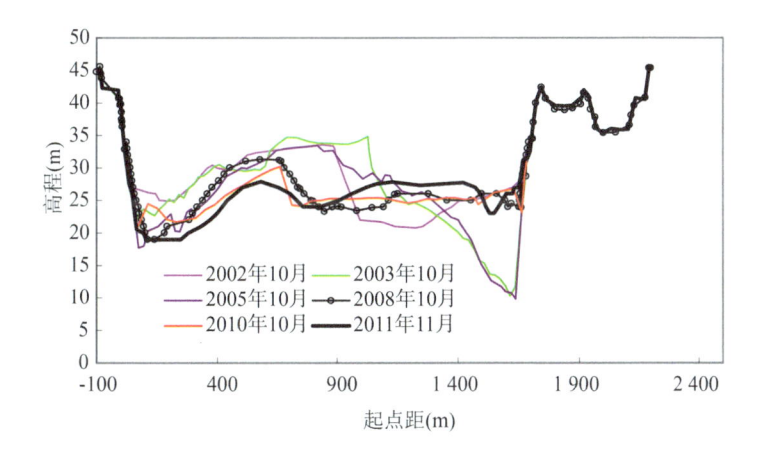

图 5.4-3 沙市三八滩荆 42 断面冲淤变化图

5.4.2 瓦口子水道航道冲淤及滩槽变化

1. 总体冲淤特点

瓦口子水道位于长江中游上荆江,为两头窄、中间放宽的微弯分汊河型,上承太平口水道,下接马家咀水道,水道进口右岸有野鸭洲边滩,左岸有玉和坪边滩,放宽段江中存在成型淤积体——金城洲,是长江中游最早受三峡水库蓄水运用影响的沙质浅滩河段之一。河道很不稳定,以深泓频繁摆动、洲滩往复性淤长与切割为主要演变特征,枯水期航槽改道频繁。

近几十年及三峡蓄水后,瓦口子水道总体以冲刷为主,其中,2008年以前呈持续冲刷状态,且随着蓄水年份的增加,冲刷量逐渐加强;2007年实施瓦口子水道航道整治控导工程后,2008年至2009年水道有所淤积(表5.4-4)。河道冲淤特点为:支汊冲刷发展、洲头低滩冲刷后退。

表5.4-4　2003年以来瓦口子水道年际冲淤量统计表

单位:万 m³

时段	瓦口子水道
2003.3—2005.3	−255
2005.3—2007.3	−412
2007.3—2008.4	−849
2008.4—2009.2	+281
2003.3—2009.2	−1 235

注:"−"表示冲刷,"+"表示淤积。

2. 滩槽变化

(1)洲滩变化。

金城洲:金城洲属于弯道凸岸边滩,受上游太平口水道左岸节点挑流及大水取直水流的影响,滩体下段一般存在倒套。

三峡工程蓄水以前,大多数年份金城洲以凸岸边滩形态存在,在汛后中水持续时间较长的年份,呈现水下潜洲、不稳定心滩等形态特征。1998年、1999年大洪水后,金城洲归并凸岸且呈淤长趋势。

三峡工程蓄水后,金城洲洲头受冲后退、面积减小,右侧倒套冲刷上伸。2008年,金城洲基本已演变为偏靠右岸的独立心滩(表5.4-5、图5.4-4)。

玉和坪边滩：玉和坪边滩一般年份不发育，与野鸭洲边滩基本呈此消彼长的变化关系。三峡蓄水运用以来，玉和坪边滩总体变化不大，边滩较小，略有发育迹象。

表 5.4-5　金城洲 30 m 等高线特征值变化统计表

年份	滩长(m)	最大滩宽(m)	最大滩面高程(黄海高程,m)
1987.6	4 730	840	36.55
1992.4	5 010	920	37.45
1995.4	5 550	860	38.85
1996.4	5 060	810	38.75
1997.4	3 740	1 010	38.45
1998.4	2 900	930	32.35
1999.5	3 880	810	36.35
2000.5	3 340	970	31.95
2001.2	4 560	730	35.85
2003.4	6 699	1 360	34.95
2004.1	6 725	1 332	35.30
2005.3	5 962	1 067	36.45
2005.11	5 050	795	36.9
2008.4	4 660	855	36.26
2009.2	4 032	912	36.5

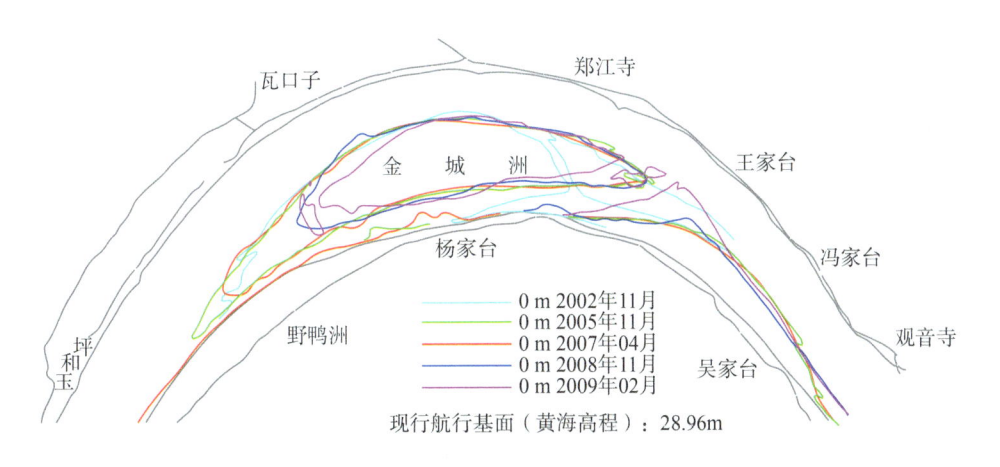

图 5.4-4　瓦口子水道滩形年际变化图

(2) 深槽变化。

一般年份金城洲枯水出露、洪水淹没,金城洲将瓦口子水道分为左右两槽,大多数年份左槽为常年通航的主航槽。

自1998年瓦口子水道主泓回到左槽后,左槽主河槽表现为冲刷下切,右槽及金城洲呈淤积趋势。三峡蓄水运用后,左槽主河槽仍维持冲刷下切趋势,但冲刷幅度减缓,金城洲洲头及上半部滩面大幅冲刷后退,右槽倒套又呈发展趋势。

3. 深泓变化

本水道主流很不稳定,深泓在河道内频繁摆动。20世纪80年代中期以前,深泓绝大多数年份位于左槽,少数年份改走右槽,但很快又回到左槽;80年代中期以后,深泓改走右槽的频率增大,且历时有所增长。

三峡工程蓄水以来,瓦口子水道深泓仍稳定于左槽,但进口段深泓右摆500 m(图5.4-5)。

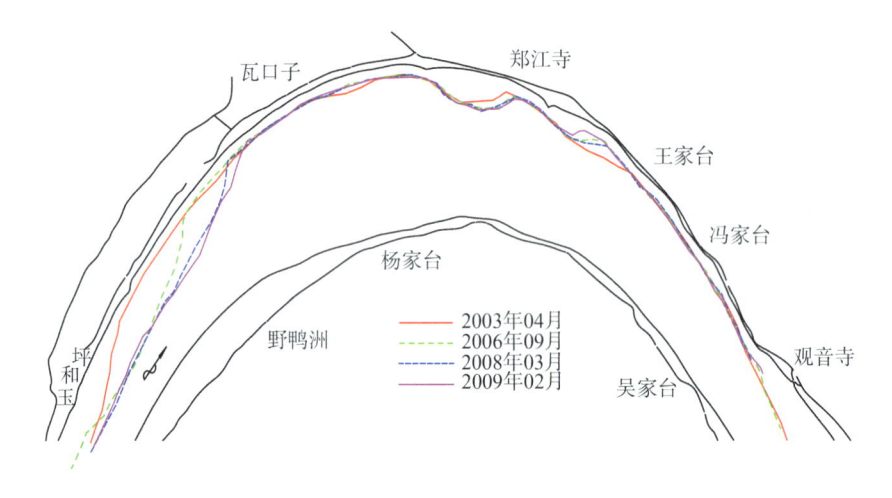

图5.4-5 瓦口子水道深泓平面变化图

4. 断面形态变化

瓦口子水道从断面形态来看,进口处断面一般呈"U"形,床面平均高程约为8 m(航行基面下,下同)左右;中间放宽段多呈复式"W"断面,床面平均高程约为1.5 m;出口断面一般为偏"V"形,床面平均高程约为9 m左右。荆49断面位于瓦口子水道中部金城洲,断面形态为不对称的"W"形。2002年至2011年,断面冲淤变化较复杂,左槽蓄水后持续冲刷下切,右槽蓄水初期呈现淤积;2005年以

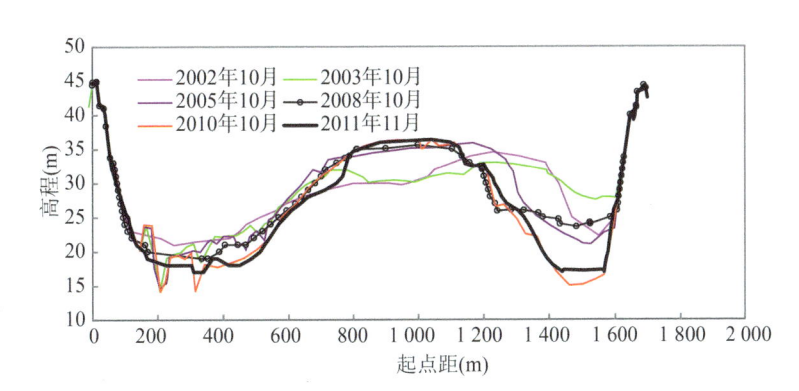

后持续冲刷,冲刷下切并展宽,说明右槽呈现发展态势(图 5.4-6)。

图 5.4-6　金城洲荆 49 断面冲淤变化图

5.4.3　马家咀水道航道冲淤及滩槽变化

1. 总体冲淤特点

马家咀水道位于长江中游上荆江,为两头窄、中间宽的微弯分汊河型,水道被南星洲分为左右两汊,右汊为主汊,左汊为支汊。马家咀水道是长江中游上荆江河段受三峡水库影响较早的沙质浅水道之一,河道内深泓摆动频繁。

三峡蓄水后,马家咀水道来沙量锐减,清水下泄,水道呈普遍冲刷状态,冲刷主要发生在 2003 年至 2007 年,冲刷的位置主要集中在南星洲头低滩及左汊。马家咀水道航道整治一期工程于 2006 年 10 月实施以来阻止了左汊河床冲深发展,控制了中低水滩的冲刷,因此 2007 年以来河道以淤积为主(表 5.4-6)。

表 5.4-6　2003 年以来马家咀水道年际冲淤量统计表

单位:万 m³

时段	马家咀水道
2003.3—2005.3	−5 481
2005.3—2007.3	−111
2007.3—2008.4	+3 617
2008.4—2009.2	+328
2003.3—2009.2	−1 647

注:"−"表示冲刷,"+"表示淤积。

2. 滩槽变化。

(1) 洲滩变化。

马家咀水道自上而下依次分布有白渭洲(左)、雷家洲(右)、南星洲(中)等3个大型滩体。

白渭洲边滩：白渭洲边滩头部近年来存在一定幅度的冲淤变化，工程实施前冲淤变化的幅度比较大，约为 10 m。2004 年 3 月，滩脊高程最低，为航行基面下 10 m；工程实施前的 2006 年滩脊高程最高，为航行基面上 0.5 m。工程实施前后，白渭洲边滩头部处在发育期，工程实施后的 2007 年至 2009 年滩脊不存在明显冲低或淤高之单向变化，基本稳定在航行基面上 0.5 m 左右。

白渭洲边滩中部的变化同前段滩脊基本一致，2004 年至 2005 年呈明显的淤积趋势；至 2005 年 3 月，床面高程为航行基面上 1.5 m；此后有所冲刷，但幅度不大，2006 年 2 月测图显示，1 m 等深线贯通。白渭洲边滩尾部与中前部变化略有不同，2003 年开始至工程实施的 2007 年、实施后的 2009 年，白渭洲边滩尾部一致呈单向淤积，但幅度不大，近十年累计淤积 2.0 m 左右。

雷家洲边滩：雷家洲边滩中枯水为滩(边滩)、洪水淹没。雷家洲边滩上段的滩脊近年来存在较大幅度的冲淤变化，冲淤变化的幅度约为 8 m。2003 年 3 月，滩脊高程最低，为航行基面下 3 m；2005 年 1 月，滩脊高程最高，达航行基面上 5 m。工程实施前，雷家洲边滩正处于相对发育的时机；工程实施后，雷家洲边滩基本保持稳定，无明显冲低或淤高的单向变化。雷家洲边滩中后段工程实施前冲淤幅度较大，2005 年后洲滩发育淤积，逐渐完整，工程实施后一直保持相对稳定。

南星洲：居河心的南星洲将河道分为两汊，由于南星洲洲脊高程仅为 41 m (56 黄海)左右，大洪水时几乎全部没入水下，两汊合一成为单一河槽形态。低水分汊、高水合一是该汊道的特征之一。洲头中前段年际、年内冲淤变幅较大，与南星洲洲体前沿延伸滩体相比，南星洲洲体相对稳定。南星洲洲头水下浅洲近年来存在一定幅度的冲淤变化，年际间呈淤—冲—淤的往复性变化。冲淤变化的幅度约为 5 m。2007 年 3 月(工程实施中)，滩脊高程最低，为航行基面下 5 m；这时由于冲刷洲头被切，洲头及两汊水流分散，工程实施后的 2008 年滩脊开始淤积，效果明显，2010 年 2 月南星洲洲头达 30.55 m(黄海高程)，为近期最高，表明工程起到了"固滩促淤"的作用；但在左汊进口处工程实施后总体呈冲刷状态，这可能与建筑物局部冲刷有关。南星洲洲体宽度随时间的变化比较稳定，但滩体的高度近年来存在一定幅度的冲淤变化，冲淤变化的幅度约为 15 m，这与南星洲洪水时几乎全部没入水下，而洪水期泥沙较多、流速较小有关。2004年 3 月，滩脊高程最低，为航行基面下 7.5 m；2008 年 3 月，滩脊高程最高，为航行基面上 7.8 m。自 20 世纪 60 年代以来，南星洲洲体尾部一直较为稳定，近年来洲体头部总体上继续呈逐年后退趋势。南星洲洲体尾部主槽、深泓点高程的变化幅度在 9 m 左右。

（2）深槽变化。

三峡蓄水后，马家咀水道开始出现明显的"冲滩淤槽"现象。2009 年 2 月与 2003 年 10 月相比，南星洲洲头及靠左汊低滩处冲刷，左汊 0 m 线冲刷后退约 2 500 m，冲刷幅度 2～4 m，左汊分流比也有所增加，在流量为 10 157 m³/s 时，左汊分流比达到 38%。文村夹处近岸河床及滩岸因受到左汊主流贴岸冲刷，2005 年再次发生了崩岸险情。白渭洲边滩 2005 年汛后冲刷后退，最大冲刷幅度约 2.6 m。2005 年 9 月与 2004 年同期，南星洲洲头低滩靠左岸一侧冲刷后退，最大后退幅度约 1 000 m。2005 年，马家咀水道的主航槽和洲滩头部均有所冲刷，右汊沿岸槽 5 m 线贯通，槽内冲淤幅度变化不大；但左岸文村夹以下倒套，大面积冲刷，最大冲幅约 10 m。

3. 深泓变化

马家咀水道在放宽段有南星洲将水道分为左右两汊，左汊为支汊，右汊为主汊，是通航主航道。右汊深泓一直沿近岸槽，平面摆动相对较小。一期工程限制左汊进口过水面积进一步扩大的同时，促进右汊冲刷发展，右汊上段深泓下切、下段深泓变化不大，河床比降变小。

随着白渭洲边滩和南星洲头淤积连接，进口段 L1、L2 护滩带附近深泓变化不大，N1 护滩带附近随着根部淤积，深泓右移，其他部位深泓变化也不大。工程实施后，左汊进口深泓淤积且淤积范围由工程区域向上延伸，而西流河以下则明显冲深，致使左汊河床比降增大。

4. 断面形态变化

在马家咀水道内布置 10 个横断面，对典型断面地形冲淤特征进行分析（图 5.4-7～图 5.4-9）。

观音寺断面（CS01）：三峡蓄水后，该河段发生了很大的变化，2002 年 9 月—2010 年 2 月，枯水河宽展宽，河道左侧普遍淤积，右侧冲刷。其中，2006 年 9

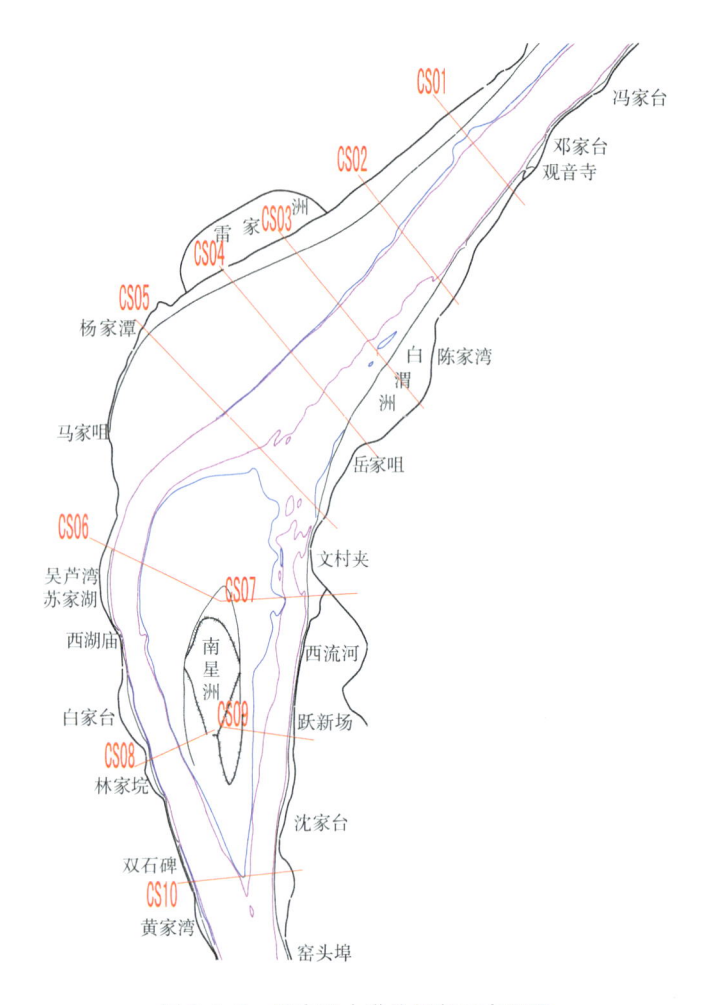

图 5.4-7　马家咀水道分析断面布置图

月—2008年4月,枯水河宽展宽,河道右侧变化不大;左侧发生普遍冲刷,最大冲深为6 m。至2010年2月,河道进一步展宽,左右侧均发生一定程度的冲刷,河道已从2002年的"V"形向"U"形发展,即从蓄水前的窄深型向宽浅型过渡,该断面冲刷特性主要表现为"冲滩淤槽"。

雷家洲及白渭洲边滩滩头上端处断面(CS02):枯水河宽约950 m。2002年9月—2004年2月河段表现为一种变化趋势,即河段的左侧在2002—2003年处于淤积状态,在2003—2004年又重新冲刷回到2002年蓄水前的形态。2006年后河段处于另一种变化趋势,首先深槽向右移动约350 m,河段左侧淤积,淤积最大达 2 m；河段右侧深槽冲刷，冲深达 8.3 m。断面整体由蓄水前的"U"形向蓄水后的"V"形发展，即从宽浅型向窄深型过渡。

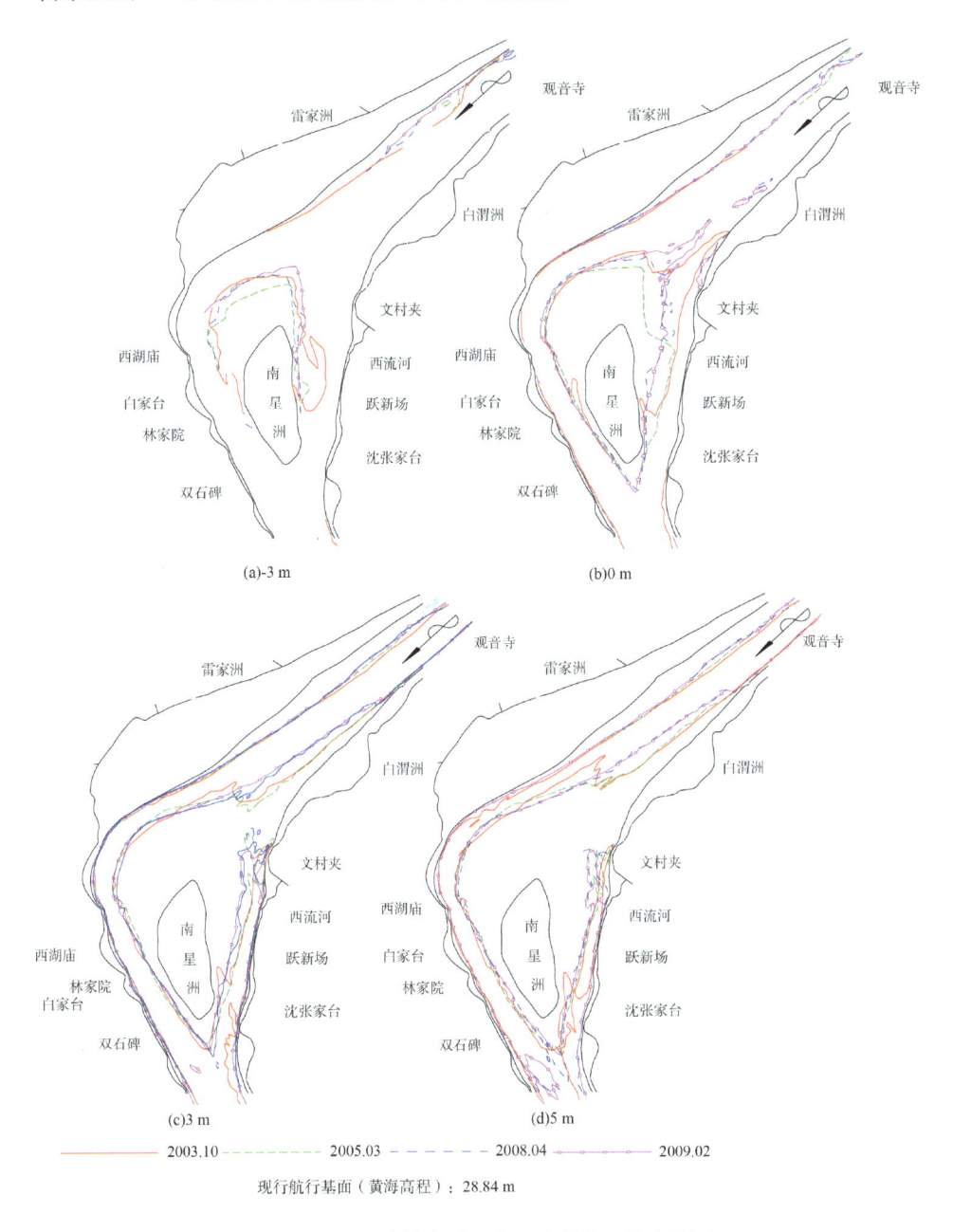

图 5.4-8　三峡蓄水后马家咀水道等深线变化图

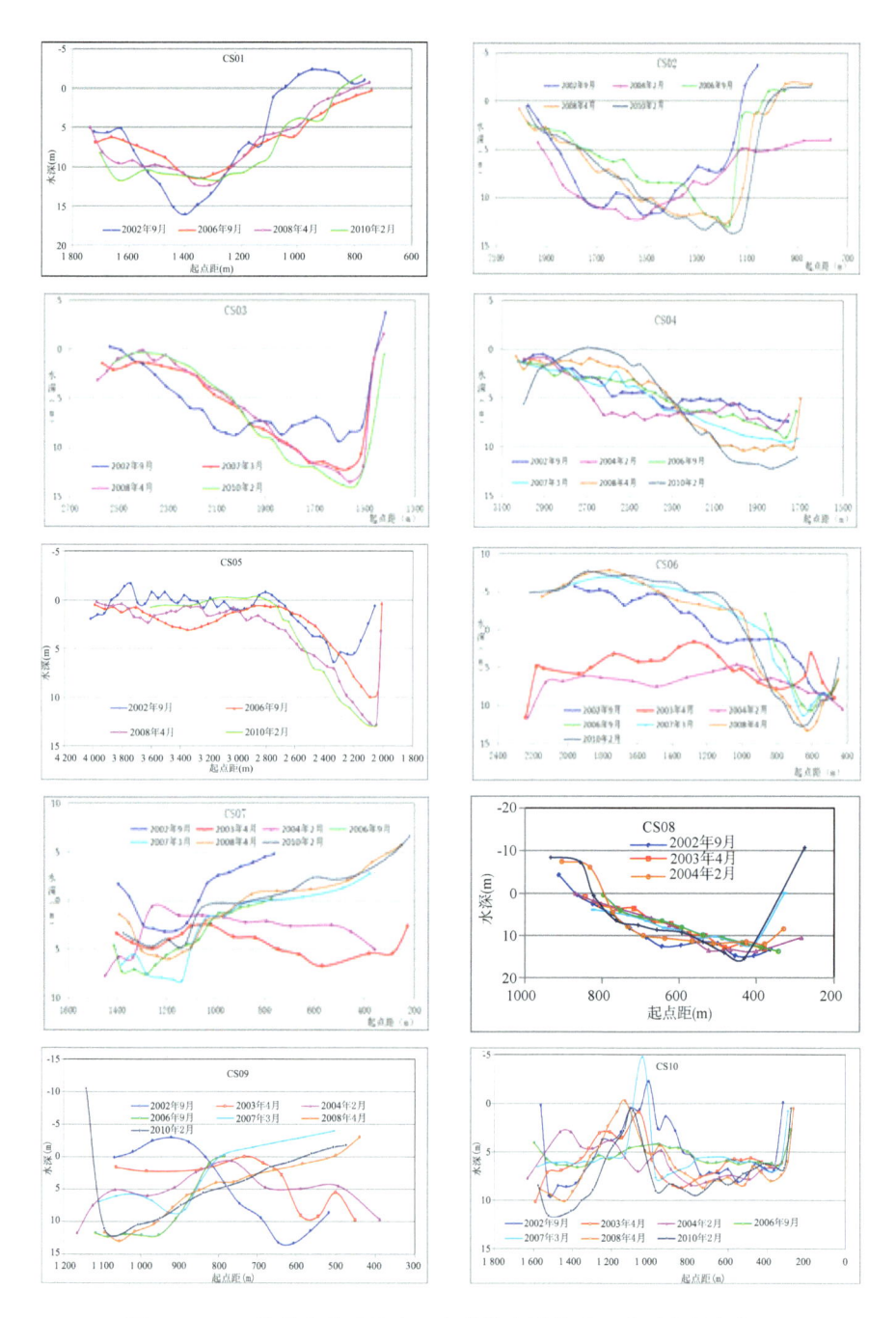

图 5.4-9 三峡蓄水前后马家咀水道代表性横断面地形冲淤变化图

雷家洲及白渭洲边滩的中部断面(CS03)：河段左侧淤积，淤积最大达6.3 m；河段右侧深槽冲刷，冲深达6.6 m。断面整体也由蓄水前的"U"形向蓄水后的"V"形发展，即从宽浅型向窄深型过渡，可以明显看出，深槽处于右侧，且逐年刷低，三峡蓄水后该断面表现为"冲槽淤滩"。

雷家洲及白渭洲边滩的尾部(CS04)：枯水河宽约1 400 m。2002年11月—2010年3月间，河段左侧地形有淤，2003年4月—2004年2月处于冲刷状态，2004年后处于逐年淤积状态；深槽临右岸，蓄水后一直处于冲刷的状态，到2010年2月，深槽最大冲深已达5.2 m，右岸的深槽已很明显，该断面的冲淤特性表现为"冲槽淤滩"。

南星洲洲头处断面(CS05)：枯水河宽约700 m。2002年11月—2010年3月间，河段左侧地形有冲有淤；深槽临右岸，蓄水后一直处于冲刷的状态，到2010年2月，深槽最大冲深已达7.4 m，深槽右移约200 m，右岸的深槽越来越明显，断面呈"V"形。

南星洲中部右汊处断面(CS06)：枯水河宽约600 m。2002年9月—2004年2月，河段的左侧一直处于急剧冲刷状态，最大冲深为12.5 m；河段右侧变化不大。2006年后河段左侧淤积，与蓄水前的2002年9月相比，淤积达5.0 m；河段右侧深槽2006年后一直处于冲刷状态，冲深达8.6 m。断面整体呈现明显"V"形，河道从宽浅型向窄深型过渡，河槽形态也逐年稳定。

南星洲中部左汊处断面(CS07)：枯水河宽约400 m。蓄水前的2002年9月断面呈现明显的"U"形。蓄水后，河段左侧深槽有冲有淤，2004—2007年度冲刷明显，2008—2010年度淤积明显；河道右侧2003—2004年度冲刷明显，之后有淤积，2006年后形态已趋于稳定，这与整治工程的实施密切相关，工程实施后河段主流位于南星洲的右汊，该断面左汊已演化成支汊。

南星洲下段右汊处断面(CS08)：枯水河宽约500 m。蓄水前后河槽形态变化不大，河段主要以冲刷为主，左侧的浅滩处最大冲深达6 m，右侧深槽最大冲深达4 m，该河段冲淤特性表现为"滩槽同冲"。

南星洲下段左汊跃新场处断面(CS09)：右槽枯水河宽约480 m。蓄水前深槽位于左汊的右侧，蓄水后的前几年左汊右侧的深槽持续淤积，左汊左侧的浅滩持续冲刷。整治工程实施后，左汊左侧继续冲刷形成新的深槽，左汊右侧继续淤积形成浅滩，至2010年较蓄水前的2002年比，深槽和浅滩发生了颠倒，河床形态逐渐趋于稳定。

双石碑断面(CS10):枯水河宽约 1 240 m。蓄水前后断面形态变化不大,左右汊深槽都是有冲有淤。左侧深槽是先淤积后冲刷,2002—2007 年度主要是淤积,最大淤积为 5.5 m,到 2008 年恢复至蓄水前的状态,2008—2010 年持续冲刷;右侧深槽蓄水后的 2002—2007 年持续淤积,但淤积幅度不大,2010 年深槽的左侧发生冲刷。

5. 代表性横断面河相系数

表 5.4-7 为马家咀水道选取的代表性横断面河相系数 ζ,即宽深比 $\left(\frac{\sqrt{B}}{h}\right)$。CS01~CS05 断面位于马家咀水道上段较窄处,CS06~CS10 断面位于马家咀水道南星洲左右汊处。三峡蓄水前马家咀水道河势为微弯分汊型,从 2002 年 9 月的河相系数来看,CS01 断面位于观音寺断面处,河相系数为 2.95,CS02 断面位于雷家洲及白渭洲边滩滩头上部处,河相系数为 3.64;三峡蓄水后及航道整治工程的实施使得马家咀水道的边滩形态发生调整,边滩持续冲刷。三峡蓄水前 CS05 断面位于南星洲洲头,2002 年 9 月河相系数为 8.10,CS06 断面位于南星洲中部右汊处,河相系数为 7.59;三峡蓄水后及航道整治工程的实施致使马家咀水道右汊持续冲刷,从 2010 年 2 月河相系数来看,CS05 断面河相系数为3.59,CS06 断面的河相系数为 2.71。

表 5.4-7 河相系数统计表

时间	2002.09(蓄水前)			2010.02(蓄水后)		
断面编号	水面宽(m)	平均水深(m)	河相系数	水面宽(m)	平均水深(m)	河相系数
CS01	684	8.87	2.95	895	8.26	3.62
CS02	818	7.86	3.64	944	8.11	3.79
CS03	1 028	6.03	5.32	1 043	6.64	4.86
CS04	1 246	4.69	7.53	1 332	5.39	6.77
CS05	702	3.27	8.10	692	7.33	3.59
CS06	689	3.46	7.59	568	8.79	2.71
CS07	317	1.94	9.18	469	2.53	8.56
CS08	501	9.84	2.27	471	9.21	2.36
CS09	424	8.39	2.45	475	6.08	3.58
CS10	1 197	5.39	6.42	1 298	7.29	4.94

5.5 周天河段航道冲淤及滩槽变化

1. 总体冲淤特点

周天河段是三峡工程蓄水运用后长江中游沙质河床浅滩中较早受到影响的河段,三峡蓄水后周天河段枯水期以冲刷为主,且主要表现为"冲槽淤滩"。

周天河段三峡蓄水初期,有利的滩槽形态受到破坏,如周公堤水道过渡段位置发生左摆和下移,天星洲水道的新厂边滩崩退从而影响主流稳定,为防止周天河段有利的滩槽形态和良好的航道条件向不利方向发展,2006 年 12 月—2008 年 4 月对周天河段实施了航道整治控导工程。

2. 洲滩变化

周天河段自上而下有戚家台边滩、九华寺边滩、周公堤心滩、蛟子渊边滩、新厂边滩、陀阳树边滩和天星洲洲体。

戚家台边滩:三峡蓄水前,周公堤水道的过渡段发展为有利于航行的上过渡形式;三峡蓄水后,该段过渡形式基本保持不变,并在控导工程后,过渡段主流得以稳定,该边滩滩体基本保持稳定。

九华寺边滩:九华寺边滩年内遵循"生长—冲刷—消亡"的演变特点,即每年涨水期淤积成滩,退水期冲刷,枯水期消失。该边滩的形成有利于汛期本水道主流在较上位置向右岸深槽过渡,使得泥沙易在九华寺稍下落淤,形成较为高大完整的下边滩,此时周公堤水道航道为单一微弯型,水流集中,航道条件好。三峡蓄水后,随着控导工程实施,受丁坝群作用,九华寺边滩头部向上淤长,滩体保持完整,有利于本水道主流在较上位置开始向右岸深槽过渡,航道条件相对稳定。

周公堤心滩:周公堤心滩随着主流的变化而冲淤频繁,有时依附于左岸为边滩形态,有时脱离左岸为独立心滩,滩头较上时可与九华寺边滩相连,滩尾较下时可与蛟子渊边滩相连。三峡蓄水运行后,周公堤心滩相对较为完整,但并没有完全接岸,左岸沿岸有串沟发育,在控导工程实施后,虽然心滩头部受到一定幅度的冲刷,但在整治建筑物的作用下,滩头稳定在 6# 潜丁坝附近,滩尾淤积下延,逐渐与下面的蛟子渊边滩相连,同时,左岸串沟得到有效的控制,限制了主流的中过渡和下过渡形式,有利于主流稳定在上过渡位置。

蛟子渊边滩：蛟子渊边滩年内演变规律为汛期淤积，汛后冲刷；汛期淹没，枯水期露出水面，头部低，中部及尾部略高。蛟子渊边滩在20世纪90年代以前很不稳定，表现为随主流的上提下移而上提下移。三峡蓄水后，该边滩平面位置相对稳定，在实施了控导工程后，蛟子渊边滩滩头与周公堤心滩逐渐连为一体，在左岸形成一个完整的边滩，限制了主流下移，有利于主流稳定在上过渡位置。

新厂边滩：20世纪90年代前新厂边滩主要表现在平面位置的变化，滩头随蛟子渊边滩的下移而下移，滩尾与天星洲洲头相互消长；而90年代至三峡蓄水前，新厂边滩基本与蛟子渊边滩滩尾相连，平面位置较稳定，仅滩缘有所冲淤；三峡蓄水后，由于上游的蛟子渊边滩较为稳定，同时伴随着控导工程的实施，新厂边滩的平面位置基本稳定，但由于该滩头高程较低，且上游来沙大幅度减小，枯水期，主流贴岸冲刷形成深槽，容易产生崩岸，从2004年至2008年崩退约50 m。

陀阳树边滩：陀阳树边滩年内呈总体冲刷下移趋势（表5.5-1），从冲淤调整时期上来看，河床冲淤主要发生在汛前中枯水期，而汛后退水期陀阳树边滩冲刷下移的速度较汛前中枯水期有所减缓。三峡蓄水后，陀阳树边滩近期明显处于冲刷下移的状态。

表5.5-1　陀阳树边滩（0 m线）近期变化表

	时间	滩头位置	滩尾位置	整体变化	长×宽(m)
洪水期	2007年9月	陀阳树下480 m	陀阳树上230 m		810×90
	2008年9月	古长堤下600 m	沙埠矶下2 100 m	展宽、延长、下移	1 950×500
中水期	2008年4月	沙埠矶下2 100 m	陀阳树下390 m	延长、下移	1 600×280
枯水期	2008年1月	陀阳树下1 650 m	陀阳树下250 m	展宽、延长、下移	1 400×300
	2009年1月	沙埠矶	古长堤上300 m	延长、下移	2 100×400

天星洲洲体：天星洲洲体是分布在天星洲水道喇叭口的大型淤积体，资料表明，天星洲洲体的发展有逐年淤高的趋势。20世纪90年代后、三峡蓄水前的大多数年份，天星洲洲头后退，与新厂边滩分离，并贴右岸分布，限制上深槽的冲刷下延，使得上下深槽平顺连接，过渡段位置较稳定，一般呈"左槽一次"过渡形式。三峡蓄水后，天星洲洲头表现为冲淤往复变化，同时由于及时实施了控导工程，有利的滩槽格局得以维持，但在下游陀阳树一带，由于新厂边滩的崩岸，水流在

此坐弯,使得下游天星洲左缘冲刷,河道左侧断面增大,藕池口河床淤高,导致藕池口分流小幅减小。

3. 深泓线变化

三峡蓄水运用以来至控导工程前,周公堤水道过渡段的主流变化较大,其中,在2005—2006年间,戚家台边滩下游至覃家洲一带的主流下移约1 200 m,这说明在控导工程前,周公堤水道已经出现了主流左摆的迹象,控导工程实施后,该水道的过渡段虽然稳定为上过渡形式,但是主流还在一定幅度内摆动。

三峡蓄水运用以来至控导工程前,天星洲水道的主流变化较大,同时由于控导工程均布置在周公堤水道,工程实施后,天星洲水道主流依然有所摆动,其中,在茅林口一带,由于水面展宽,加上天星洲滩头年际间呈现往复冲淤的变化,导致过渡段主流不稳,左右摆动较大,造成天星洲左缘冲刷后退(图5.5-1)。

4. 断面形态变化

在周天河段内布置10个横断面,对典型断面地形冲淤特征进行分析(图5.5-2、图5.5-3):

戚家台边滩滩头断面(CS01):枯水河宽约900 m。2006年9月—2008年1月地形冲淤幅度很小;2008年1月—2008年8月涨水期河床出现淤积,淤积部位位于河床中右侧,最大淤积厚度为2.3 m;2008年8月—2008年11月落水期地形有所冲刷,冲刷后的地形与涨水前地形(2008年1月)基本一致;2008年11月—2009年12月,地形变化幅度不大。

九华寺边滩工程区断面(CS02):枯水河宽约1 100 m。左侧工程区地形有所淤积,至2009年12月,最大淤积厚度为3.6 m;右侧工程区地形冲刷,其中,2006年9月—2008年8月冲刷部位主要在临工程区的河道中部,戚家台边滩滩尾有冲刷的趋势,但幅度不大;2008年8月—2008年11月河槽有所淤积;2008年11月—2009年12月,河床冲刷幅度较大,其中,戚家台边滩滩尾最大冲深超过3.0 m。

颜家台断面(CS03):枯水河宽约1 400 m。左侧串沟有所淤积;九华寺边滩与周公心滩相连的浅脊处地形逐年冲刷,至2009年12月,最大冲深约为3.0 m;临右岸深槽也表现为逐年冲刷,至2009年12月,最大冲深达3.7 m;表现为冲槽又冲滩,原因是周公堤水道的左岸侧整治工程在颜家台上下游一定距离分开布置,在颜家台一带形成了空档。

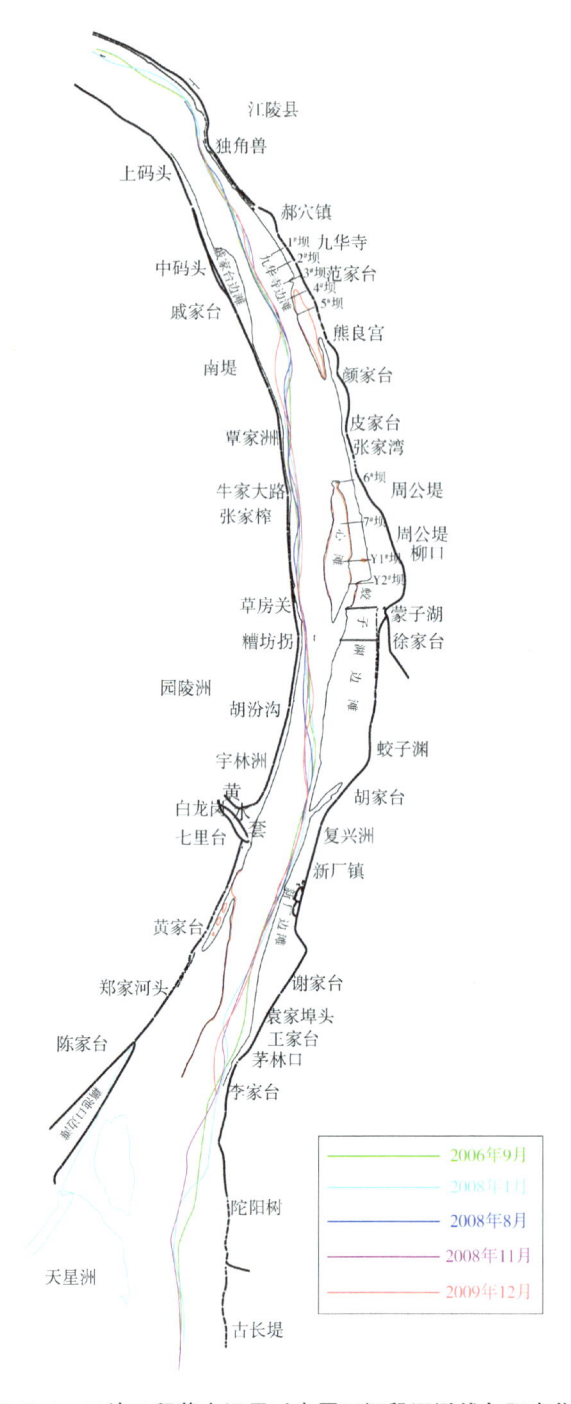

图 5.5-1　三峡工程蓄水运用以来周天河段深泓线年际变化图

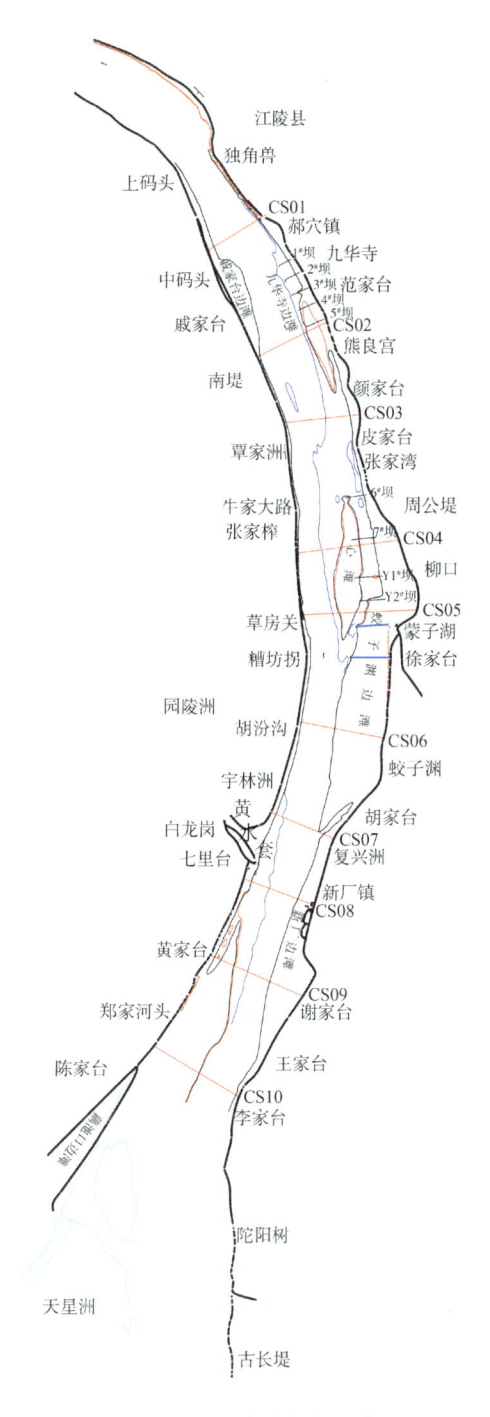

图 5.5-2　周天河段分析断面布置图

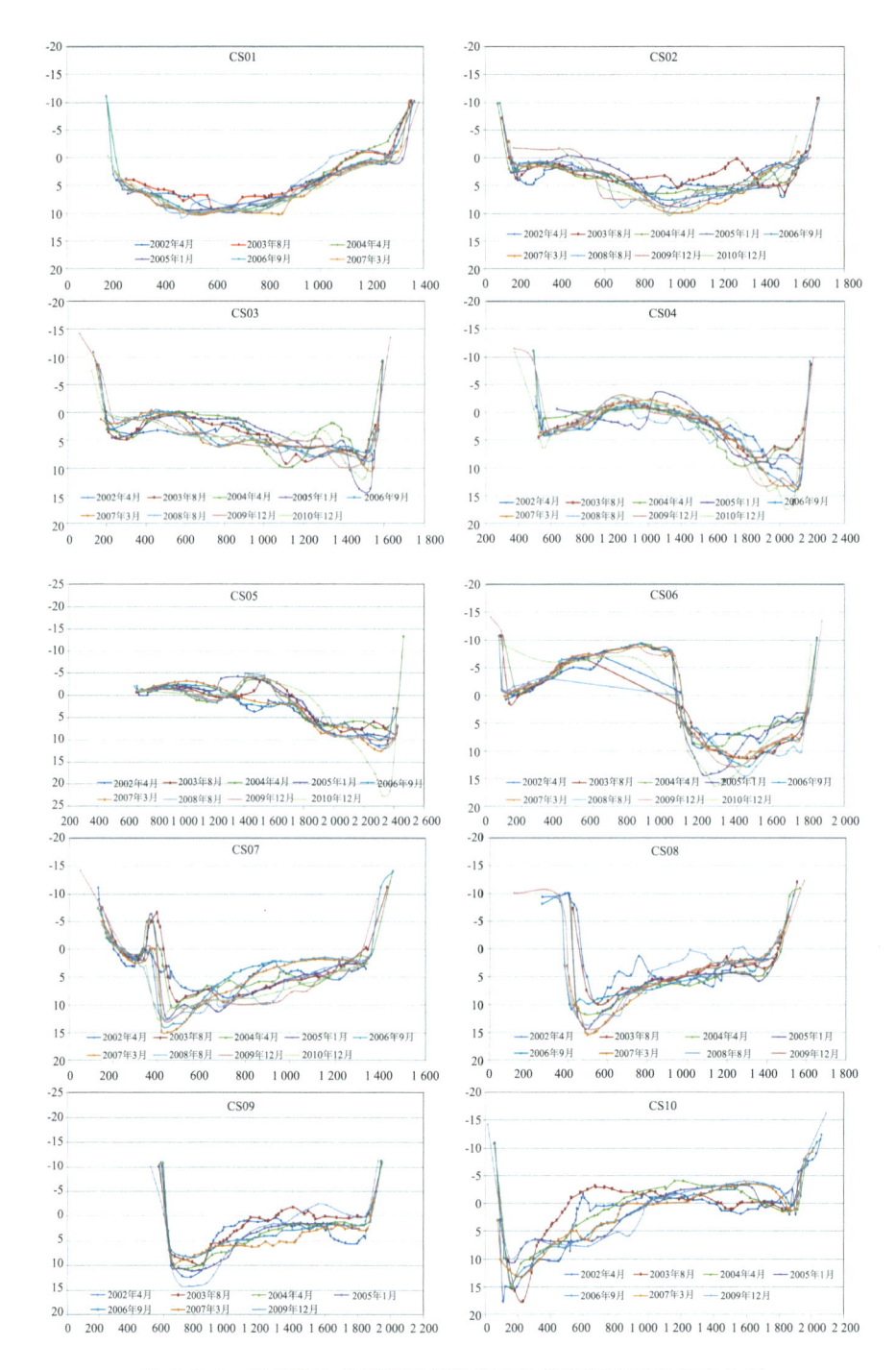

图 5.5-3 三峡蓄水前后周天河段代表性横断面地形冲淤变化图

周公堤心滩断面(CS04):右槽枯水河宽约1 100 m。左侧工程区地形有所淤积,但临左岸串沟内地形淤积幅度不大;2006年9月—2008年11月,河道冲淤明显。周公堤心滩右缘有所冲刷,最大冲深约为3.0 m,临右岸深槽有所淤积,最大淤积幅度约为7.5 m;2008年11月—2009年12月,周公堤心滩右缘地形恢复至工程前高程,临右岸深槽(张家榨一带)横向冲刷范围及幅度均较大,最大冲深约为5.0 m。

蛟子渊边滩滩头工程区断面(CS05):右槽枯水河宽约830~1 150 m,工程实施后枯水河宽减小。蛟子渊边滩滩头有所冲刷下挫,周公堤心滩滩尾有所淤积下延,2008年1月淤积范围最大,最大淤积幅度约为7.0 m,同时右侧深槽发生较大幅度的冲刷,而后又淤回。周公堤心滩—蛟子渊边滩间串沟向左平移约300 m,但宽度、水深均有所减小。尽管如此,由于清淤应急工程的实施,蛟子渊边滩左侧切滩并形成一定规模串沟的可能性不大。

胡汾沟、蛟子渊边滩中部断面(CS06):枯水河宽约740 m。蛟子渊边滩较稳定,最高高程约为-9.1 m(航行基面),且多年变幅很小;右侧深槽有冲有淤,但变幅不大,深槽维持在10 m以上水深。

蛟子渊边滩滩尾、新厂边滩滩头断面(CS07):枯水河宽约1 100 m。近几年,蛟子渊边滩滩尾较稳定;深槽略有淤积,但深槽仍临左岸滩尾;黄水套上游附近边滩滩尾冲刷严重,最大冲深约为7.2 m,自2008年1月以后较为稳定。

新厂边滩中部、黄水套下断面(CS08):枯水河宽约1 050 m。2003年8月—2006年9月,新厂边滩崩岸约80 m,此后岸坡较为稳定,临左岸边滩的深槽处有所冲刷,最大冲深约5.5 m,目前左岸岸坡坡度约为1:3,接近长江中下游河道岸坡的临界稳定坡度,存在崩岸的可能。右岸黄水套下游附近地形除2008年冲淤幅度较大外,其余年份变幅不大。

新厂边滩滩尾、天星洲洲头低滩断面(CS09):枯水河宽约1 050 m。2006年9月—2009年12月,深槽临左岸,且深槽逐年冲刷,至2009年12月,最大冲深约6.0 m,同时右岸天星洲洲头低滩逐年淤积,最大淤积幅度约为4.5 m。

天星洲洲头滩地断面(CS10):枯水河宽约950 m(0 m线,不包括藕池口)。工程实施后,深槽临左岸,但深槽有所淤积,2008年1月淤积幅度最大;航槽有所展宽,5 m等深线由2006年9月的560 m增至2009年12月的810 m;2009年12月洲头滩地较2006年9月略有淤积。

5. 代表性横断面河相系数

表5.5-2为周天河段选取的典型横断面河相系数 ζ,即宽深比 $\left(\dfrac{\sqrt{B}}{h}\right)$。其中,CS01~CS05断面位于周公堤水道,CS06~CS10断面位于天星洲水道。周公堤水道的河势为微弯放宽,三峡蓄水前河道较为宽浅,从2002年4月的河相系数来看,CS02断面位于九华寺边滩,河相系数为9.45,CS04断面位于周公堤心滩处,河相系数为8.61;三峡蓄水及航道整治工程的实施使得周公堤水道的滩槽形态发生调整,航槽持续冲刷,航道向窄深方向发展。从2010年12月河相系数来看,CS02断面河相系数为5.45,CS04断面的河相系数为5.24,说明周公堤水道航道条件已逐渐向好的方向发展。天星洲水道的河势为顺直放宽,三峡蓄水前主流摆动幅度大,水流分散,上下深槽过渡频繁,从2002年4月河相系数来看,CS06断面位于蛟子渊边滩中部,河相系数为4.39,CS08断面位于新厂边滩中部、黄水套下断面,河相系数为7.00,CS10断面位于天星洲洲头滩地,河相系数为3.16;三峡蓄水及航道整治工程的实施致使天星洲水道上段持续冲刷,下段天星洲洲头淤积。从2010年12月河相系数来看,CS06断面河相系数为2.99,CS08断面的河相系数为4.86,CS10断面的河相系数为4.74,天星洲水道航道也已向稳定的方向发展。

表5.5-2 河相系数统计表

时间	2002.04(蓄水前)			2010.12(蓄水后)		
断面编号	水面宽(m)	平均水深(m)	河相系数	水面宽(m)	平均水深(m)	河相系数
CS01	1 058	4.88	6.67	932	6.35	4.81
CS02	1 451	4.03	9.45	1 070	6.00	5.45
CS03	1 378	4.33	8.57	1 301	4.62	7.81
CS04	1 245	4.10	8.61	1 039	6.15	5.24
CS05	1 044	4.72	6.85	850	6.67	4.37
CS06	709	6.06	4.39	727	9.02	2.99
CS07	1 111	4.09	8.15	1 110	7.95	4.19
CS08	969	4.45	7.00	1 073	6.74	4.86
CS09	1 220	4.16	8.40	1 037	8.31	3.88
CS10	583	7.65	3.16	919	6.39	4.74

三峡蓄水后,周天河段枯水期以冲刷为主,主要表现为"冲槽",航槽断面形态由宽浅型向窄深型发展。

从代表性横断面的冲淤变化分析中可以看出,周天河段中选取的10个代表性横断面中有8个横断面的深槽表现为持续冲刷,且大部分断面为"冲槽",个别断面为"滩槽同冲"。

此外,从对典型断面的河相系数 ζ 的分析,也可以看出9个断面的河相系数蓄水后的值较蓄水前低,根据河床演变分析基本理论得知,河相系数 ζ 越大,河道越宽浅;河相系数 ζ 越小,河道越窄深。河道从宽浅向窄深发展的过程也表明周天河段三峡蓄水后以冲刷为主,且以"冲槽"的形式呈现。

第 6 章

下荆江河段航道冲淤及滩槽变化

6.1 下荆江河段重点河段基本情况

长江中游下荆江河段共有 17 个水道(表 6.1-1),重点河段基本情况如下。

1. 碾子湾河段(古长堤至毕家台)

碾子湾河段位于下荆江首端,一百年以来曾发生 5 次自然裁弯或撇弯切滩,航道极不稳定,一直以来都是长江中游重点维护水道。由藕池口、石首和碾子湾 3 个水道组成,藕池口和碾子湾水道为一般碍航水道,石首水道为优良水道。

2. 莱家铺水道(八十丈至北湖)

莱家铺水道为弯曲型河道,河道向北弯曲,由弯道段和过渡段组成,表现为典型弯曲河道变化特点。河岸稳定性差,河床横向摆动剧烈,弯道容易发育的过于弯曲,护岸工程实施后,河势格局得到稳定,为一般碍航水道。

3. 窑监大河段(西山至何家湖)

窑监大河段为弯曲分汊型河道,河段内洲滩变化复杂,岸线弯曲、不稳定。窑监大河段由窑集佬、监利和大马洲 3 个水道组成,其中,窑集佬和监利水道又合称窑监河段,窑监河段为重点碍航水道,大马洲水道为一般碍航水道。

4. 铁铺—熊家洲河段(四十丈至潘阳)

铁铺—熊家洲河段为典型的弯曲型河道,位于下荆江的下段,由顺直过渡段和弯曲段组成。随着荆江河段护岸工程不断实施,现已成为限制性弯曲河道,河床演变特性为顺直过渡段主流上提、下挫,边滩冲淤消长;弯道段不断弯曲发展。

铁铺—熊家洲河段由铁铺、反咀和熊家洲 3 个水道组成,均为一般碍航水道。

5. 尺八口水道(潘阳至袜子湾)

尺八口水道为典型的弯曲型河道,位于下荆江的尾端,由熊家洲弯曲段和过渡段组成,下游与八仙洲水道的交界处为七号岭急弯段。河段内碍航特征主要表现为上、下深槽交错出浅,尺八口水道为重点碍航水道。

表 6.1-1　荆江河段各水道航道基本情况

序号	水道名称	平面形态	航道情况	序号	水道名称	平面形态	航道情况
1	藕池口水道	微弯分汊	一般碍航	10	大马洲水道	微弯	一般碍航
2	石首水道	弯曲	优良	11	砖桥水道	弯曲	优良
3	碾子湾水道	微弯	一般碍航	12	铁铺水道	顺直	一般碍航
4	河口水道	弯曲	优良	13	反咀水道	弯曲	一般碍航
5	调关水道	弯曲	优良	14	熊家洲水道	顺直	一般碍航
6	莱家铺水道	弯曲放宽	一般碍航	15	尺八口水道	微弯	重点碍航
7	塔市驿水道	微弯	优良	16	八仙洲水道	弯曲	一般碍航
8、9	窑集佬、监利	弯曲分汊	重点碍航	17	观音洲水道	弯曲	一般碍航

6.2　碾子湾河段航道冲淤及滩槽变化

6.2.1　藕池口水道航道冲淤及滩槽变化

1. 总体冲淤特点

藕池口水道位于长江中游下荆江首端,由一个顺直段和一个弯道段组成,是长江中游重点碍航水道之一。藕池口水道自进口茅林口以下逐渐放宽,其放宽段存在上下两个心滩,分别为较为低矮的倒口窑心滩和相对高大的藕池口心滩。其中,藕池口心滩将水道分为左、右两汊,目前左汊分流比在 90%以上,为主汊。倒口窑心滩又将左汊中上段分为左、右两槽,一般情况下,左槽航道条件优于右槽。

三峡水库蓄水运用后,由于水库的拦蓄水沙作用,下泄的不饱和水流将造成下荆江河段的大量冲刷,因此藕池口水道也处于冲刷状态,冲刷强烈的区域主要集中在进口段滩(洲)缘。在清水下泄的强烈冲刷下,控制枯水期航道边界的关键洲滩冲刷后退,致使进口段主流摆动频繁,航槽出浅的可能性持续存在。主要的冲刷部位有天星洲下段左缘、陀阳树边滩、倒口窑心滩及藕池口心滩。

2. 滩槽变化

藕池口水道内主要存在两个心滩(藕池口心滩、倒口窑心滩)、一个边滩(陀阳树边滩)和一个洲缘(天星洲左缘)。

藕池口心滩:藕池口心滩始终遵循着"生成—长大、下移—向右并岸—再生成"的周期性变化规律。三峡蓄水后,藕池口心滩继续同样的周期性演变。

2002年9月,由于倒口窑心滩并入藕池口心滩,藕池口心滩头部大幅淤长上延。从2003年倒口窑心滩再次生成至今,藕池口心滩冲刷后退较为明显,冲刷崩退区域主要集中在藕池口心滩的头部和左缘。心滩滩头和左缘位于主航槽的凹岸,在弯道水流的作用下,持续冲刷后退,退幅达1 000 m左右,同时心滩滩头受冲右移近1 200 m;而心滩滩尾位置基本不变;心滩整体向右岸偏移。从藕池口心滩左缘中部的横断面变化来看,随着心滩的整体右偏,作为右槽出口控制边界的藕池口心滩左缘近年来有所崩退。

倒口窑心滩:2002年9月,倒口窑心滩并入藕池口心滩,2003年新的倒口窑心滩再次生成。2003年6月三峡蓄水以来,倒口窑心滩主要表现为生成—不断淤长发展。2003年至2010年间,倒口窑心滩最大宽度由200 m增加到1 600 m,最大高程由-2.5 m淤高至-8.9 m。虽然倒口窑心滩在面积上较形成之初有所增加,但近年来,倒口窑心滩头部不断冲刷后退,滩头位置由2003年沙埠矶上650 m逐步后退至沙埠矶下350 m,后退达到1 000 m。此外,倒口窑心滩的左缘也是处于不断侧蚀的状况之中,2009年较2008年刷退了约320 m,2010年进一步冲刷后退,较2009年后退达270 m。

三峡水库蓄水后,倒口窑心滩面积有所淤长,近期变化主要表现为滩头后退,左缘冲刷后退,右缘淤展并岸,有向藕池口心滩并靠的趋势。

陀阳树边滩:陀阳树边滩作为藕池口水道进口的左边界,呈一狭长形近岸滩体。三峡工程蓄水后,陀阳树边滩仍为一活动性边滩,处于冲刷下移的状态。2008年枯季较2007年汛期,陀阳树边滩头部受冲刷向下移约1.5 km,尾部下延至原边滩头部位置,至2010年9月,陀阳树边滩进一步冲刷下移,滩体范围较2009年有所减小,但滩尾下移幅度达1 000 m。在陀阳树边滩下移的过程中,近岸侧窜沟进一步发展,进口段主流分散加剧,陀阳树边滩的不稳定直接影响进口段主流摆动。

天星洲左缘变化:天星洲左缘作为藕池口水道进口的右边界,近年来呈明显冲刷后退态势。从近几年天星洲左缘 0 m 线的变化中可以明显看出,1997 年后天星洲左缘下段大幅度受冲后退,至 2002 年后,左缘下段有所淤积下延,0 m 线与倒口窑心滩头部连成一体,右汊萎缩;2003 年后,下段局部区域有所回淤,而 0 m 与倒口窑心滩头部再次断开,右汊处于冲刷发展期。近年来,天星洲洲体左缘受水流作用呈冲刷后退状态。

3. 深泓线变化

三峡蓄水及整治工程实施后,藕池口水道右汊呈明显衰退状态;左汊的左槽成为绝对主汊,而左汊的右槽在倒口窑心滩周期性地向藕池口心滩并靠过程中,亦呈衰退之势。三峡蓄水后,藕池口水道左汊为主汊的分汊格局已基本稳定。

伴随着右汊衰退,左汊持续发展,分流量不断增加,使藕池口心滩头部及左缘冲刷后退,左汊进口断面扩大,并于 1999 年汛后淤积形成了倒口窑心滩,以前藕池口心滩左、右汊兴衰变化转化为倒口窑心滩左、右槽的变化。

自 1999 年汛后,倒口窑心滩生成并分左汊上段为左、右槽后,形成两槽争流、多数年份左槽占优的局面,同时随着倒口窑心滩长大、下移并逐渐向藕池口心滩并拢,右槽分流比逐渐减小。1999 年 10 月右槽刚生成时,呈直线自沙埠矶对开河心向左岸向家台上 900 m 过渡进入下深槽,此后逐年挫弯右摆下移,至 2000 年 11 月已右摆约 600 m,同时左岸顶冲点下移至向家台,到 2002 年倒口窑心滩并入藕池口心滩前,右汊最大右摆幅度达 1 300 m,而左岸顶冲点则变化较小,此时右槽深泓线较 1999 年增长约 1 200 m。2003 年,新的倒口窑心滩生成,新右槽的深泓线大幅度上提,在 1999 年 10 月的老右槽之上,此后右槽再次逐年挫弯右摆下移,近期主流位于左槽内,随着倒口窑心滩的不断右移,右槽也随之不断右摆。

4. 断面形态变化

藕池口水道从断面形态来看,进口处断面一般呈"U"形,中间放宽段多呈复式"W"形断面,下段断面一般为偏"V"形。从断面冲淤变化来看,以冲刷为主,且"滩槽同冲",深槽在冲刷的过程中呈现左摆趋势,滩槽的形态更加明显。

6.2.2 碾子湾水道航道冲淤及滩槽变化

1. 总体冲淤特点

三峡蓄水后,碾子湾水道也处于冲刷状态,但水道内河势稳定,洲滩、航槽位置相对不变,仅局部发生了一些变化。碾子湾水道上边滩上段高滩岸线不断崩退,中段滩面亦冲刷下切,凸岸边滩下段淤积形成凸咀,近岸河道持续冲刷下切,航道整治工程实施后碾子湾水道内的滩槽格局也没大的改变。对深槽而言,总体呈冲刷态势,深槽呈展宽、冲深发展,对边滩而言,总体变化较小,局部有冲淤变形,上游右岸南碾子湾边滩中上端呈冲刷后退趋势,北碾子湾枯水河宽增大,原柴码头至鲁家湾过渡段浅滩冲刷。

2. 滩槽变化

(1) 浅滩变化。

三峡蓄水前,柴码头至鲁家湾过渡段浅滩左岸边滩淤积展宽;在三峡蓄水135 m期间的几年中,边滩变化不大,岸线基本稳定,仅右岸南碾子湾边滩滩唇部分有一定的冲淤交替变化;2006年三峡蓄水156 m后,上游南碾子边滩冲淤变形加剧,范围较大处,边滩冲淤宽度达500多米,2010年初较2006年8月冲刷后退达536 m。柴码头以下过渡段浅滩右岸岸线基本稳定,左岸有所冲刷后退,最大处较2006年后退129 m。需要指出的是,南碾子湾边滩为滩槽高差较大的边滩,随着三峡蓄水后边滩崩塌后退,主槽宽度加大,为原来紧贴北碾子湾的深泓摆动提供了空间,一旦该处主流发生摆动,势必对下游河床变化带来不利影响,使较为稳定的深槽发生变化。

(2) 深槽变化。

3 m槽变化情况:三峡蓄水前,柴码头以下过渡段浅滩3 m槽是贯通的,但南堤拐以下过渡段深槽淤窄,由1998年的420 m缩窄至2002年的310 m;2003—2006年期间,3 m槽自石首开始至毕家台均是贯通的,尤其北碾子湾以下变化较小,最窄处鲁家湾附近也在340 m以上;2006年汛期以后至2010年3月,3 m槽自石首至毕家台全线贯通,并且总体呈展宽趋势,柴码头以下过渡段3 m槽宽基本均在400 m以上,但南碾子湾右岸滩唇年际间有冲淤交替变化,上游总体有冲刷后退趋势,北碾子湾有淤积展宽趋势。

5 m槽变化情况:1998年汛期期间,过渡段浅滩5 m深槽在寡妇夹断开,尚未贯通,较为狭窄,2002年北碾子湾以下5 m深槽全部贯通,但在南堤拐至鲁家湾附近5 m槽较1998年期间有所淤窄;2003年至2006年三峡蓄水运用后,仅张成坑深槽在2004年和2005年局部中断,鲁家湾以下在2005年小范围内未能贯通,总体来看,绝大部分处于贯通状态;2006年以后,各年5 m深槽均全线贯通,较之前一时期,深槽的宽度也有所增加,柴码头至寡妇夹的过渡段浅滩深槽宽度在500 m以上。

3. 深泓线变化

碾子湾水道深泓变化如图6.2-1所示。从蓄水前年内深泓可见,深泓变化主要在两个位置,一处为石首至金鱼洲,即由石首弯道进入碾子湾弯道处,深泓摆幅在260 m;另一处为柴码头至寡妇夹的过渡段,深泓摆动幅度为350 m。蓄水后,深泓变化大体如下:三峡蓄水135 m期间,深泓在鱼尾洲附近摆动加剧,摆动幅度达550多米;在柴码头至鲁家湾摆动也较大,达360 m,并在进入河口水道时有一定摆动。三峡蓄水156 m、175 m期间,与上一阶段类似,鱼尾洲处深泓摆幅增大,达800 m,而后贴北碾子湾下行,在柴码头至寡妇夹段出现第二个大幅摆动区,深泓摆动幅度为430 m,并在进入河口水道弯道处出现摆动。

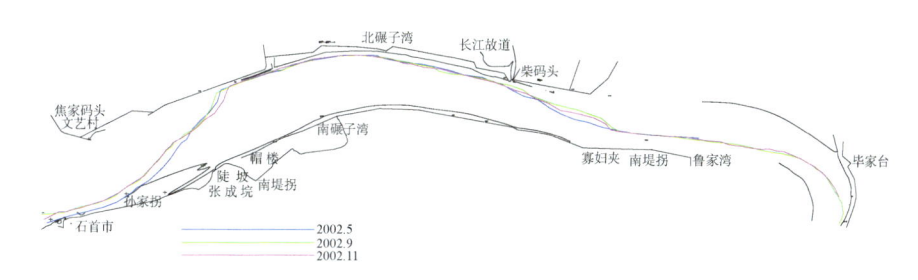

(a) 碾子湾河段年内深泓变化图(三峡水库蓄水前)

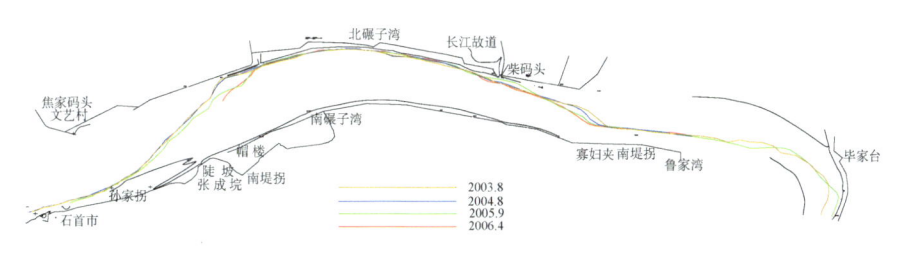

(b) 碾子湾河段年际深泓变化图(三峡水库蓄水135 m期间)

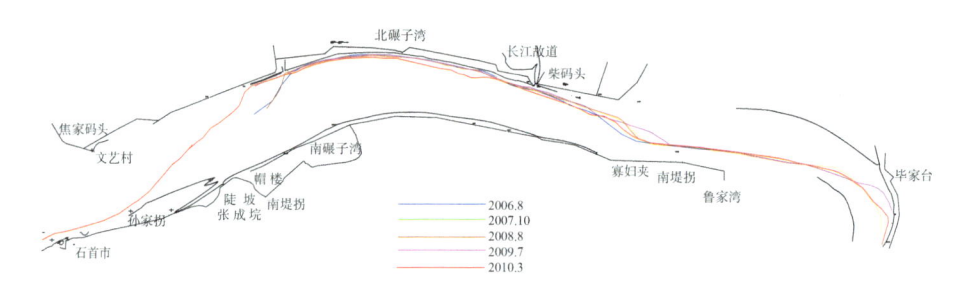

(c) 碾子湾河段年际深泓变化图(三峡水库蓄水 156 m、175 m 及近期)

图 6.2-1 碾子湾河段年内及年际深泓变化图

4. 断面形态变化

在碾子湾水道内布置 12 个代表性断面,对典型断面地形冲淤变化特征进行分析(图 6.2-2、图 6.2-3)。

孙家拐节点断面(CS01):枯水河宽约 610 m。2002 年 11 月—2008 年 9 月间,枯水河宽变化并不大,河道左侧普遍淤积,右侧普遍冲刷。2002 年 11 月—2003 年 8 月,河道右岸向右冲刷平移约 80 m。2003 年 8 月—2008 年 9 月(三峡工程蓄水运用后),河道右岸向右冲刷平移约 190 m,最大冲深约为 15 m。2010 年 3 月,河道断面形态演变为典型的"V"形断面。

陡坡节点断面(CS02):此处为典型宽浅型河道。2002 年 11 月—2008 年 9 月间,河段表现出向窄深发展的趋势。2003 年 8 月—2008 年 9 月,河段两侧冲淤交替。左岸上部冲刷,下部淤积,冲淤幅度不大。右岸也表现出上部冲刷,下部淤积,冲淤幅度大于左侧。2003 年 8 月—2010 年 3 月,河道断面整体向右平移,移动幅度较大。

北碾子湾弯道进口处断面(CS03):枯水河宽约 1 050 m。2002 年 11 月—2010 年 3 月间,深槽临左岸,地形有冲有淤。年际间,最大冲淤幅度约为 5 m。断面形态并未发生太大的变化,滩槽明显。

北碾子湾弯顶断面(CS04):枯水河宽约 750 m。2002 年 11 月—2010 年 3 月间,深槽临左岸,地形有冲有淤,左岸附近地形除 2006 年冲淤幅度较大外,其余年份变幅不大。年际间,最大冲淤幅度约为 7 m,整体断面形态呈"V"形,滩槽位置较为稳定。

北碾子湾弯道出口处断面(CS05):枯水河宽约 620 m。1998 年 10 月—

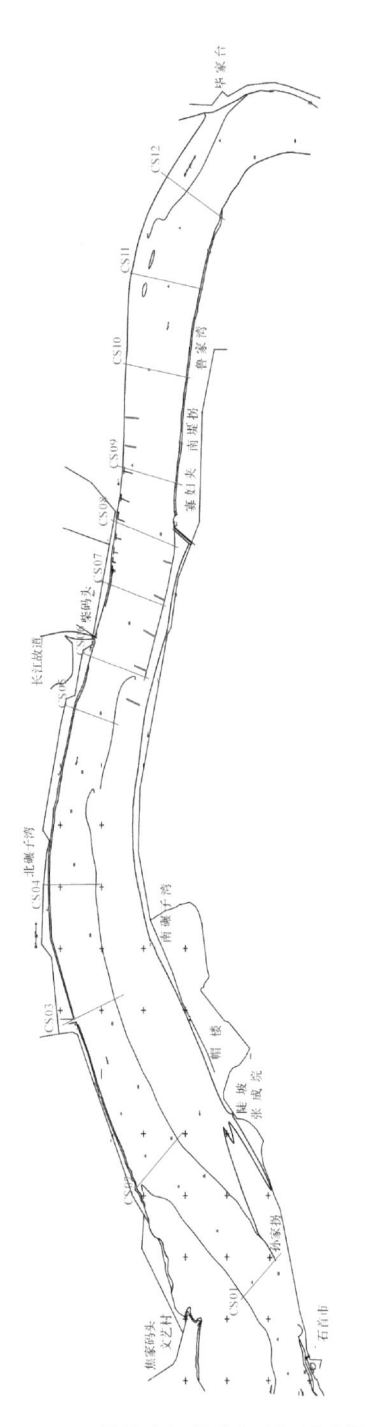

第6章 下荆江河段航道冲淤及滩槽变化

图 6.2-2 碾子湾河段分析断面布置图

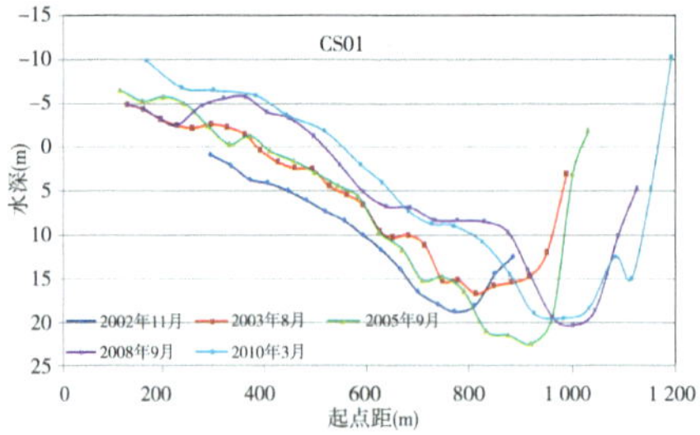
CS01
水深(m)
起点距(m)
2002年11月
2003年8月
2005年9月
2008年9月
2010年3月

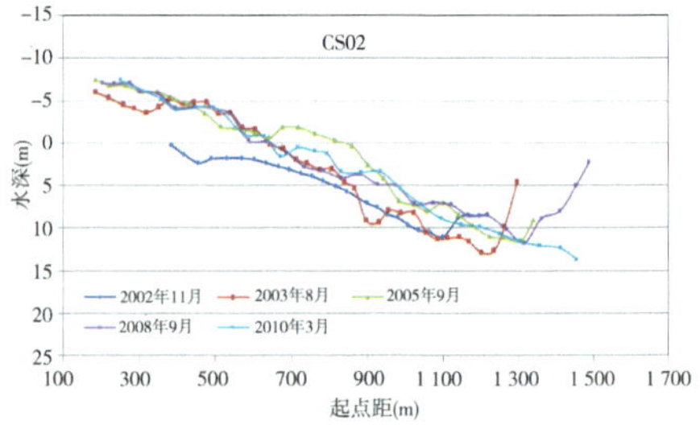
CS02
水深(m)
起点距(m)
2002年11月
2003年8月
2005年9月
2008年9月
2010年3月

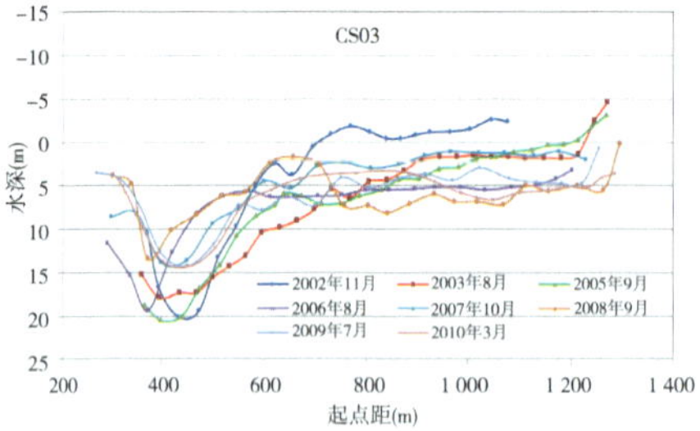
CS03
水深(m)
起点距(m)
2002年11月
2003年8月
2005年9月
2006年8月
2007年10月
2008年9月
2009年7月
2010年3月

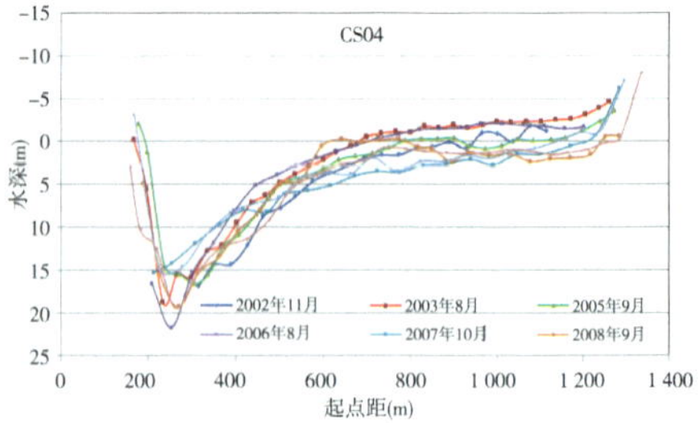
CS04
水深(m)
起点距(m)
2002年11月
2003年8月
2005年9月
2006年8月
2007年10月
2008年9月

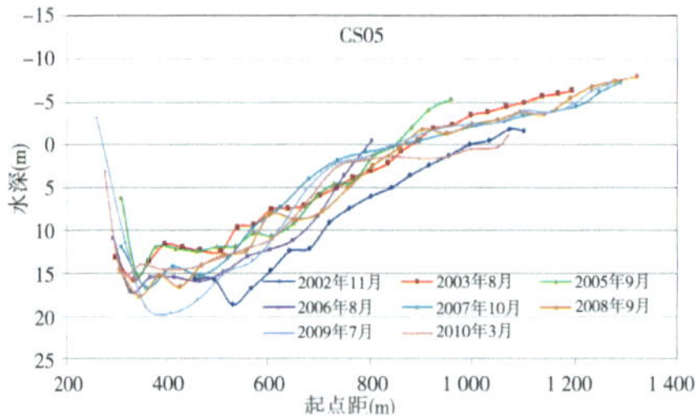
CS05
水深(m)
起点距(m)
2002年11月
2003年8月
2005年9月
2006年8月
2007年10月
2008年9月
2009年7月
2010年3月

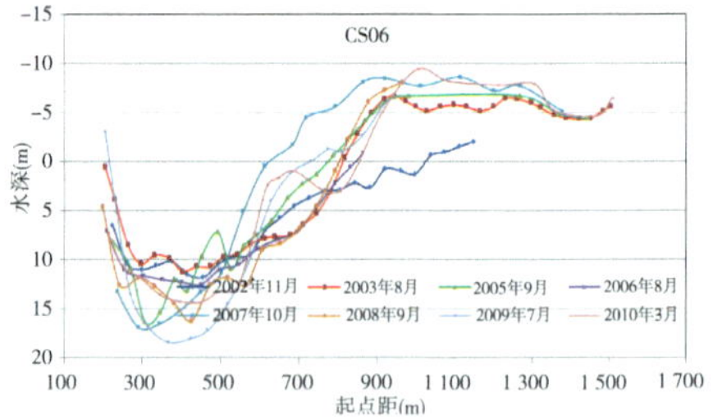
CS06
水深(m)
起点距(m)
2002年11月
2003年8月
2005年9月
2006年8月
2007年10月
2008年9月
2009年7月
2010年3月

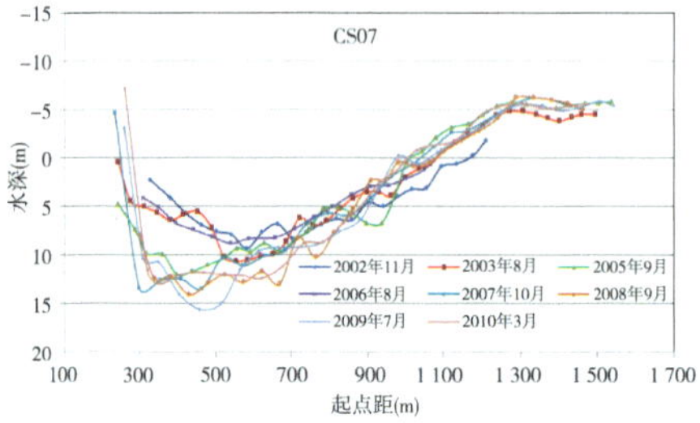
CS07
水深(m)
起点距(m)
2002年11月
2003年8月
2005年9月
2006年8月
2007年10月
2008年9月
2009年7月
2010年3月

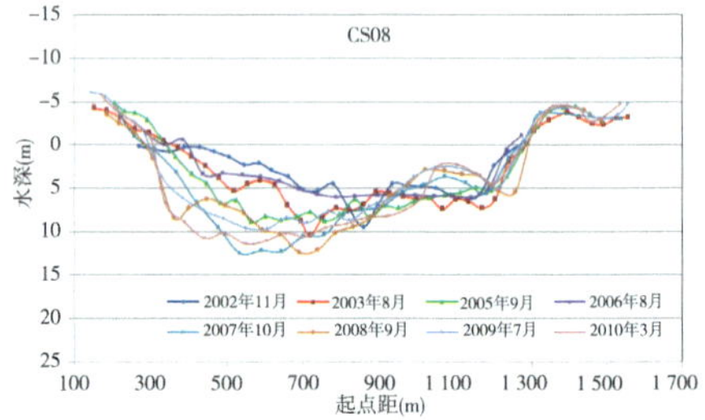
CS08
水深(m)
起点距(m)
2002年11月
2003年8月
2005年9月
2006年8月
2007年10月
2008年9月
2009年7月
2010年3月

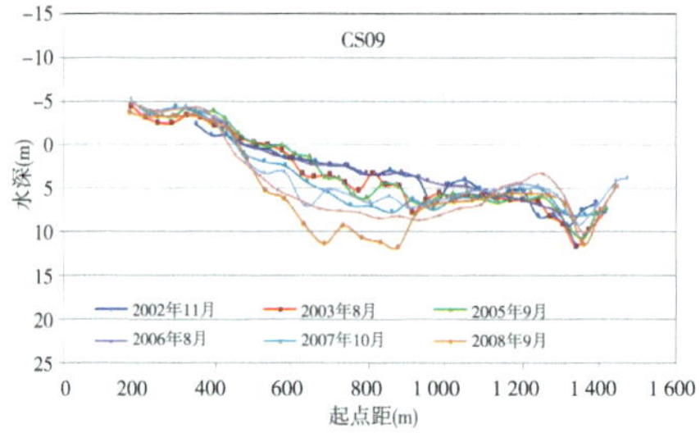
CS09
水深(m)
起点距(m)
2002年11月
2003年8月
2005年9月
2006年8月
2007年10月
2008年9月

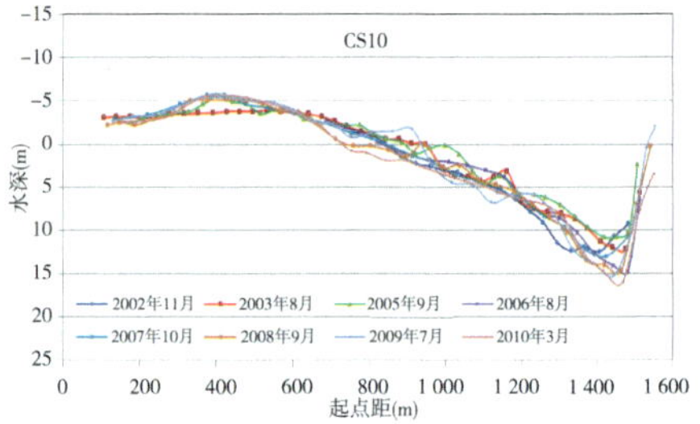
CS10
水深(m)
起点距(m)
2002年11月
2003年8月
2005年9月
2006年8月
2007年10月
2008年9月
2009年7月
2010年3月

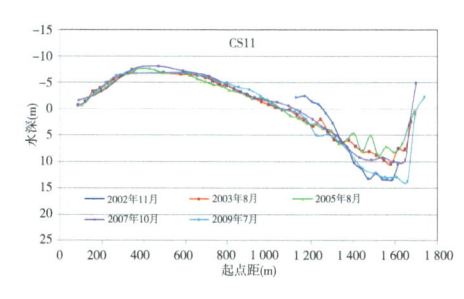

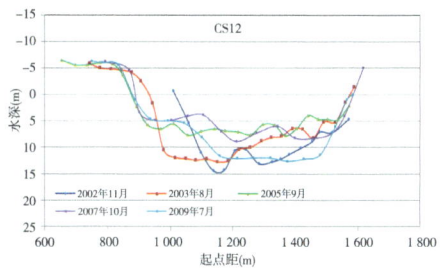

图 6.2-3　三峡蓄水前后碾子湾河段代表性横断面地形冲淤变化图

2010年3月深槽左移约110 m。2003年8月—2009年7月与之前相比,深槽变动幅度减小。整体来看,河道有向窄深发展的趋势,到2009年7月,深槽最深处达到19 m。

工程区9#护滩带处断面(CS06):2002年11月—2009年7月间,深槽临左岸,右侧工程区地形有所淤积,河道表现出由宽浅向窄深发展的趋势。2003年6月工程实施后,护滩带较稳定,最高高程约为-9 m(航行基面),且多年变幅很小;左侧深槽有冲有淤,除2009年外,其他年份变幅不大,深槽维持在10 m以上水深。

工程区11#护滩带处断面(CS07):2002年11月—2009年7月间,深槽临左岸,右侧工程区地形逐年淤积,河道表现出由宽浅向窄深发展的趋势。2003年6月工程实施后,护滩带较稳定,最高高程约为-6 m(航行基面),且多年变幅很小;左侧深槽有冲有淤,但变幅不大,2007年后,深槽维持在10 m以上水深。

工程区5#丁坝处断面(CS08):枯水河宽约1 000 m。1998年10月—2009年7月间,深槽位于河道中部,左侧工程区地形整体冲刷,右侧则逐年淤积。河道深槽更加窄深。2003年6月工程完工后,原河道右侧的窜沟不复存在。

工程区7#丁坝处断面(CS09):右槽枯水河宽约890 m,2003年6月工程实施后,2003年8月—2009年7月间,枯水河宽减小,左侧工程区岸线较为稳定。多年间,河道有冲有淤,除2008年河道中部冲刷幅度较大外,其余年份变幅不大。

南拐堤断面(CS10):枯水河宽约720 m。2002年11月—2010年3月,深槽临右岸,且深槽逐年冲刷,2010年3月冲刷幅度最大,最大冲深约7.0 m。整体来看,断面形态较为稳定。

鲁家湾断面(CS11)：枯水河宽约800 m。2002年11月—2009年7月，深槽临右岸，且河道两侧和深槽有冲有淤，但两侧冲淤幅度明显小于深槽。2005年9月，深槽内淤积幅度最大，达到10 m，河宽稳定。

毕家台断面(CS12)：枯水河宽约750 m。2002年11月—2009年7月，深槽临右岸，冲淤明显，最大冲淤幅度达到12 m。左右两侧冲淤幅度不大，河宽稳定，断面形态由原来的"V"形变为"U"形，由于深槽冲刷明显，滩槽明显，航槽形态并没有出现恶化。

5. 代表性横断面河相系数

表6.2-1为碾子湾河段选取的代表性横断面河相系数 ζ，即宽深比 $\left(\frac{\sqrt{B}}{h}\right)$。其中，CS01～CS05断面位于碾子湾水道上半段，CS06～CS12断面位于碾子湾水道下半段。碾子湾水道的河型为微弯型，从2002年11月的河相系数来看，CS01断面位于孙家拐点，河相系数为2.56；CS03断面位于北碾子湾弯道进口处，河相系数为4.38。三峡蓄水后，碾子湾水道的上段滩槽形态发生调整，航槽有冲有淤，河段上游的左侧处于淤积状态，右侧冲刷。从2010年3月的河相系数来看，CS01断面河相系数为2.64，CS03断面的河相系数为5.06。碾子湾水道的下段，由于三峡蓄水和整治工程的实施，尤其是整治工程实施后，河段基本处于冲刷状态。

表6.2-1 河相系数统计表

时间	2002.11(蓄水前)			2010.03(蓄水后)		
断面编号	水面宽(m)	平均水深(m)	河相系数	水面宽(m)	平均水深(m)	河相系数
CS01	591	9.51	2.56	708	10.07	2.64
CS02	829	5.57	5.17	823	6.43	4.46
CS03	726	6.15	4.38	984	6.20	5.06
CS04	613	5.83	4.25	793	4.97	5.67
CS05	501	8.76	2.56	771	6.73	4.13
CS06	774	6.50	4.28	591	8.70	2.79
CS07	803	5.49	5.16	650	9.21	2.77
CS08	968	3.62	8.59	951	7.10	4.34
CS09	888	4.43	6.73	996	6.15	5.13

(续表)

时间	2002.11(蓄水前)			2010.03(蓄水后)		
断面编号	水面宽(m)	平均水深(m)	河相系数	水面宽(m)	平均水深(m)	河相系数
CS10	641	6.57	3.85	835	5.71	5.06
CS11	744	8.76	3.11	—	—	—
CS12	761	8.37	3.30	—	—	—

三峡蓄水后，碾子湾河段以冲刷为主，河道断面形态逐渐演变成窄深型的"V"形断面，且滩槽明显。从代表性横断面的冲淤变化分析中可以看出，碾子湾河段选取的12个代表性断面中绝大部分断面的深槽和浅滩非常明显，且大部分断面表现为"滩槽同冲"。三峡蓄水后，河道断面基本都是向窄深方向发展。

此外，从代表性横断面的河相系数 ζ 分析，也可以看出，河段内大部分断面的河相系数较小，河道窄深。

6.3 莱家铺水道航道冲淤及滩槽变化

1. 总体冲淤特点

中洲子裁弯至三峡蓄水前，莱家铺水道冲淤交替，弯道段呈凸岸冲刷、凹岸淤积，下游顺直放宽段表现为左岸崩退、右岸淤进。其中，1998年10月—2002年10月，河道淤积总量为263.2万 m^3，表现为特大洪水年后恢复性淤积（表6.3-1）。

表6.3-1 莱家铺水道年内分段冲淤量变化

单位：万 m^3

时间	名称	莱家铺弯道	莱—塔过渡段	总量
1998.10—2002.10	淤积量	734.7	641.1	—
	冲刷量	−282.1	−830.5	—
	冲淤量	452.6	−189.4	263.2
2002.10—2009.9	淤积量	807.8	1 224.6	—
	冲刷量	−1 420.2	−1 929	—
	冲淤量	−612.4	−704.4	−1 316.8

三峡蓄水后，河道总体上表现为冲刷，但年平均冲刷量不大，2002年10

月—2009年9月,河道冲刷总量为－1 316.8万 m³。从分段来看,2002年10月—2009年9月,弯道段仍呈凸岸冲刷、凹岸淤积状态,下游顺直放宽段左岸崩退也在继续,不同的是右岸侧没有向左淤进反而向右后退,右岸中下段近岸侧河床明显冲刷下切;同时,顺直放宽段纵向上集中于上段淤积、下段冲刷。从冲淤量统计来看,莱家铺弯道、莱—塔过渡段总体上均呈冲刷态势。

2. 滩槽变化

(1) 浅滩变化。

莱家铺水道浅滩有两处,一处位于莱家铺弯道进口过渡段南河口一带,习称莱家铺弯道进口段浅滩;一处位于莱家铺水道顺直段的中下段,即莱家铺弯道与鹅公凸弯道之间的放宽过渡段,一般习称莱家铺顺直放宽段浅滩。

莱家铺弯道进口段浅滩:中洲子裁弯后初期,莱家铺进口过渡段呈交错浅滩形态,水深较浅,如1973年5月3 m线不贯通;随后河道冲刷调整,基本表现为正常浅滩,水深条件转好,20世纪90年代后,深泓最浅点水深一般在7 m左右。同时弯道进口段凸岸侧不断冲刷后退,凹岸侧边心滩形成并不断下移,近年来深泓最浅点水深有变浅现象,如2005年9月、2009年9月。莱家铺弯道凸岸侧边滩一般年内具有"洪冲枯淤"现象,汛期边滩0 m线、3 m线均冲刷后退,枯水期向江心淤进,而对岸南河口边心滩汛后也有所淤展,因此,近年来汛后莱家铺弯道进口段枯水航槽明显缩窄,如2008年11月,3 m线宽550 m,到2009年2月,3 m线宽缩窄至375 m。

莱家铺顺直放宽段浅滩:20世纪90年代中后期,浅滩主要位于过渡段出口段,形成明显的交错浅滩,如1995年11月,3 m线中断700余米;1996年9月,3 m线中断300余米。近年来,浅滩主要位于顺直放宽中段,主要表现为正常浅滩,3 m线狭窄,如2005年9月宽仅100 m,2009年9月江心出现江心滩现象,心滩左侧3 m线宽仅100多米;过渡段河道左岸不断崩退,右岸侧岸线没有淤进反而有所后退,近岸侧鹅公凸倒套上探发展,与过渡段上段江心浅滩现象相呼应,顺直展宽段正由"U"形向"W"形发展,河道展宽。受莱家铺边滩影响,莱家铺顺直放宽段浅滩年内变化十分明显;汛期边滩在顺直放宽段中段大幅淤积,导致此段3 m线宽缩窄;汛后退水期边滩外侧冲刷下移;至枯水期,在过渡段出口段形成边心滩。

(2) 深槽变化。

三峡蓄水以来,莱家铺水道顺直放宽段左岸中洲子高滩岸线冲退现象十分严重。2002—2009年,左岸岸线崩退近百米,右岸侧下段岸线也有所后退,导致河道不断展宽,深泓摆动幅度加大,并导致对岸边滩不稳定性加大。

三峡蓄水以来,莱家铺边滩滩体甚不稳定,滩形变化大,但并未造成航槽狭窄、水深变浅等不利变化。滩体时而放宽达半江以上,如2005年9月,边滩0 m线甚至达到半江以上,在莱家铺水道顺直放宽段方家夹下游约500 m处3 m线宽仅100余米,最浅点水深为3.4 m。滩体时而冲刷下移,在出口过渡段形成边(心)滩,如2009年2月,左岸侧3 m线深槽宽度仅260 m;2009年9月,顺直放宽段中段普遍淤积,出现一个长340 m、宽125 m,最浅点为航行基面下0.8 m的江心滩,左岸侧3 m线最窄处宽仅170 m。

莱家铺边滩中下段近岸侧总体呈冲刷态势,2002年10月—2009年9月,近岸侧冲刷幅度达4 m以上,局部岸线有所后退,相应地,莱家铺下段鹅公凸倒套上探发展。

莱家铺下段鹅公凸倒套,三峡工程蓄水以前基本处于不断淤积状态,而三峡工程蓄水以来有所发展。三峡蓄水前的2002年,鹅公凸倒套0 m线长度约1.2 km,平均宽度为110 m;而三峡蓄水后的2004年,倒套0 m线向上游延伸约1.2 km,达到2.4 km,平均宽度为60 m;2005年、2006年倒套有所缩短,但2008年11月,0 m线倒套长度达到130 m。同时可以看出,倒套3 m线2002年长度约为540 m,而2009年2月长度达到1.1 km,右岸侧鹅公凸倒套呈明显发展态势。

由此可以看出,三峡工程蓄水以来,莱家铺水道左岸高滩崩退剧烈,右岸中低滩形态多变,甚不稳定,过渡段出口段鹅公凸倒套有所发展。

3. 深泓变化

中洲子裁弯至三峡蓄水前,莱家铺水道弯道进口过渡段及下游顺直放宽段深泓发生了剧烈调整。具体来看,莱家铺水道进口八十丈附近岸段,在1973年5月—1995年11月间,深泓不断右偏,偏幅在180 m左右,此后基本保持稳定;弯顶上段南河口一带原进口口门淤积,深泓向右偏转,同时可以看出,莱家铺弯道进口段水深相对较浅。

三峡蓄水后,河道仍在剧烈变化,主要表现为弯道段及放宽过渡段局部河床形态的调整,深泓及主流在弯道上段及过渡段摆幅仍然较大。具体表现在莱家铺水道弯曲段深泓摆幅加大并总体上向凸岸侧摆动,出现明显的凸冲凹淤现象,莱家铺弯顶上段深泓摆幅相对有所减小;而弯顶中段南河口—方家夹段摆动幅度加大,顶冲点呈下移态势;弯顶下段方家夹附近深泓呈往复摆动,且摆幅较大。莱家铺水道顺直放宽段左岸方家夹以下主流贴流段未护岸线持续崩退,河道展宽,深泓由三峡蓄水前的单向左摆变成左右摆动,年际最大摆动幅度为220 m,年内摆动幅度更大,如2009年2—9月,深泓摆幅为370 m,且深泓摆动的范围长达整个过渡段。由此可见,三峡蓄水以来,最明显的变化是深泓由单向摆动变成双向摆动,且摆幅、范围加大。

4. 断面形态变化

三峡蓄水以来,弯道凸岸侧上段冲刷、凹岸侧边心滩淤积下移,主流仍在右摆,弯道进口段浅滩淤展,显现出较明显的"W"形河床形态。

6.4 窑监大河段航道冲淤及滩槽变化

1. 总体冲淤特点

窑监大河段由窑集佬、监利和大马洲3个水道组成,其中窑集佬水道和监利水道又合称窑监河段。

窑监河段冲淤特点:三峡蓄水后,窑监河段航道整治一期工程实施前,窑监河段有冲有淤,但以冲刷为主,其中,2003年9月—2006年9月(135 m蓄水期)河床冲刷745万 m³,2006年9月—2008年9月(156 m蓄水期)河床淤积105万 m³,2003年9月—2008年9月河床共冲刷640万 m³(表6.4-1)。

冲刷部位主要为上深槽(在乌龟洲中段以上)、中槽、洲头心滩右缘低滩及乌龟洲右缘。淤积的部位主要为下深槽(在乌龟洲中段以下)、南槽、新河口边滩、洲头心滩的高滩部分。

2009年3月,窑监河段航道整治一期工程实施以来,窑监河段冲淤变化主要表现为在乌龟夹进口口门、乌龟夹中上段、乌龟洲右缘中下段及太和岭一带发生了较强幅度的冲刷,淤积主要发生在洲头心滩、新河口边滩上部和下部、南槽。

表 6.4-1　三峡水库蓄水后窑监河段冲刷量

单位：万 m³

时段	冲淤量
2003.9—2004.9	−264
2004.9—2005.9	+412
2005.9—2006.9	−893
2003.9—2006.9(135 m 蓄水期)	−745
2006.9—2007.9	966
2007.9—2008.9	−861
2006.9—2008.9(156 m 蓄水期)	105
2003.9—2008.9	−640

注："−"表示冲刷，"+"表示淤积。

总的来看，三峡蓄水以来，窑监河段冲淤变化可分为两个阶段：在窑监河段航道整治一期工程实施以前，江心洲滩冲刷，河床总体向宽浅方向发展，航道条件整体较差；航道整治一期工程实施以后，江心洲滩趋于稳定，整体表现为淤积，航槽冲深发展。

大马洲水道冲淤特点：三峡蓄水后，大马洲水道有冲有淤，冲淤基本平衡。主要是由于三峡蓄水清水下泄加剧了乌龟夹左岸崩退，使下泄水流含沙量得到了充足补充，加之该河段较乌龟夹宽浅的河床形态，水流放缓，从乌龟夹带出的大量泥沙容易在缓流区及过渡段等部位落淤，在深槽及水流顶冲等部位发生冲刷。冲刷部位主要为太和岭矶头内深槽和左岸坡、太和岭矶头—右岸丙寅洲中部边滩—左岸沙家边一带、丙寅洲下边滩已护岸线内侧、大马洲下边滩；淤积的部位主要为丙寅洲上边滩、庙岭至横岭一带边滩、左岸沙家边向右岸黄家潭过渡带。

2. 滩槽变化

(1) 窑监河段。

乌龟洲洲头心滩：三峡蓄水后及整治工程实施前，乌龟洲洲头心滩萎缩变散，乌龟夹进口趋向宽浅，2003 年 9 月，洲头心滩(−3 m)面积为 1.18 km²，而后心滩右缘受水流冲刷，滩体整体左移，同时滩体面积不断减小，到 2009 年 9 月洲头心滩(−3 m)面积萎缩至 0.36 km²，仅为 2003 年的 30.5%。由于心滩位于乌龟夹进口凹岸，具有导引水流平顺集中进入夹内的重要作用，是乌龟夹进口的关键边界条件，随着滩体日趋散乱，再加上滩体受冲左移，使得浅区段展宽，形成多槽,束水作用减弱;乌龟夹进口日趋散乱,航道条件较差。

在整治工程实施后,洲头心滩平面位置得到稳定,航槽由多槽口向单一槽口发展,主航槽展宽、冲深,南槽淤浅、衰退,主航道条件得到明显改善。

乌龟洲变化:乌龟洲是下荆江最大的江心洲。在三峡蓄水初期,乌龟洲的变化主要表现为洲头冲刷后退;2004年以后,随着乌龟洲右缘顶冲点的逐渐下移,洲头及洲体右缘上段趋于稳定,洲体变化主要表现为中下段及洲尾的冲刷后退,到2009年洲尾右缘最大左移在100 m以上。由于洲体的不断崩退,洲体面积由2003年的8.28 km^{2}减小到2009年的6.95 km^2(表6.4-2)。

表6.4-2 乌龟洲洲体(航行基面上4 m)特征值历年变化表

时间	洲长(m)	最大洲宽(m)	面积(km^2)	洲顶最大高程(基面上,m)
2003.11	6 370	1 790	8.28	13.1
2004.11	6 250	1 750	7.98	13.1
2006.10	6 343	1 771	7.86	13.2
2007.10	6 280	1 800	7.85	13.2
2008.10	6 250	1 750	7.71	13.2
2009.09	6 000	1 650	7.25	未测量

(2)大马洲水道。

大马洲水道为单一弯曲型河道,受上游窑监河段复杂的出口水流条件影响,该水道洲滩变化较大,岸线弯曲、不稳定。三峡蓄水后,随着河道内主流的大幅摆动,大马洲水道内主要边滩都出现调整迹象,河道变得更加弯曲,较好的滩槽形态向不利趋势发展。

太和岭变化:三峡蓄水后,乌龟洲右缘下段和洲尾受冲,洲尾逐渐崩退、凹陷于太和岭以内,太和岭矶头内侧也同时受到乌龟夹出口主流顶冲,岸坡崩退。至此,乌龟夹出口主流平顺过渡至大马洲入口段的良好水流条件逐渐被改变,入口主流坐弯,并受太和岭原护岸水毁形成的乱石堆影响,流态紊乱,且在太和岭矶头形成较强的挑流,顶冲右岸丙寅洲边滩。对比2009年2月和2002年4月3 m等深线,太和岭矶头上游侧3 m等深线左岸后退了85 m,右岸冲刷后退近90 m;左岸边滩向外展宽达250 m,右岸边滩后退120 m。2009年2月在2002年10月的基础上岸线崩退了300 m,乌龟洲洲尾崩退了240 m。

丙寅洲边滩变化:三峡蓄水后,由于监利主汊稳定在乌龟夹,丙寅洲洲体演变仍在继续,但变化幅度总体减小,演变趋势有所变化。主要表现为与太和岭正对的上边滩淤积,挤压入口航槽且加大其弯曲度;中部低滩由于受到太和岭矶头挑流冲刷而逐渐后退;上游来沙在放宽段沉积,从而下边滩淤长淤宽,并受水流切割作用,在陈家码头到天子一号一带形成心滩。2008年11月,丙寅洲边滩最高高程为14.1 m,最大洲宽约1 460 m,与往年同期相比,边滩北缘有所冲刷,"天"字一号处边滩淤宽约400 m,洲尾被扫湾水切割形成浅点,并逐年淤长。2010年与2003年的测图对比,与太和岭正对的上边滩外展320 m,中部边滩后退300 m,洲尾边滩淤宽淤长,并被切割成心滩,到2010年成0 m线宽约180 m,长约1 000 m的狭长型心滩。

大马洲边滩变化:三峡蓄水后,在太和岭矶头逐渐形成挑流,在其下游铺子湾形成缓流区。随着太和岭的挑流作用增强,其掩护区的淤积也越来越严重,首先是在铺子湾淤积,然后逐渐下延到横岭以下。缓流区的淤积主要表现为出现过渡段浅区和心滩,近岸槽逐渐淤塞,岸线逐渐变缓,逐渐发展为浅埂,并接岸。因此,铺子湾到横岭一带0 m线在2008年以前基本重合,只有2010年在草场湾到横岭一带才有明显的淤出,平均移动约100 m。近年来,上段滩槽的冲淤变化,给下段的来水来沙条件也带来了相应的改变。随着右岸丙寅洲边滩的逐渐下移,被丙寅洲边滩挑向左岸下泄的主流在左岸的顶冲点也相应下移,造成大马洲下边滩头部冲刷后退,导致出口弯道及出口段河道展宽,过水断面增大,引起槽中水流分散、流速减缓、泥沙落淤,形成浅点或心滩。对比2002年2月、2008年2月和2010年2月3 m等深线,在大马洲水道中段均贴左岸下行,3 m与0 m线几近重合,横岭以下岸线均在不同程度的后退;2008年,0 m线后退至护岸岸线后停止。窑湾至长江故道入口右岸一带的边滩0 m线平行下移约300 m。随着边滩的冲刷下退、出口过水断面向宽浅方向在发展。出口段的宽浅发展将引起槽中水流分散、流速减缓,造成槽口不稳定,进而引起砖桥水道入流条件不稳定的不利变化(表6.4-3、图6.4-1)。

表6.4-3 大马洲洲体特征统计表

年份	洲长(km)	洲宽(km)	最高点高程(m)	面积(km²)
2003.4	3.84	1.02	5	2.78
2005.9	3.84	1.03	—	2.79

(续表)

年份	洲长(km)	洲宽(km)	最高点高程(m)	面积(km²)
2008.1	3.73	2.08	—	5.20
2009.2	4.05	2.02	12.5	5.35
2009.9	4.20	1.92	13.6	5.40

注：洲长、洲宽、洲高均为洲体最大值。

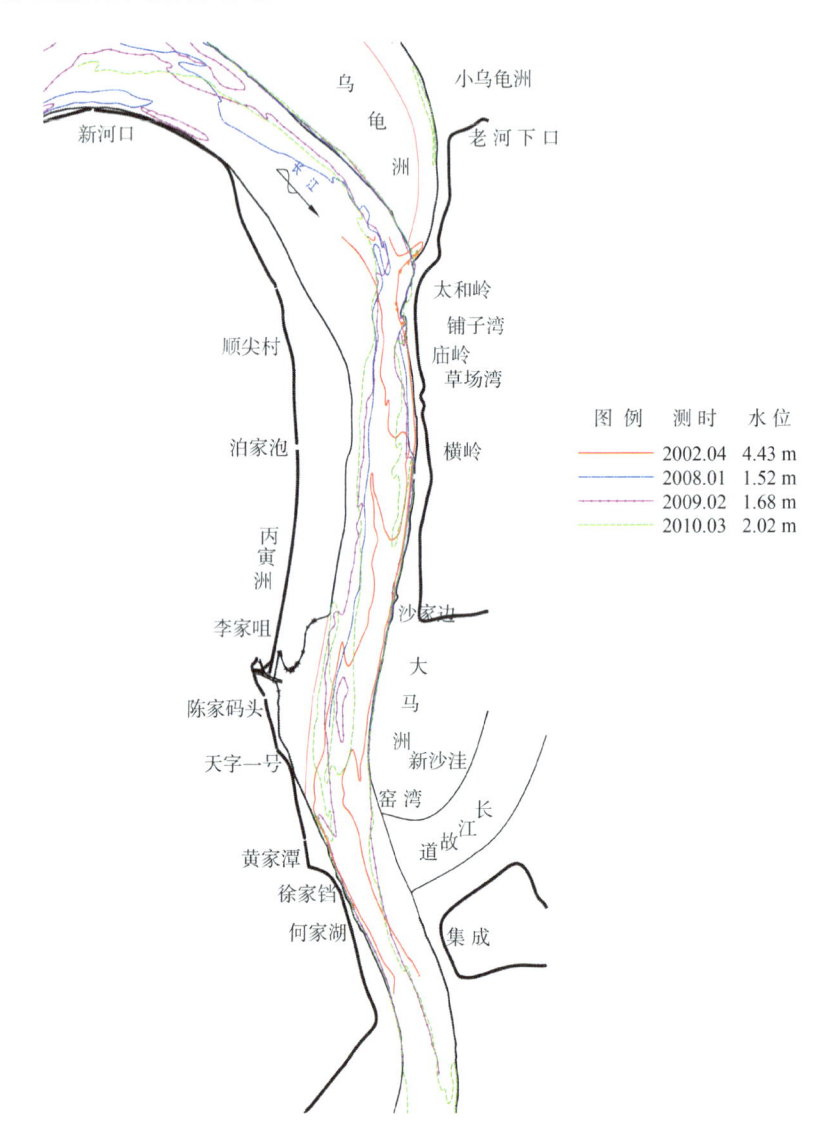

图 6.4-1　大马洲水道 3 m 线年际变化图

3. 深泓变化

（1）窑监河段。

窑监大河段沿程河床表现为凹凸起伏，河段沿程深泓纵剖面呈现两头低、中间高的线型，在右汊进口（荆141—红楼）存在明显的浅区，乌龟夹口门处的水深要小于进出口的水深，在太和岭矶头和长江故道口纵深变化大，中间段较平缓（图6.4-2）。

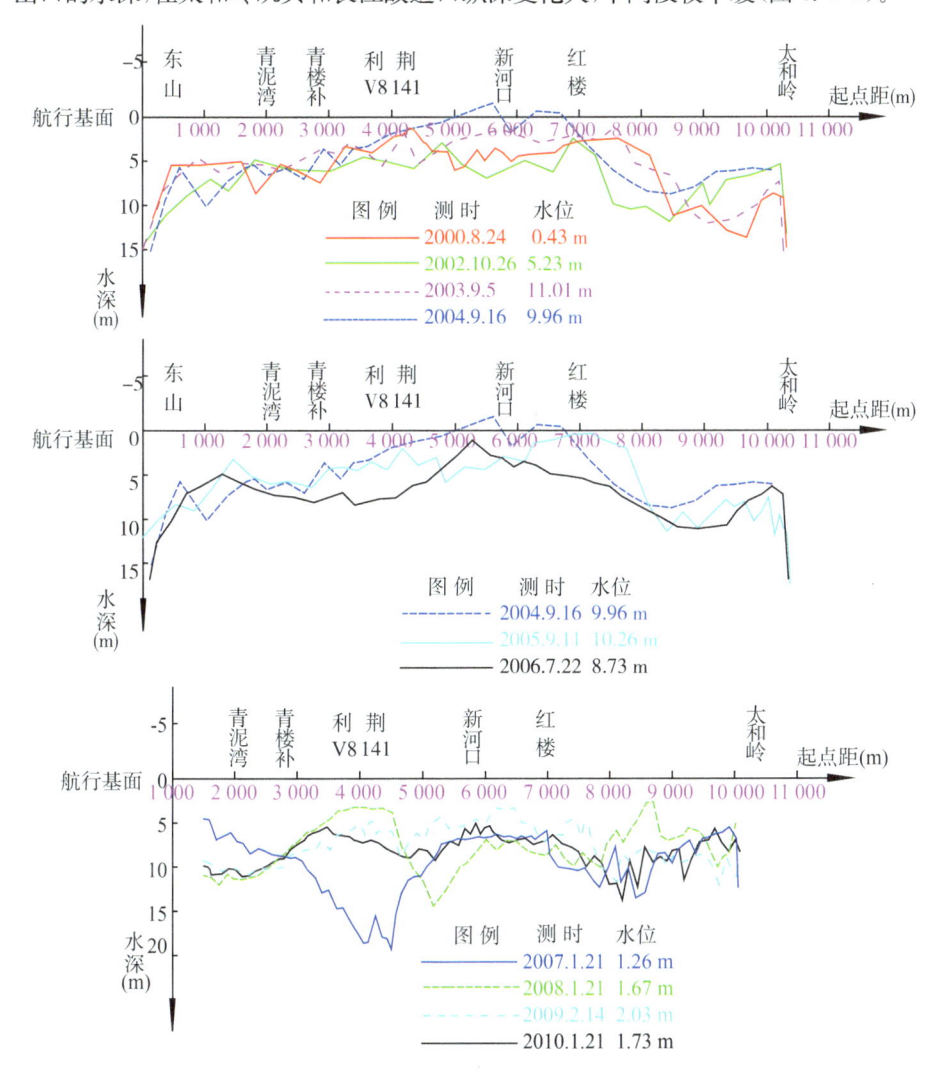

图 6.4-2　窑监河段深泓纵剖面年际变化图

近年来，随着乌龟洲右缘的冲刷后退及新河口边滩向左淤长，下深槽深泓平面呈现明显持续左摆变化(图6.4-3),下段左移的幅度较中段略大(2000年至今,中段深泓平面左移在300 m左右,下段深泓平面左移达到350 m)。主流变化与乌龟洲体平面变化息息相关,该种变化已有所体现:乌龟洲右缘下段冲刷后退幅度较中段大,所以下段深槽主流左摆幅度较中段大。

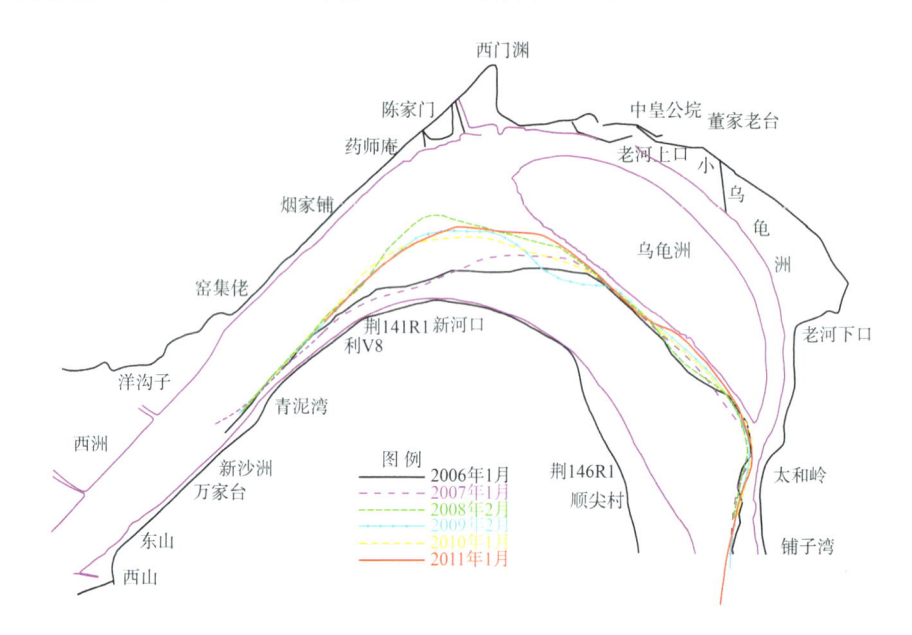

图6.4-3 窑监河段深泓平面变化图

(2) 大马洲水道。

受到上游窑监河段出口主流摆动与太和岭矶头挑流的影响,大马洲水道进口深泓逐渐坐弯,下段水流多次左右岸折冲过渡,出口段河面展宽。

乌龟夹下口主流沿持续崩退的左岸进入大马洲水道,直接顶冲太和岭上游岸线。从三峡蓄水以来的主流变化来看,2010年3月在2003年4月的基础上深泓左偏300 m。主流坐弯的同时,对应凸岸丙寅洲上边滩淤积,更加束窄了航槽,从而大马洲进口段航道十分弯曲,2010年3月的测图深泓线弯曲半径仅约900 m。另外,随着水位的下降,太和岭护岸乱石堆凸显,航道弯曲,流态越来越紊乱。

上段坐弯的主流被太和岭矶头挑向右岸丙寅洲中部边滩,在太和岭到丙寅洲之间形成第一个过渡段。入口主流越弯,太和岭矶头的挑流作用就更强。从近期深泓线变化图上可以看出,2003年深泓线在太和岭矶头以下稍微右摆迅即折回左岸,而2010年的摆动幅度很大,被太和岭挑向右岸直接顶冲丙寅洲中部边滩,深泓与岸线的距离仅200 m。由于主流在丙寅洲中部边滩受到顶冲以后,再次折回右岸,向横岭至沙家边一带过渡,这为大马洲水道的第二个过渡段。

主流沿沙家边边滩下行,进入大马洲水道的出口弯道河段,在弯道环流的作用下形成第三个过渡,从左岸沙家边向右岸凹岸过渡,之后沿右岸进入砖桥水道。2003年此处深泓从沙家边过渡到"天"字一号,而2010年深泓较2003年下挫到徐家铛,下挫达1 800 m。

正是由于上游窑监河段出口主流的左摆,使得太和岭矶头挑流作用增强,与蓄水以前比较,在大马洲水道进口处增加一个自左岸向右岸丙寅洲边滩的过渡。也正是由于太和岭矶头引导水流顶冲丙寅洲边滩中部,造成滩槽出现不利变化,航道趋于弯曲、变差。

4. 断面形态变化

(1) 窑监河段。

从断面上来看,窑监河段平面形态总体表现为两头窄、中间宽(进口段河宽约1 100 m,中间段河宽约3 000 m,出口段河宽约1 000 m)。河床断面形态主要表现为进口断面呈右偏"U"形;中间段放宽,有江心洲,断面多呈"W"形;出口断面一般为左偏"V"形,断面形态较为稳定。

由断面变化图(图6.4-4)中可以看出,在乌龟洲右缘中下段,乌龟洲洲体持续冲刷后退,其中下段冲刷后退的幅度较中段及尾部大。随着乌龟洲洲体右缘的冲刷后退,下深槽有一个明显的持续左摆变化。在深槽左摆的同时,下深槽表现为"先冲后淤"的变化特性,近期变化以淤积为主。由深泓纵剖面变化同样可以看到,深槽近期有所淤积,淤浅在2 m以上。由断面变化同样可以看出,由于深槽的趋于宽浅,使得水道主流难以稳定,摆动幅度加大,在中下段局部部位主流摆动幅度可达到500 m以上。由于主流摆幅的加大,造成了局部深槽的不稳定,加剧了航道的不利变化。

(2) 大马洲水道。

大马洲水道平面形态为受太和岭矶头影响,进口段河宽在太和岭矶头缩窄,之后水面放宽,直至将进入人工开辟的砖桥水道时河宽收缩,整个砖桥水道中枯水位期上下河宽基本一致(太和岭矶头河宽约750 m,大马洲中间段河宽为1 000 m,砖桥段河宽为800 m)。河床断面形态的主要表现:进口断面呈左偏

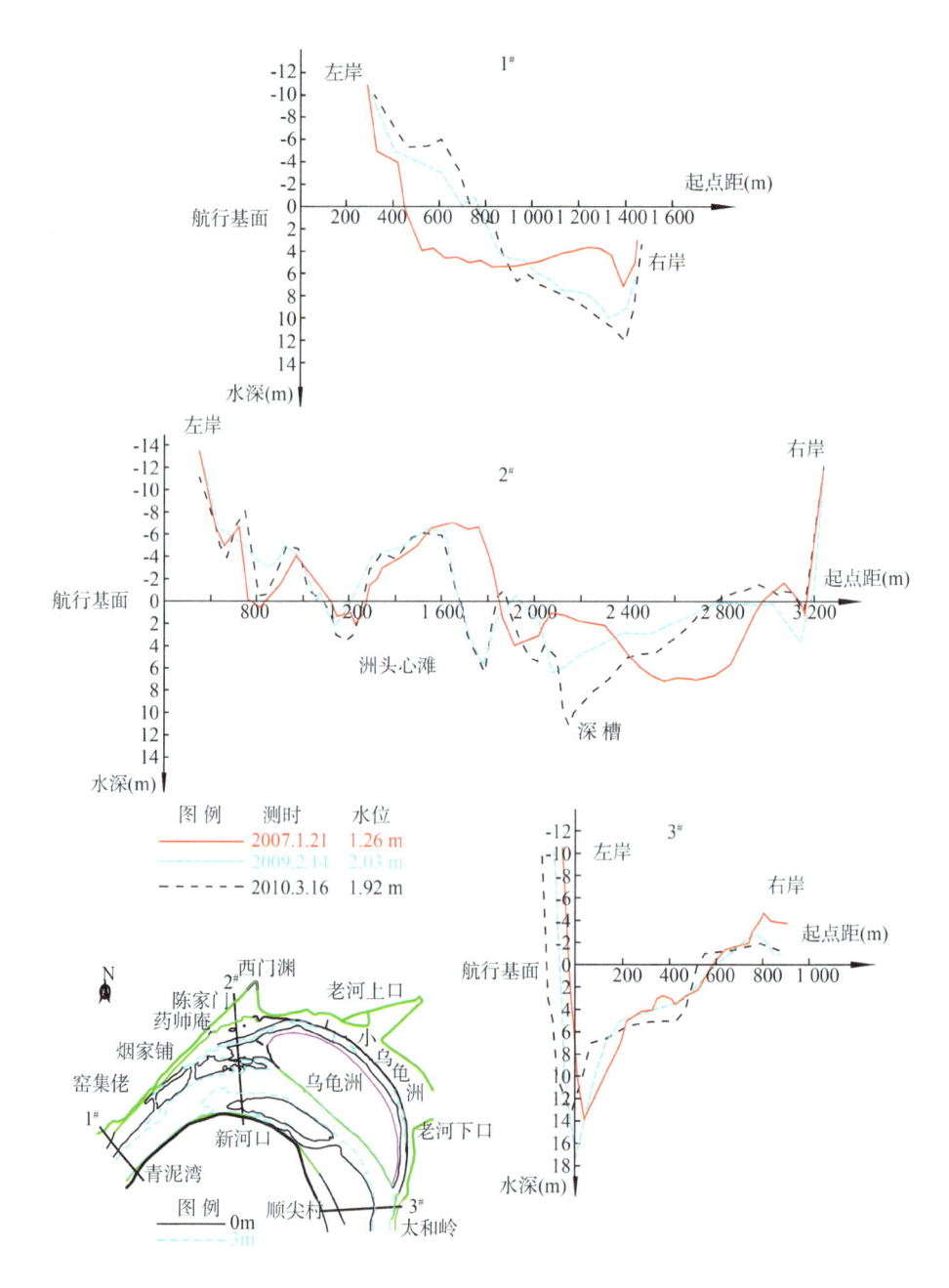

图 6.4-4　窑监河段横断面变化图

"V"形;大马洲水道中间段放宽,有零星江心浅滩,断面多呈不规则"U"形,年际、年内变化较大;大马洲水道出口断面一般为偏"V"形,形态较为稳定(图 6.4-5)。

第6章 下荆江河段航道冲淤及滩槽变化

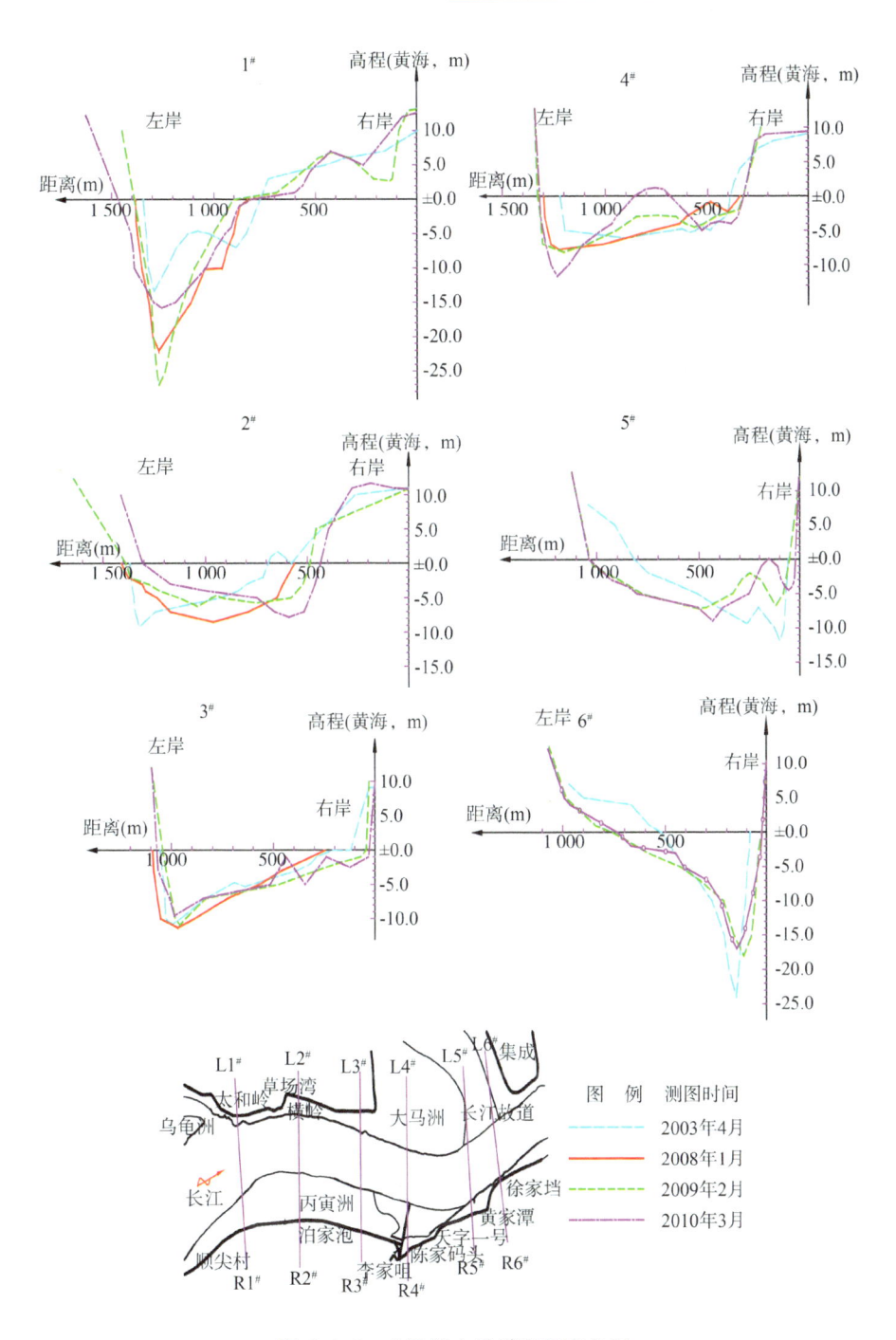

图 6.4-5 大马洲水道横断面变化图

6.5 铁铺—熊家洲河段航道冲淤及滩槽变化

1. 总体冲淤特点

铁铺—熊家洲河段由铁铺、反咀和熊家洲3个水道组成。

（1）铁铺水道。

铁铺水道为长顺直过渡段。三峡蓄水前，铁铺水道河势变化较小，基本维持边滩、深槽交错的滩槽格局，河道内过渡段主流上提下挫，边滩冲淤消长，主航槽摆动，不利年份浅滩汛后出浅碍航。三峡蓄水后，铁铺水道以冲刷为主，年内"涨淤落冲"且退水过程河道冲刷自上而下发展。2002年9月—2006年10月，铁铺水道河床冲刷明显，除深槽过渡区局部、广兴洲边滩中上段、南堤子一带河心有所淤积外，其他部位普遍发生冲刷；2006年10月—2009年11月，广兴洲边滩滩头进一步刷低，同时过渡槽淤积。总体来看，三峡蓄水后，广兴洲边滩滩头不断刷低、深槽过渡处局部淤积，铁铺水道主槽仍不稳定。

（2）反咀水道。

反咀水道为急弯段，三峡蓄水前，弯道段总体上不断向急弯发展，上段凸岸冲刷，凹岸淤积明显。三峡蓄水后，反咀弯道段由于弯顶以上凹、凸岸侧均发生冲刷的同时，过河槽及弯顶以下凹岸深槽均发生淤积，所以总体上冲淤基本平衡。反咀弯道段凸岸边滩在大幅刷低的同时，上段新堤子至新垸子过河槽淤积明显，河床向宽浅方向发展。反咀弯道上段滩槽冲淤交替，致使过河槽位置难以稳定(表6.5-1)。

表6.5-1 三峡蓄水以来铁铺、反咀水道年际冲淤量统计

单位：万 m³

时间	铁铺水道	反咀水道
2002.10—2006.10	－2 175	＋590
2006.10—2008.10	＋430	－620
2008.10—2009.11	－485	＋35
2002.10—2009.12	－2 230	＋5

注："＋"为淤积，"－"为冲刷。

(3) 熊家洲水道。

熊家洲水道为顺直过渡段。三峡蓄水前,受反咀弯道出流顶冲影响,进口左岸崩退,右边滩冲淤消长,深泓、航槽随之发生摆动。三峡蓄水后,受上游冲刷泥沙下移影响,熊家洲水道在 2002 年 9 月—2010 年 9 月总体上表现为淤积,淤积体积约 406 万 m³,淤积部位主要发生在过渡段河心。

2. 滩槽变化

(1) 铁铺水道。

铁铺水道进口左岸存在何家铺边滩,中部右岸存在广兴洲边滩。三峡蓄水后,广兴洲边滩冲刷明显,近几年局部航槽淤积逐渐明显,河槽向宽浅方向发展,致使枯水航槽位置更不稳定、浅滩冲刷难度加大。一方面,广兴洲边滩不稳定,滩面始终存在-1 m 窜沟,2003 年以来,边滩上冲下淤且冲刷部位不断下移,特别是 2006 年以来小沙年边滩冲刷迅速,至 2010 年 12 月,边滩主体位置较下、滩头滩体基本冲散;而且,伴随着边滩的大幅冲刷,局部深槽自 2006 年起发生不同程度及范围的淤积,2006 年、2007 年淤积范围及幅度相对较小,主要位于杨林港以上过渡段、淤厚一般在 2 m 左右,2008—2010 年淤积范围下延至盐船套以下、淤厚在 3 m 以上,河床的不利调整逐渐明显。另一方面,何家铺边滩为洪水港弯道凸岸边滩的下段,近期边滩滩尾总体上有所上提,经统计,2010 年,何家铺边滩尾部、广兴洲边滩头部之间的距离约 3.2 km,较 2003 年增加了 1.1 km,这一变化对过渡段水流集中冲槽更不利。

(2) 反咀水道。

反咀弯道段凸岸边滩以冲刷为主,且冲刷自上而下发展,主流呈左摆之势,一些年份出现枯水双槽局面。另外,凸岸上段边滩大幅冲退、凹岸侧边滩略有冲刷,弯道上段中枯水河槽展宽。其中,凸岸上段边滩的冲刷以滩头后退、滩宽减小的方式进行。2003—2006 年,凸岸边滩冲刷幅度较大,滩头下移 1.5 km,-1 m 等深线冲退宽度在 230 m 以上;2006—2009 年,虽然边滩向河心侧有所回淤,但滩头继续下游,至 2009 年 12 月,凸岸东风窝子以上边滩基本冲失。

(3) 熊家洲水道。

1999 年 12 月—2008 年 4 月,反咀弯道出口凹岸边滩基本冲失,并引起熊家洲水道内右边滩冲刷、下移,河道展宽的同时河心淤积,断面形态较宽浅。

3. 深泓变化

(1) 铁铺水道。

三峡蓄水以来,铁铺水道除进口过渡段深泓继续下挫外,深泓平面变化较小。杨林港一带的深泓,2008年以前变化较小,2008年以来发生较明显的下挫;盐船套一带深泓也有小幅摆动,主要体现在年内变化上,枯水期深泓贴左岸而下,中洪水期深泓有所右摆,摆幅在250 m以内。岸线也较稳定,仅在南堤子—新堤子一带有小幅崩退。铁铺水道虽以冲刷为主,但深泓纵剖面并未出现明显冲刷。特别是在深槽过渡段,团洲子—杨林港一带河床高程变化较小的同时,杨林港以下深泓甚至普遍有所淤高。

(2) 反咀水道。

三峡蓄水以来,反咀弯道段岸线变化较小,但河道内边滩、深泓变幅较大,特别是弯道上段。弯道上段深泓很不稳定,呈左摆之势,2008年以前深泓呈不断左摆,最大摆幅在500 m以上,2009年深泓有所右摆。

(3) 熊家洲水道。

受反咀弯道变化影响,熊家洲过渡段深泓发生左摆。

4. 断面形态变化

(1) 铁铺水道。

随着广兴洲边滩上段的冲退,杨林港过渡段河槽趋于宽浅,杨林港过渡段断面由偏"V"形向"U"形发展,随着广兴洲边滩头部遭切割,头部断面发展成"W"形,虽然深泓位置不变,但双槽争流。

(2) 反咀弯道。

随着边滩冲刷,弯道上段中枯水河槽展宽,加之河心淤积,断面形态有偏"V"形向"U"形发展的趋势。而且,2008年以前随着主流的不断左摆,东风窝子附近断面形态呈"W"形、出现过枯水双槽的局面。

(3) 熊家洲水道。

三峡蓄水后,右边滩有所冲刷,河心发生淤积,过渡段河槽较宽浅。

6.6 尺八口水道航道冲淤及滩槽变化

1. 总体冲淤特点

三峡蓄水以来,尺八口水道总体以冲刷为主,2002—2010 年熊家洲弯道段、尺八口过渡段、七弓岭急弯段冲刷量分别为 567 万 m³、1 299 万 m³、422 万 m³。河床以"冲滩淤槽"为主,淤积主要发生在熊家洲弯道凹岸深槽、熊家洲弯道凸岸边滩尾部、过渡段下深槽及七弓岭弯道偏靠凹岸一侧河床,冲刷主要发生在熊家洲弯道凸岸河床的中上段、过渡段左侧河床及右侧近岸河床、七弓岭弯道凸岸河床的中上段及凹岸近岸河床。

2、滩槽形态变化

三峡蓄水以来,尺八口过渡段左侧边滩冲低成槽、右侧深槽淤积,河床趋于宽浅,弯道段则出现枯水双槽的局面。具体分析如下。

(1) 洲滩变化。

上边滩淤积,滩体外缘向左延伸但幅度较小,2004—2009 年滩宽最大增加 275 m。上边滩汛期淤宽,退水冲窄的同时,尾部下延(表 6.6-1)。

下边滩遭切割,2004 年林角佬以上的过渡段、弯顶区域存在心滩,面积分别为 0.07 km²、0.11 km²,但下边滩尚比较完整;至 2007 年,下边滩大幅度冲刷后退的同时,心滩淤长,面积增加至 1.79 km²。此后,下边滩进一步冲刷,至 2009 年位于过渡段的边滩基本冲失,仅弯顶段存在小范围边滩,面积约 0.28 km² (表 6.6-2)。

表 6.6-1　尺八口水道上边滩几何尺度统计表

时间	面积(km²)	长(m)	宽(m)	高(m)
2006.4.23	1.70	3 616	662	2.1
2007.4.24	0.75	2 333	394	3.8
2009.3.29	0.48	1 236	454	1.8
2009.9.6—7	0.43	1 181	385	3.1
2009.11.13—14	0.28	892	377	未测

表 6.6-2　尺八口水道下边滩几何尺度统计表

时间	面积(km²)	长(m)	宽(m)	高(m)
2004.3	0.07	725	130	2.2
	0.11	1 300	120	0.5
2006.4.23	1.19	5 858	354	3.7
2007.4.24	1.79	6 482	533	3.2
2009.3.29	2.31	3 481	866	4.5
2009.9.6—7	2.16	3 297	873	6.7
2009.11.13—14	1.69	2 355	1 139	未测

心滩则上冲下淤,下段淤高展宽,至 2009 年弯道段的心滩宽度达 1 139 km。

(2) 深槽变化。

上深槽左摆,右槽(凹岸槽)上段淤积,与上深槽 3 m 等深线断开;七号岭弯道凸岸侧河床冲深成槽,并不断左摆、上延,2010 年 4 月与上深槽 3 m 等深线贯通而形成左槽,此后左槽进一步冲深发展。

从 3 m 深槽的年内变化来看,2009 年 3—9 月,上深槽冲刷左摆,沟边至二洲子一带过渡段淤积明显,上深槽向右槽过渡的 3 m 等深线断开,同时,左槽淤积;2009 年 9—11 月,上深槽继续左摆,二洲子以下过渡段淤积,右槽上段淤窄,3 m 槽断开距离增大,左槽冲刷左摆,3 m 槽与上深槽断开 700 m 左右。

3. 深泓变化

三峡蓄水以来,深泓平面变化较明显,在尺八口过渡段深泓左摆、下挫,2003—2009 年,过渡段深泓左摆 470 m 左右,由左向右的过渡段深泓下移幅度约为 1.3 km;而且,七号岭弯道凸岸侧深泓已冲深至航行基面以下 10.9 m,致使过渡段以下水流向左、右两岸侧分散,其中,右槽内深泓平面比较稳定,基本上贴右岸侧,而左岸侧倒套向上延伸、左摆。

主深泓(由上深槽过渡至右深槽)平均淤高 2～3 m,且在过渡段存在很明显的浅埂;上深槽至左槽一带,二洲子附近存在浅埂,但深泓冲刷明显。

4. 断面形态变化

二洲子一带过渡段河床左冲右淤,枯水河槽变得宽浅、无明显主槽,断面形态由深槽贴右岸的偏"V"形向深槽不明显的"U"形发展。

第 7 章

城汉河段航道冲淤及滩槽变化

7.1 城汉河段重点河段基本情况

长江中游城汉河段共有 22 个水道(表 7.1-1),重点河段基本情况如下。

1. 界牌河段(杨林山至石码头)

界牌河段为顺直展宽分汊型河道,以谷花洲为界,上段顺直单一、下段分汊,在两岸天然矶头、人工护岸的共同作用下,多年保持长顺直河型。在顺直外形下,交错边滩周期性的平行下移是界牌河段最为显著的演变特征,边滩的平行下移造成了主流、深泓发生相应的频繁摆动,流路的不稳定反过来又作用于洲滩,使得洲滩滩形多变且易被水流切割,与河道内的其他滩体重新组合。界牌河段整治前为长江中游重点碍航水道,整治后航道条件有所改善。

2. 陆溪口水道(赤壁山至刘家墩)

陆溪口水道为鹅头分汊型河道,为长江中游重点浅滩河段之一。河道内主要演变特征为主支汊交替发展,且在其发展过程中伴随着洲滩及河岸的大幅度冲淤变形,浅滩及主流的频繁变形和摆动,时常会出现无明显主槽情况而碍航。

3. 嘉鱼—燕子窝河段(石矶头至殷家角)

嘉鱼—燕子窝河段为"两头窄、中间宽"的藕节状,由嘉鱼、王家渡和燕子窝 3 个水道组成。上段嘉鱼水道呈弯曲放宽状,下段燕子窝水道呈弯曲收缩状,嘉鱼、燕子窝水道之间由顺直段王家渡水道相连。河道内的演变特征为边、心滩的相互消长和深泓线的摆动,以及航槽的左右摆动,嘉鱼水道、燕子窝水道为长江中游主要碍航河段之一；王家渡水道多年来变化不大，航道条件良好。

表 7.1-1　城汉河段各水道航道基本情况

序号	水道名称	平面形态	航道情况	序号	水道名称	平面形态	航道情况
1	仙峰水道	顺直	一般碍航	12	燕子窝水道	顺直分汊	主要碍航
2	道人矶水道	顺直	一般碍航	13	汉金关水道	弯曲	优良
3	杨林岩水道	顺直分汊	良好	14	花口水道	微弯	优良
4	螺山水道	顺直	优良	15	簰洲水道	弯曲分汊	优良
5	界牌水道	顺直分汊	良好	16	水洪口水道	顺直	优良
6	新堤水道	顺直分汊	优良	17	邓家口水道	顺直	优良
7	石头关水道	顺直	优良	18	煤炭洲水道	急弯	优良
8	陆溪口水道	鹅头分汊	一般碍航	19	金口水道	分汊	优良
9	龙口水道	微弯	优良	20	沌口水道	顺直	优良
10	嘉鱼水道	微弯分汊	主要碍航	21	白沙洲水道	顺直分汊	优良
11	王家渡水道	顺直	优良	22	武桥水道	顺直	良好

7.2　界牌河段航道冲淤及滩槽变化

1. 总体冲淤特点

三峡蓄水后，界牌河段有冲有淤，冲淤交替变化。

界牌河段为顺直展宽分汊型河道，以谷花洲为界，上段顺直单一、下段分汊，由于河段顺直段过长，整治前界牌河段河势极不稳定，为长江中游重点碍航浅滩之一。1994—2000 年实施了界牌河段综合治理工程，整治工程实施后界牌河段的河势基本得到控制，河床边界条件得以稳定，消除了过渡段大幅度上提下移的条件，航道条件显著改善。三峡蓄水后，界牌河段尽管径流量变化不大，但输沙量大幅减小，床沙明显粗化，说明三峡蓄水后，界牌河段发生了一定程度的冲刷，冲刷部位：螺山边滩受冲下延、新淤洲头部鱼嘴工程等。为进一步稳定过渡段低滩，促进过渡槽的形成，2012 年 2 月又开始实施界牌河段航道整治二期工程。

2. 滩槽变化

螺山边滩：螺山边滩始终遵循边滩开始下移—边滩消亡—边滩再度形成的演

变规律。1994年,螺山边滩生成后,逐年下移,滩体规模逐年增加,滩面缓慢淤高,到2004年边滩滩尾抵达新堤夹口门后,滩体长度从1994年的4 780 m增长到2004年的12 400 m,滩面高程则从航基面上3.1 m淤高至6.8 m(表7.2-1);螺山边滩抵达新堤夹口门后,滩体不断受到水流切割,滩体中部2004年形成的窜沟逐步发展,螺山边滩解体为心滩与过渡段低滩,两滩之间的窜沟发育成为心滩左槽的出口,目前1 m线已经贯通。心滩滩面在2004年后仍逐年淤高,至今已达到航基面上9.5 m,滩尾也逐年下延;过渡段低滩滩面高程在2007年后基本稳定,但是近两年滩头随着窜沟的发展而冲刷后退,泥沙下行又造成低滩尾部淤积,进一步堵塞新堤夹口门。

表7.2-1 整治后螺山边滩特征值表

时间(年/月)	滩尾距螺山距离(m)	长(m)	宽(m)	滩面最大高程(m)
1994年09月	在螺山以上	4 780	770	−3.1
1995年09月	4 300	3 100	700	−0.1
1997年09月	7 200	3 700	900	−0.5
1998年11月	8 750	6 900	780	−1.2
1999年10月	9 400	7 350	750	−1.5
2000年10月	10 450	5 400	700	−3.3
2001年02月	10 900	5 200	700	−2.8
2002年09月	14 300	7 700	850	−4.9
2003年03月	14 600	9 050	900	−4.5
2003年09月	16 300	11 500	900	−4.8
2004年09月	17 170	12 400	1 030	−6.8
2005年09月	17 100	12 420	1 040	−8.4
2006年08月	17 125	12 450	1 150	−6.9
2007年02月	17 200	7 673	875	−9.5
		4 267	1 155	−9.5
2007年08月	17 125	12 450	1 160	−9.5
2008年03月	17 105	5 199	638	−4.6
		1 812	538	−5.8
		4 172	980	−9.5

(续表)

时间(年/月)	滩尾距螺山距离(m)	长(m)	宽(m)	滩面最大高程(m)
2009年02月	17 000	5 575	789	−8.1
		4 651	974	−9.3
2010年02月	17 150	5 783	855	−9.5
		4 525	1 296	−8.4

注："−"代表水面以上。

单一段的冲淤分布较好地反映了螺山边滩的下移过程,2004年至2007年,河道左侧的淤积部位主要集中在伍家墩至朱家墩,朱家墩以下明显冲刷,这与这一阶段新堤夹进口航槽宽深是对应的。2007年到2009年,螺山边滩下移至新堤夹口门后,连续两年淤积,但是2009年至2010年,滩面中下部有不同程度的冲刷,尤其是贴过渡段的右缘,冲蚀明显。三峡蓄水后,上边滩滩尾的冲刷主要集中在2004年至2007年之间,其后冲淤交替。分汊段规律也十分明显,蓄水后,新堤夹总体呈淤积状态,而右汊内逐年冲刷。

上边滩:随着螺山边滩的下移,从2001年开始,上边滩持续萎缩,至今过渡段区域的已建丁坝前沿已无滩。不过,随着儒溪边滩的逐年淤高长大,滩尾逐年下延,右槽进口又开始形成新的滩体。

由此可见,综合治理工程实施以后,鱼嘴以上河道内洲滩仍未得到有效控制,河段内的主流与深泓也随着交错边滩的平行下移而频繁摆动。沿程的断面变化也反映了综合治理工程后,交错边滩下移的过程。边滩经过时,引起了相应一侧河槽的大冲大淤,滩槽格局仍不稳定。尤其是鱼嘴前沿,先是随着上边滩的尾部淤宽,主流走新堤夹,过渡段水深恶化,航路弃走过渡槽;随后,螺山边滩下移堵塞新堤夹口门,上边滩尾部冲失,主流与深泓回到过渡段,其水深也逐渐好转。

3. 深泓线变化

从平面变化来看,右汊深泓相对稳定,仅进口段随着上边滩尾部的冲淤消长而有所摆动。新堤夹上段由于河面较宽,深泓摆幅较大,而下段河面较窄,摆幅较小,平面位置较稳定。两届大洪水后,新堤夹加速发展,深泓在新堤夹上段向右有较大幅度摆动;2001年后,由于螺山边滩下移,新堤夹进口水流受到限制,进口深泓逐渐右偏,上段逐年向左回摆,深泓逐渐弯曲。2005年,新堤夹进口深泓进一步右偏,靠近鱼嘴;夹内中段深泓变化很大,向左偏移了约 500 m,主流贴岸,此后新堤夹由于快速萎缩,水动力强度下降,平面深泓基本稳定,见图 7.2-1。

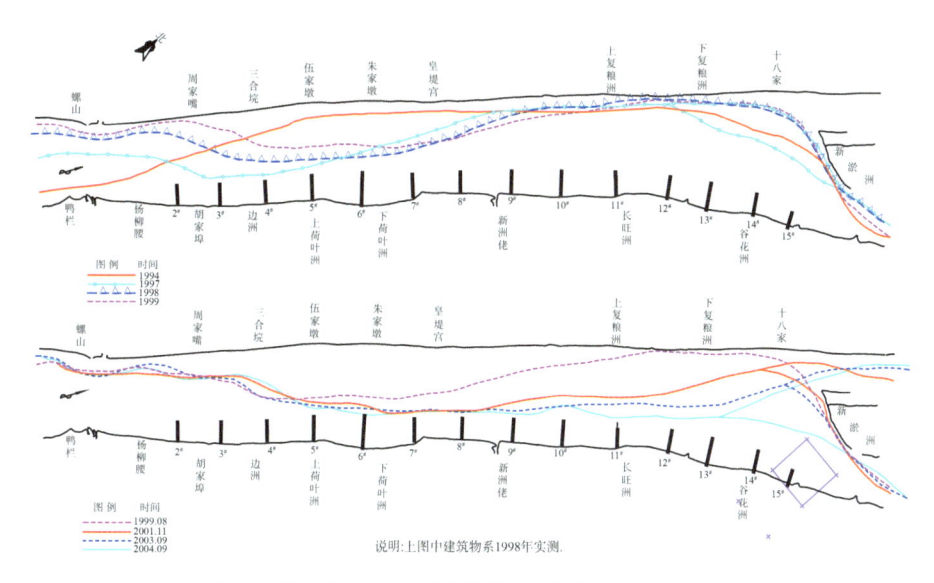

(a) 三峡水库蓄水前后界牌河段深泓平面变化示意图(1994—2004 年)

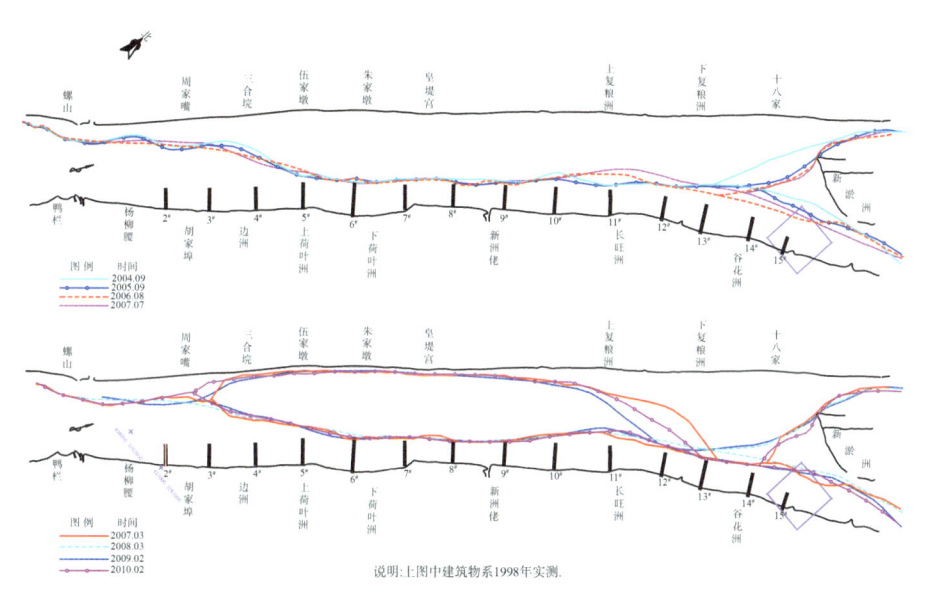

(b) 三峡水库蓄水前后界牌河段深泓平面变化示意图(2005—2010 年)

图 7.2-1 三峡水库蓄水前后界牌河段深泓平面变化示意图

从深泓纵剖面以及断面变化来看,大洪水之前,新堤夹就已出现了冲刷变深趋势,但幅度不大,这一阶段新淤洲右汊冲淤交替,没有趋势性的规律;连续两届大洪水后,由于大水取直,新堤夹冲开并迅速发展,深泓最大冲深达 8 m,一直到 2002 年初,夹内深泓最大冲深在 11 m 左右,与此相应的右汊在大水后到 2002 年,总体一直处于淤积状态;2003 年以后,由于螺山边滩已逐渐接近新堤夹,夹内总体上已开始呈现淤积的迹象,2007 年以后,随着螺山边滩进一步堵塞新堤夹,其分流比逐渐减小,夹内深泓加快淤浅,而右汊深泓则逐渐冲深,见图 7.2-2、图 7.2-3。

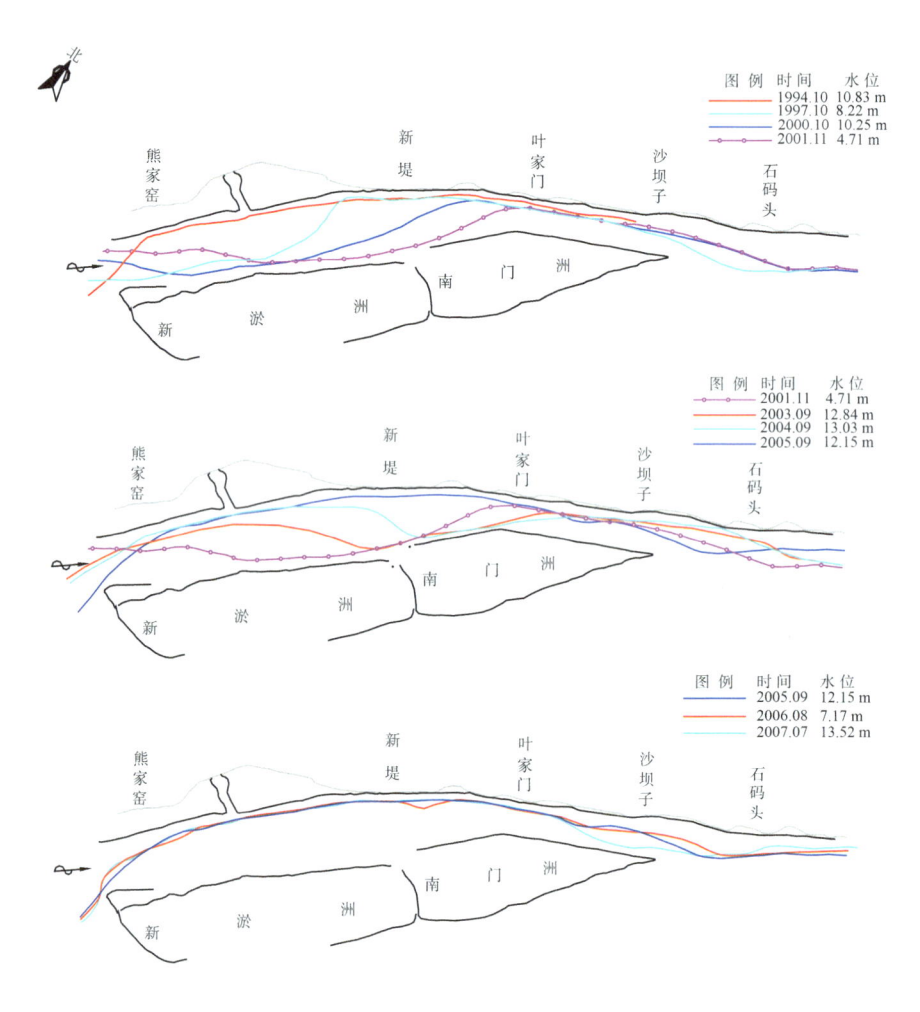

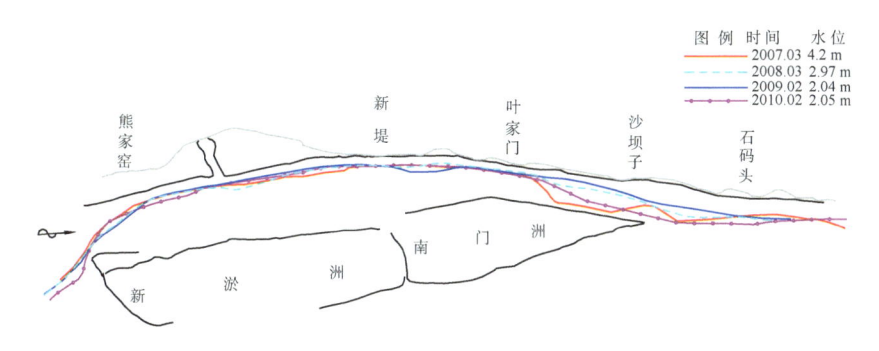

图 7.2-2　三峡水库蓄水前后新堤夹深泓平面变化示意图

4. 代表性横断面冲淤变化

在界牌河段内布置 10 个代表性断面,对断面地形冲淤变化特征进行分析(图 7.2-4)。

邹家码头断面(CS01):枯水河宽约 1 100 m。2009 年至 2010 年河槽形态变化不大,河段内有冲有淤。2009 年 3 月至 2009 年 8 月,深槽淤积,淤积最大达 3.8 m,之后为逐年冲刷,最大冲深为 4.0 m,河道呈"U"形,断面冲刷特性主要表现为"冲槽"。

袁家墩断面(CS02):枯水河宽约 850 m。左侧为深槽,右侧为边滩。2009 年 3 月至 2009 年 8 月,滩槽均有一定程度的冲刷;2009 年 8 月后,滩槽又有所淤积,变化程度均不大,断面形态较稳定。

上荷叶洲断面(CS03):枯水河宽约 1 250 m。断面呈"U"形,左侧为深槽,右侧为上边滩。三峡蓄水后,左侧深槽冲刷,右侧边滩淤积,枯水河宽缩窄约 400 m。2009 年以后,断面形态基本稳定,变化不大,该断面三峡蓄水后冲刷特性主要表现为"冲槽淤滩"。

下荷叶洲断面(CS04):枯水河宽约 950 m。断面形态呈马鞍形,有左右两个深槽,中间为江心洲洲体。三峡蓄水后,该断面冲淤特性表现为"冲槽淤滩"。位于左侧的深槽蓄水后一直处于冲刷状态,河床以下切为主,横向变化不大;右侧的深槽三峡蓄水后也处于持续冲刷状态,冲刷幅度较大,最大冲深约 4.8 m,河床在下切的过程中也逐渐缩窄;位于中部的江心洲洲体则逐年淤积,淤积最大幅度达 9.7 m。

(a)

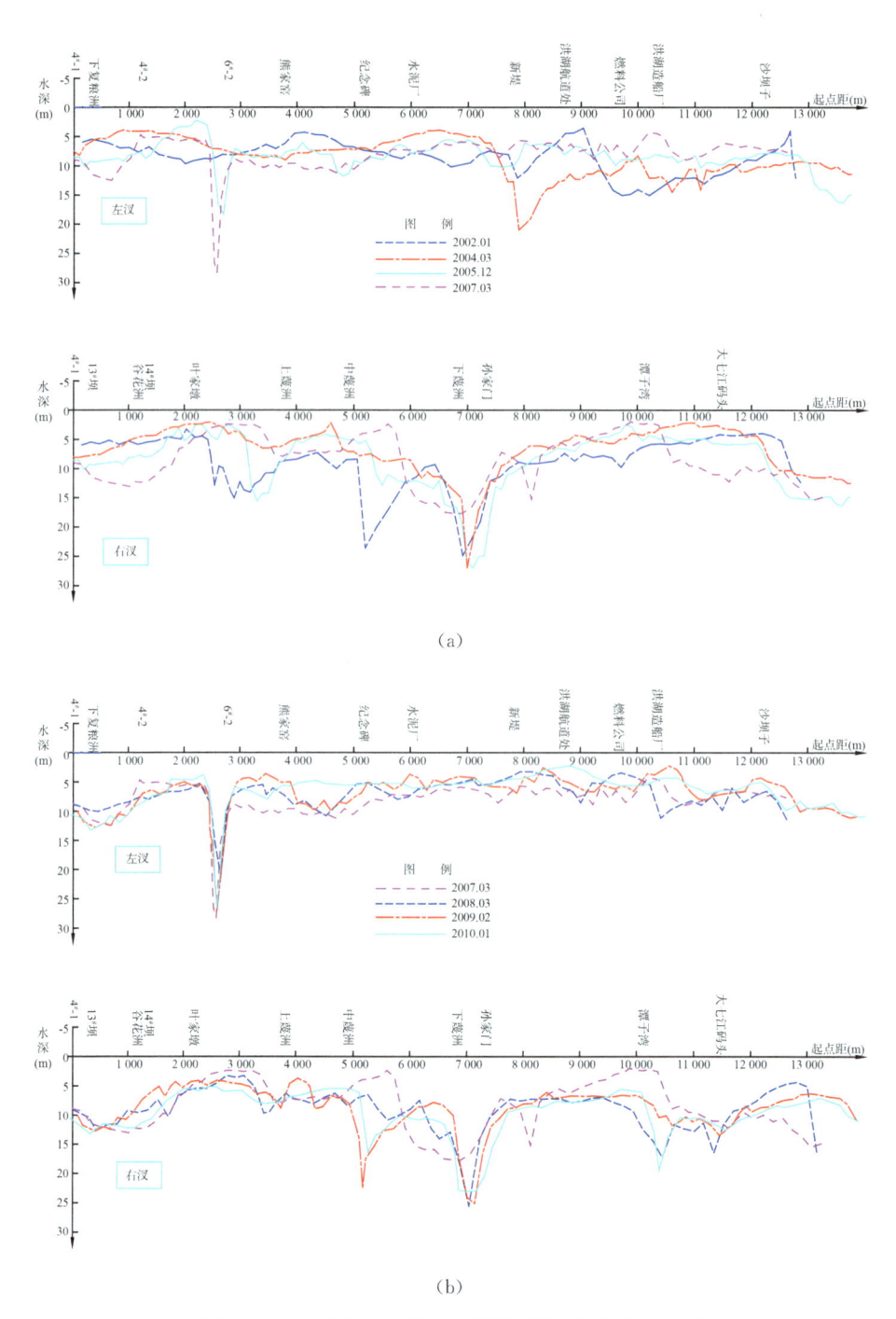

(b)

图 7.2-3 三峡蓄水前后左右汊深泓纵剖面年际变化图

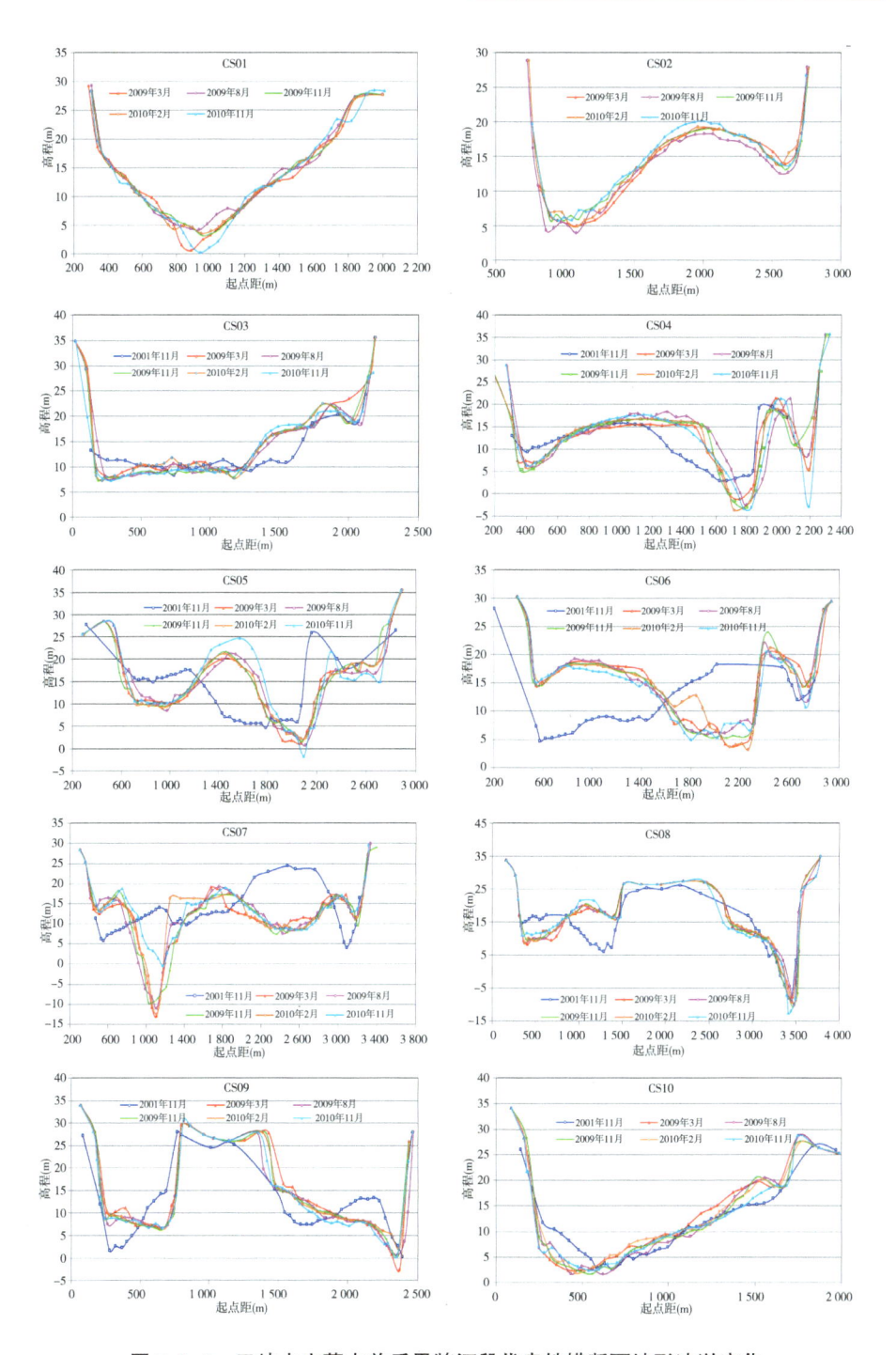

第 7 章 城汉河段航道冲淤及滩槽变化

图 7.2-4 三峡水库蓄水前后界牌河段代表性横断面地形冲淤变化

胡家墩断面(CS05)：枯水河宽约 1 080 m。断面形态呈马鞍形，有左右两个深槽，中间为江心洲洲体。三峡蓄水后，该断面冲淤特性表现为"冲槽淤滩"。位于左侧的深槽蓄水后一直处于冲刷状态，河床下切的同时逐渐展宽，最大冲深约 7.6 m，深槽明显，且呈"U"形；右侧的深槽三峡蓄水后也处于持续冲刷状态，冲刷幅度较大，最大冲深约 7.7 m，深槽明显右移，呈"V"形；位于中部的江心洲洲体则逐年淤积，淤积最大幅度达 19.0 m，三峡蓄水后，断面形态逐渐向有利方向发展。

长旺洲断面(CS06)：枯水河宽约 850 m。由于低滩的散乱分布，断面形态蓄水前后变化较大。三峡蓄水前的 2001 年 11 月，深槽位于左侧，边滩位于右侧。三峡蓄水后及整治工程的实施，使得深泓右移，深槽右移幅度很大，约 1 300 m；2009 年 3 月后断面形态变化趋于稳定，最右侧的串沟蓄水前后变化不大。

新淤洲洲头叶家墩断面(CS07)：枯水河宽约 2 000 m。该断面位于新淤洲洲头处，变化剧烈。2009 年 3 月至 2009 年 8 月，位于左侧的深槽变化不大，之后逐渐淤积；右侧深槽变化不大。

新淤洲尾部下蕨洲断面(CS08)：枯水河宽约 1 250 m。断面形态呈马鞍形，有左右两个深槽，中间为新淤洲洲体。位于左侧的深槽蓄水后一直处于冲刷状态，最大冲深 6.2 m；右侧的深槽蓄水后形态变化不大，呈"V"形，河床冲刷下切，最大冲深 4.3 m；位于中部的新淤洲洲体变化幅度较大，洲体的左侧逐渐淤积变宽，最大淤积约 13.3 m，该断面冲刷特性也表现为"冲槽淤滩"。

南门洲洲尾潭子湾断面(CS09)：枯水河宽约 1 300 m。断面形态呈马鞍形，有左右两个深槽，中间为南门洲洲体。位于左侧的深槽蓄水后一直处于展宽状态，深槽的左侧淤积，深槽的右侧冲刷，航槽变宽；深槽逐渐由"V"形向"U"形转化。右侧的深槽蓄水后形态也发生了调整，深槽的左侧淤积，右侧冲刷，逐渐呈"V"形。位于中部的南门洲洲体变化幅度不大，有展宽的趋势。

叶家洲断面(CS10)：枯水河宽约 1 000 m，断面形态呈"U"形，深槽位于左侧，蓄水前后断面冲淤变化不大。左侧的深槽蓄水后有所冲刷，且向左偏移约 160 m；右侧边滩蓄水后有所淤积，最大淤积为 3.8 m，断面形态基本没变。

5. 代表性横断面河相系数

表 7.2-2 为界牌河段选取的典型横断面河相系数 ζ，即宽深比 $\left(\dfrac{\sqrt{B}}{h}\right)$。其

中，CS01～CS06 断面位于界牌河段上段的顺直段，CS07～CS10 断面位于界牌河段下段的分汊处。三峡蓄水前河道较为宽浅，从 2001 年 11 月的河相系数来看，CS03 断面位于上荷叶洲断面处，河相系数为 11.34；三峡蓄水及航道整治工程的实施使得界牌河段的滩槽形态发生调整，航槽持续冲刷，航道向窄深方向发展，从 2010 年 11 月的河相系数来看，CS03 断面河相系数为 7.59，从对代表性横断面的分析也可知道该断面三峡蓄水后冲刷特性主要表现为"冲槽淤滩"，其他断面三峡蓄水前后河相系数变化不大，河道冲淤交替变化。

表 7.2-2 河相系数统计表

时间	2001.11（蓄水前）			2010.11（蓄水后）		
断面编号	水面宽(m)	平均水深(m)	河相系数	水面宽(m)	平均水深(m)	河相系数
CS01	—	—	—	941	6.16	4.98
CS02	—	—	—	829	4.85	5.94
CS03	1 268	3.14	11.34	1 225	4.61	7.59
CS04	1 068	5.36	6.10	946	6.28	4.90
CS05	829	6.71	4.29	969	5.57	5.59
CS06	963	5.56	5.58	885	5.71	5.21
CS07	2 170	4.64	10.04	1 903	5.62	7.76
CS08	1 065	7.35	4.44	1 271	6.36	5.61
CS09	1 040	4.94	6.53	1 376	6.12	6.06
CS10	1 090	5.90	5.60	1 155	6.49	5.24

7.3 陆溪口水道航道冲淤及滩槽变化

陆溪口水道在平面形态上呈鹅头分汊河型，上起赤壁山下至刘家墩，赤壁山以下，河床逐渐展宽，至鹅头顶部河宽达 6.5 km，形成了新洲和中洲这两个江心洲滩，近年来分为直港、中港、圆港 3 个汊道，至刘家墩三汊汇合，河宽收缩至 1.3 km。陆溪口水道在演变过程中大部分时期呈现"两洲、一滩、四汊"的格局，江中有中洲、新洲和心滩存在，将水道分为直港、新中港、老中港和园港 4 汊。直港为中洪水航道，航程短，航线顺直，航道比较稳定，但直港进口段存在浅滩碍航问题。新中港一般是主流所在,为枯水航道,新中港具有周期性摆动的特点,在新洲头部形成后不断弯曲下摆,直至下移至老中港位置与老中港重合,然后新洲头部会再次形成新中港,进入下一个循环演变周期。

1. 总体冲淤特点

三峡蓄水后,陆溪口水道冲淤调整幅度较大,为稳定新洲滩体形态,维持分汊河型,陆溪口水道于2004年实施了航道整治工程。航道整治工程实施后,陆溪口水道中港中上段及新洲左缘明显淤积,中港中上段淤积幅度在3 m以上;中港贴中洲的深槽段冲刷,冲刷幅度也在3 m以上;中港出口段同样以淤积为主。相反,直港及新洲右缘全程冲刷,直港平均冲刷幅度也在4 m以上。陆溪口水道"左淤右冲"的现象十分明显。

2. 滩槽变化

(1) 洲滩变化。

陆溪口水道内的主要滩体为新洲、中洲。

新洲:三峡蓄水后及航道整治工程实施前,新洲位于直港和中港之间,其演变特点与河段整体河势调整密切相关。航道整治工程实施以来,工程限制了新洲洲滩头的冲刷后退,滩体基本保持稳定。从新洲低滩0 m等深线年内变化来看,工程后新洲变化较大之处主要发生在洲头及左缘,年内仍遵循着"涨淤落冲"的变化规律,汛期洲头低滩可上延淤长近千米,退水期冲刷也较快,洲头脊坝右侧滩面略有淤高,左侧略有冲刷降低,洲尾年内变化不大。新洲右缘基本稳定,中下段略有冲刷后退,2012年2月与工程建成之初相比最大退幅约150 m,滩体左缘中下段自2008年开始有明显地向中港内淤积的趋势,2012年2月与工程完建之初相比沿程普遍淤积,但总体来看,工程完工以来,低滩面积、滩面最大高程等变化不大(表7.3-1)。

表7.3-1　工程后新洲滩体特征值年际变化统计表

测时	0 m线面积(km²)	5 m线面积(km²)	滩长(m)	滩顶高程(m)
2006年03月	9.33	5.03	6 186.5	13.5
2007年10月	10.36	6.75	6 638.9	13.4
2008年03月	9.90	6.29	6 524.6	13.4
2009年12月	10.40	7.22	6 616.5	13.6

(续表)

测时	0 m 线面积(km²)	5 m 线面积(km²)	滩长(m)	滩顶高程(m)
2010 年 03 月	10.25	7.22	6 611.5	13.4
2011 年 02 月	10.65	7.69	6 579.7	13.8
2012 年 02 月	10.61	7.45	6 524.4	14.1

注：滩顶高程为航基准面以上。

新洲窜沟往往产生于中港出现过度弯曲、阻力增大的情况下，已实施的航道整治工程堵塞了新洲窜沟，从 2007 年至 2012 年，该窜沟和滩脊已有所回淤，今后如若出现特殊水文年份，在大洪水流量持续时间较长时，顺坝工程尾部仍有较强的横向流存在，仍可能在已建滩脊顺坝工程尾部出现切滩，形成新的窜沟。

中洲：中洲已建护岸工程使中洲中上段岸线崩退得到了较好的控制，但其下段及宝塔洲未护岸线在弯道环流作用下，崩退速度和崩退幅度均较大。

2009 年 12 月相对 2005 年初，中洲下段左岸平均崩退约 85 m，局部年最大崩退在 100 m 左右，至 2012 年 2 月与 2009 年 12 月相比较，又持续冲刷后退约 22 m。该段岸线的持续崩退，不利于航道条件的稳定，需要对其进行控制。

(2) 深槽变化。

直港：从陆溪口水道直港 3 m 等深线深槽历年变化图可以看出，大部分年份直港中下段航行条件较好，即使在最不利年份，航行基面下 3.0 m 深槽最窄处宽度也有 130 m，但在直港进口段存在浅包。从 2009 年 6 月测图来看，直港进口靠近潜洲右侧航行基面下 3 m 深槽虽然上下贯通，但最窄处宽度仅 30 m，航行基面下 3 m 深槽宽度不足 80 m 的距离长达 1 000 m，而且在直港出口与中港汇流处，3 m 深槽首次与下游深槽断开。至 2011 年 2 月，直港内航行基面下 3.0 m 深槽虽上下贯通，但在进口处仍存在一个 680 m×100 m 的狭长浅包，这是由于 2011 年为特枯水沙年份，来沙量甚至比 2006 年还少 22.4%，汛期洪峰流量不大，持续时间较短，最大流量仅为 32 900 m³/s(2011 年 6 月 30 日)，大于 30 000 m³/s 流量的时间仅 8 d，汛后 20 000 m³/s 左右的流量持续了约 5 个月，致使直港进口冲刷，分流比增大，但直港进口浅区段在 2011 年 7 月、10 月及 2012 年 2 月，仍分别存在 440 m×65 m、200 m×70 m 和 120 m×40 m 的浅包。2011 年汛后，随着新洲头部右缘淤积体冲刷，直港进口 4 m 深槽刷宽，航道条件转好(图 7.3-1)。

由于直港进口位于弯道凸岸，其河道平面形态决定了泥沙容易在此落淤，因

图 7.3-1　陆溪口水道 4 m 线

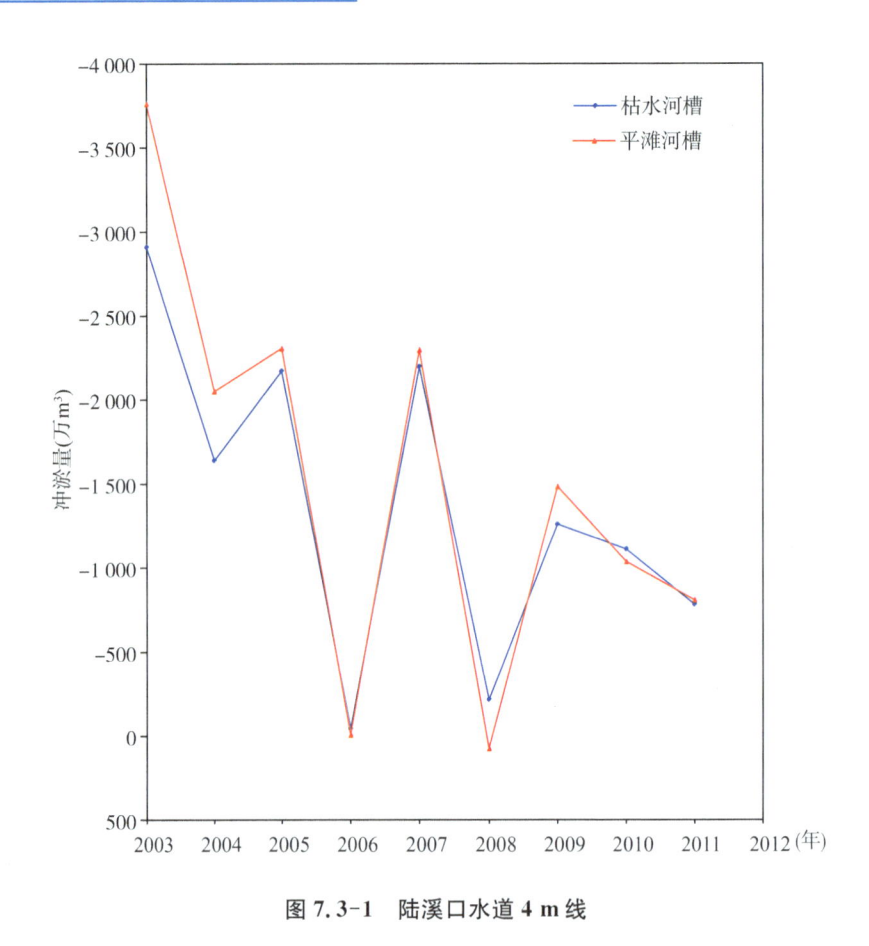

此直港上口浅区淤积物相对较粗,难以冲刷。中、洪水时,直港上口淤积的泥沙在汛后退水过程中,受新洲上段横向漫滩水流的影响,使直港进口段不能集中水流冲刷,虽然已建的滩脊顺坝隔断了部分横向水流,但被隔断的横向水流对增大直港进口分流比有限,使靠近鱼嘴工程边缘冲刷出的深槽宽度受限,同时,漫滩水流冲刷滩面挟带的泥沙落淤在新洲右缘,压缩直港河宽,在一定条件下,突出的滩缘沙嘴被水流切割,也会在直港中段出现航宽不足的问题。据长江航道建设指挥部反映,2009 年 1 月,大约在直港中段湖林村附近,因新洲滩缘切割,导致航宽不足百米。由此看来,以前实施的航道整治工程未能改变直港进口浅区"洪淤枯冲"的演变规律,在上游还有一定来沙量的情况下,遇到不利水文年份,直港进口航道仍存在出浅碍航的可能性。

中港:中港在航道整治工程实施初期,航道条件较好,但之后由于遇到连续的中小水年份,甚至出现了特枯水沙年份,直港进口冲刷,枯水分流比增大,相应的中港分流比减小,进口出现淤积,中港下段未护岸线不断崩退,新洲尾部左侧不断淤长,中港中下段深泓也出现了淤积、航槽变窄的现象。

2007年、2008年汛期过后,中港进口深泓淤积厚度达3.5~5.3 m。至2009年12月,中港沿程深泓较2008年初普遍淤厚1~7 m,平均淤积厚度达4.4 m之多。虽然由于三峡工程蓄水运用后,新洲头部低滩冲刷,使中港进口深泓不断右摆,与中下段凹岸深槽形成交错发展的态势,进口过渡段淤积,水深变浅,但是中港3 m等深线深槽在航道整治工程实施后,始终保持上下贯通,且3 m深槽最窄处在进口,一般年份宽度基本可达200 m以上,4 m等深线上下断开约220 m(图7.3-1),此后4 m深槽随着近年来水来沙条件的变化,出现时通时断现象。2011年汛后,4 m深槽不断冲刷展宽,分流比略有增大,至2012年2月,4 m深槽宽度普遍在200 m以上,航道条件仍然较好。

3. 深泓变化

整治工程实施后,从深泓平面变化来看,束窄段深泓平面位置相对稳定,放宽段尤其是各汊道段的分流区,深泓仍有较为明显的摆动现象:

陆溪口水道深泓平面变化主要集中在分汊进口段,中港进口段深泓年际年左右摆动,尚未有趋势性变化;直港进口深泓左移,由2008年的贴靠右岸摆动至2011年的贴靠新洲头部低滩,最大摆幅达730 m左右,2012年深泓再次摆回右岸侧,这与直港进口较大的年内冲淤幅度有密切的关系。

从深泓纵剖面变化来看,工程实施后,各个河段深泓均以冲刷为主,深泓高凸段冲刷幅度略小:

陆溪口水道直港和中港深泓年内冲淤规律具有相似性,年际冲刷幅度直港显著大于中港。从年内变化来看,直港和中港都是涨水期上段淤积、下段冲刷,退水期则相反,上段冲刷而下段淤积。2009年涨水期,中港上段平均淤积幅度约1.38 m,下段平均冲刷幅度约1.51 m;退水期,中港上段平均冲刷幅度约0.58 m,下段平均淤积幅度约1.55 m。2011年涨水期,直港上段平均淤积幅度约0.41 m,下段平均冲刷幅度约1.13 m;退水期,上段平均冲刷幅度约0.33 m,下段平均淤积幅度约0.11 m。从年际变化来看,工程实施后中港深泓冲淤变化不大,高凸段略有淤积,直港则表现为明显的单向冲刷,2011年初与2008年同期相比,沿程平均冲刷达到1.71 m。直港和中港深泓冲淤与其分流比变化相对应。

4. 断面形态变化

在研究河段内布置 8 个代表性断面，对陆溪口水道三峡蓄水后典型断面地形冲淤变化特征分析如下（图 7.3-2）。

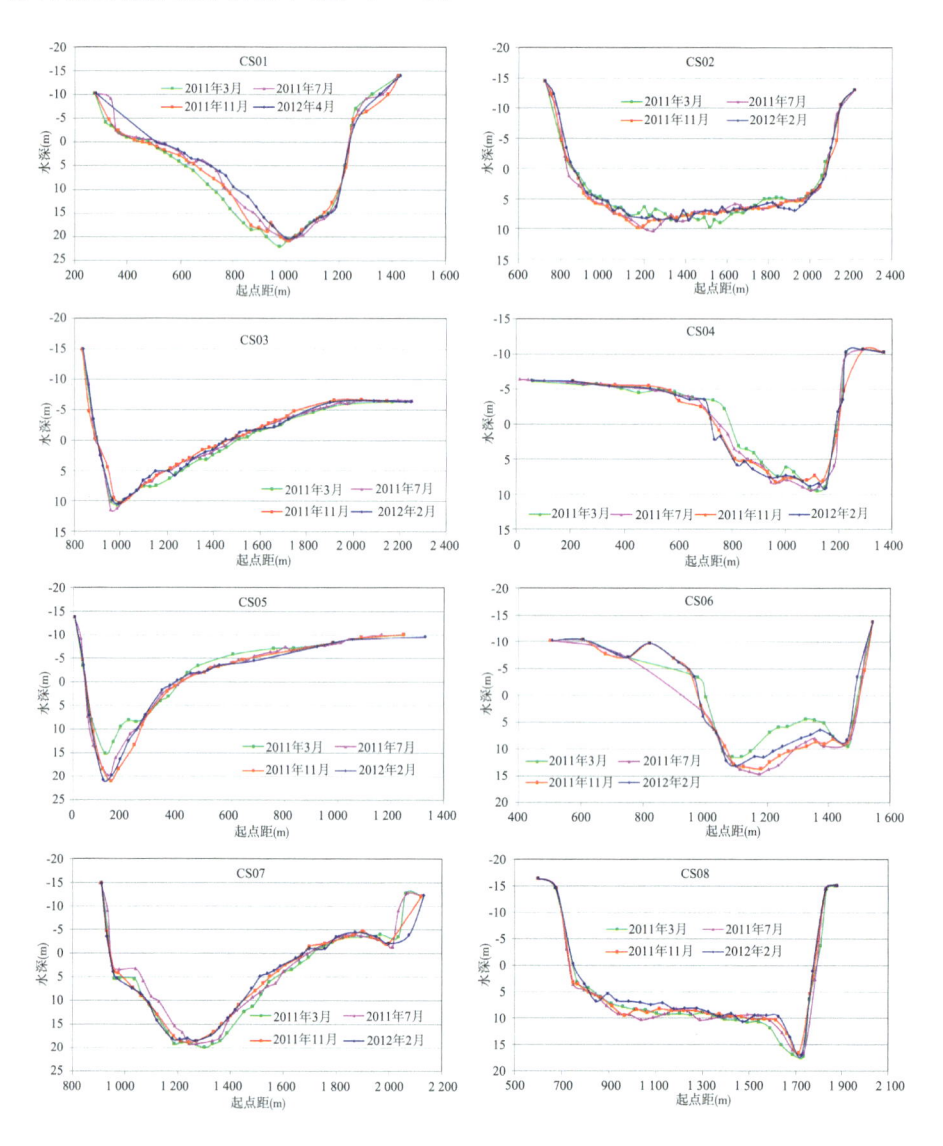

图 7.3-2 三峡蓄水后陆溪口水道代表性横断面地形冲淤变化图

赤壁山断面（CS01）：枯水河宽约 750 m。右侧为深槽，左侧为边滩。2011 年至 2012 年河槽形态变化不大，河段左侧边滩呈现持续淤积的状态，河道右侧深槽冲淤变化幅度不大。

牛头埠断面(CS02):枯水河宽约 1 250 m。断面形态为典型的"U"形,为宽浅型。2011 年 3 月至 2011 年 7 月,深槽的左侧有一定程度的冲刷;2011 年 7 月至 2011 年 11 月,河床变化不大,之后深槽的左侧又有所淤积。断面整体有冲有淤,但变化程度均不大,断面形态较稳定。

中港六合垸断面(CS03):枯水河宽约 550 m。断面呈"V"形,左侧为深槽,右侧为边滩。2011 年 3 月至 2011 年 7 月,深槽有所冲刷;2011 年 7 月以后断面形态基本稳定,变化不大。

直港红庙断面(CS04):枯水河宽约 500 m。断面呈"V"形,右侧为深槽,左侧为边滩。2011 年至 2012 年,深槽呈持续冲刷状态,深槽在冲深的过程中也表现为横向展宽。

直港弯道断面(CS05):枯水河宽约 350 m。断面呈"V"形,左侧为深槽,右侧为边滩。2011 年 3 月至 2011 年 7 月,左侧深槽冲刷幅度较大,最大冲深约 4.6 m;右侧边滩也有所冲刷,最大冲深约 1.8 m。2011 年 7 月以后,断面形态基本稳定,变化不大。

直港刘家墩断面(CS06):枯水河宽约 500 m。断面呈"U"形,深槽位于右侧。2011 年 3 月至 2011 年 7 月,深槽处于冲刷状态,最大冲深约 7.1 m;2011 年 7 月至 2012 年 2 月,深槽又呈现持续淤积,最大淤积约 3.5 m。深槽内冲淤交替,但总体表现为冲刷。

黄思垴断面(CS07):枯水河宽约 750 m。断面呈"V"形。2011 年 3 月至 2011 年 7 月,深槽淤积且缩窄,最大淤积约 2.7 m;2011 年 7 月后,深槽向左移动,至 2012 年 2 月向左移动约 80 m。

邱家湾断面(CS08):枯水河宽约 1 000 m。断面呈"U"形,右侧有一深潭,2011 年 3 月后呈淤积缩窄的趋势。该断面河床冲淤交替,断面形态基本稳定,变化不大。

7.4 嘉鱼—燕子窝河段航道冲淤及滩槽变化

1. 冲淤总体特点

嘉鱼—燕子窝河段是长江中游主要碍航河段之一,为改善河段航道条件,

2005年底开始实施嘉鱼—燕子窝河段航道整治工程,工程以守护洲滩头部为主。工程实施及三峡蓄水后,嘉鱼—燕子窝河段内有冲有淤,总体表现为冲刷。

(1) 2005—2007年冲淤变化。

表7.4-1为2005年2月—2007年3月河床冲淤量统计表。由表可见,嘉鱼—燕子窝河段有冲有淤,总体表现为冲刷,冲刷量为914万 m^3。冲刷量最大区域在石矶头—二矶头段,冲刷量为650万 m^3;平均冲刷深度最大区域在燕子窝右槽,冲深为1.57 m。

表7.4-1　2005—2007年河床冲淤量统计表

区域	冲淤量(万 m^3)	河段面积(km^2)	平均冲淤厚度(m)
石矶头—二矶头	−650	1 195	−0.54
嘉鱼左汊	−172	483	−0.36
嘉鱼中夹	−43	165	−0.26
王家渡水道	+289	484	+0.60
天门堤—上河口	−17	474	−0.04
燕子窝左槽	−124	338	−0.37
燕子窝右槽	−196	125	−1.57
累计	−914	3 264	−0.28

注:"+"表示淤积;"−"表示冲刷。

不同水道冲淤具体变化如下。

嘉鱼水道:嘉鱼水道内有冲有淤,但总体表现为冲刷,冲刷部位主要有复兴洲头低滩冲刷后退,幅度达到2 m左右;护县洲左缘低滩冲刷后退,幅度在1~2 m之间;嘉鱼中夹进口段有冲有淤,其中左侧表现为淤积,右侧表现为冲刷,幅度为2~3 m左右。

王家渡、燕子窝水道:莫家河—丰乐坑一带河道左侧冲刷,右侧淤积。丰乐坑—红卫闸一带河道左侧淤积,右侧冲刷,冲淤幅度基本在2~3 m左右。燕子窝心滩头部以及左、右缘均表现为冲刷后退,尾部表现为淤积下延,其中头部冲刷幅度在2 m左右,心滩右缘的冲刷幅度和范围均较左缘为大,幅度可达4 m以上;心滩尾部淤积的泥沙基本堆积在河道右侧潘家湾一带,淤积幅度达到4 m以上。

燕子窝左槽河床表现为左侧淤积、右侧冲刷,幅度在1~2 m之间;右槽河床表现为左冲右淤,幅度在2~3 m之间。

(2) 2008—2011年冲淤变化。

表7.4-2为2008年4月—2011年3月河床冲淤量统计表。由表可见,嘉鱼—燕子窝河段有冲有淤,总体表现为冲刷,冲刷量为447万 m³。冲刷量以及平均冲刷深度最大的区域均在燕子窝右槽,分别为313万 m³和2.38 m;淤积量以及平均淤积厚度最大的区域均在燕子窝左槽,分别为160万 m³和0.46 m。

表7.4-2　2008年4月—2011年3月河床冲淤量统计表

区域	冲淤量(万 m³)	河段面积(km²)	平均冲淤厚度(m)
石矶头—二矶头	−60	1 204	−0.05
嘉鱼左汊	−64	927	−0.07
嘉鱼中夹	−133	367	−0.36
王家渡水道	−107	484	−0.22
天门堤—上河口	+69	475	+0.15
燕子窝左槽	+160	349	+0.46
燕子窝右槽	−313	132	−2.38
累计	−447	3 938	−0.11

注:"+"表示淤积;"−"表示冲刷。

不同水道冲淤具体变化如下。

嘉鱼水道:2008年4月—2011年3月,复兴洲头受守护工程的影响而保持稳定,淤积幅度为0~3 m左右;洲头已建工程前沿水下低滩有所冲刷,幅度为0~4 m左右。蒋家墩—二矶头之间过渡段航槽总体表现为淤积,幅度为0~3 m左右。护县洲左缘岸线低滩表现为冲刷,幅度为0~3 m左右。嘉鱼中夹有冲有淤,幅度在2 m左右。汪家洲边滩淤积下延的趋势基本消失,表现为高峰岭—蒋家墩一带边滩向河中淤积长大,淤积幅度为3 m左右。

王家渡、燕子窝水道:莫家河—丰乐垸及丰乐垸—红卫闸一带河道均表现为左侧冲刷、右侧淤积,2008年4月—2011年3月冲淤幅度在2 m左右;燕子窝心滩除头部防冲墙和局部护滩带区域有所淤积外,整体表现为"头冲尾淤",其中以左、右缘的冲刷幅度较大,可达4 m以上。燕子窝左槽进口段左侧上河口一带有较大的淤积体出现,平均淤积幅度4 m左右;左槽右侧表现为冲刷,深泓线向心滩左缘摆动。燕子窝右槽表现为冲刷,幅度在1~4 m左右,其中已建工程的两道护底带位置处冲刷幅度达到6 m以上。

2. 滩槽形态变化

(1) 洲滩变化。

图 7.4-1 给出了 2005 年后嘉鱼—燕子窝河段 0 m 等深线变化,由图可见。

① 嘉鱼水道。

汪家洲边滩:2008 年前,嘉鱼水道洲滩变化主要体现在汪家洲边滩、复兴洲洲头及左缘边滩的变化上。当汪家洲边滩淤长下延时,复兴洲洲头冲刷后退或洲头 0 m 线右移。其中,2007 年 3 月与 2005 年 2 月相比,汪家洲边滩淤长下延971 m,到蒋家墩附近;复兴洲头及左缘边滩表现为冲刷后退。

2008 年后,由于复兴洲头护滩带的守护作用,复兴洲洲头及左缘边滩均有所淤积上延,其中洲头上延 304 m;汪家洲向下淤长的趋势得以抑制,滩尾有所上提,2009 年 3 月洲尾上提至八窝墩,与 2007 年 3 月相比,上提了 2 055 m。近年来,汪家洲边滩总体表现为向河心淤长,其中,2011 年 3 月较 2005 年 2 月,八屋墩一带淤长了 144 m。

复兴洲洲头及其左缘边滩:工程实施后,复兴洲洲头及左缘边滩略有淤长并趋于稳定,右缘有所冲刷崩退。其中,2011 年 3 月较 2005 年 2 月,左缘边滩最大淤长幅度为 151 m,右边滩最大崩退幅度为 95 m。

② 燕子窝心滩。

工程实施后,燕子窝心滩头部基本保持稳定,已建工程前沿低滩总体表现为冲刷后退,其中,2007 年 3 月到 2011 年 3 月,心滩头部 0 m 线后退 250 m 左右;心滩左、右缘表现为明显的冲刷崩退,2011 年 3 月与 2005 年 2 月相比,左缘最大崩退 344 m,右缘最大崩退 166 m;滩尾有所淤长;出口潘家湾处形成一个新边滩,滩尾已淤长至陈家墩处,且有继续向下淤长的趋势。

(2) 深槽变化。

图 7.4-2 为嘉鱼—燕子窝河段 3 m 等深线历年变化;图 7.4-3 为嘉鱼—燕子窝河段 5 m 等深线历年变化。

① 嘉鱼水道复兴洲头 3 m 等深线有所后退,幅度为 170 m;3 m 等深线头部表现为左摆。汪家洲边滩尾部有所上提,目前洲尾在蒋家墩附近。护县洲左岸 3 m 等深线和 5 m 等深线均向右侧发展,说明护县洲左缘岸线有所冲刷。

② 2005 年 2 月至 2008 年 4 月,燕子窝心滩头部 3 m 等深线冲刷后退,幅度达到 710 m,上游左岸天门堤—上河口一带淤积,3 m 等深线下挫达到 2 880 m;

第 7 章　城汉河段航道冲淤及滩槽变化

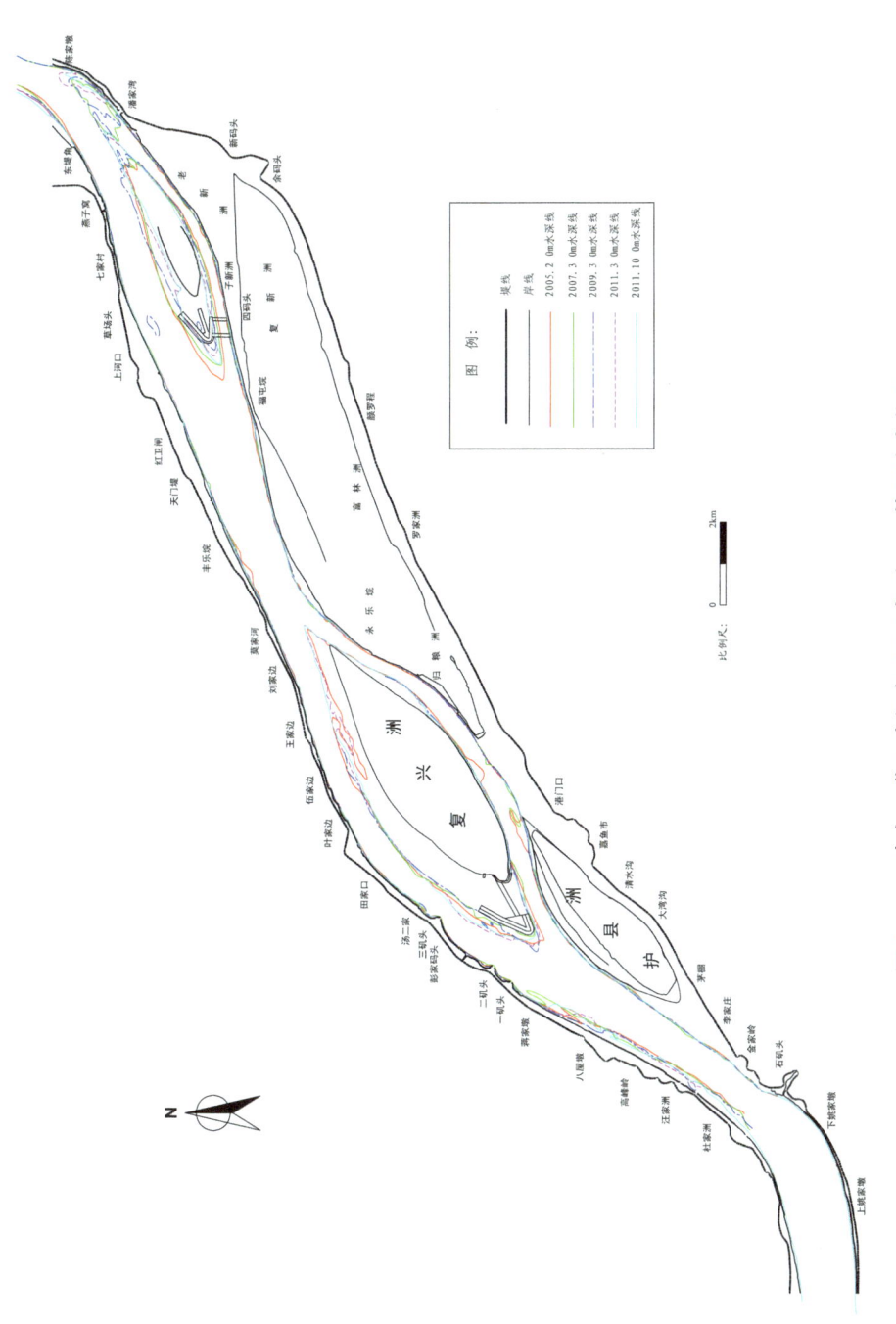

图 7.4-1　嘉鱼—燕子窝河段 2005 年后 0 m 等深线变化图

149

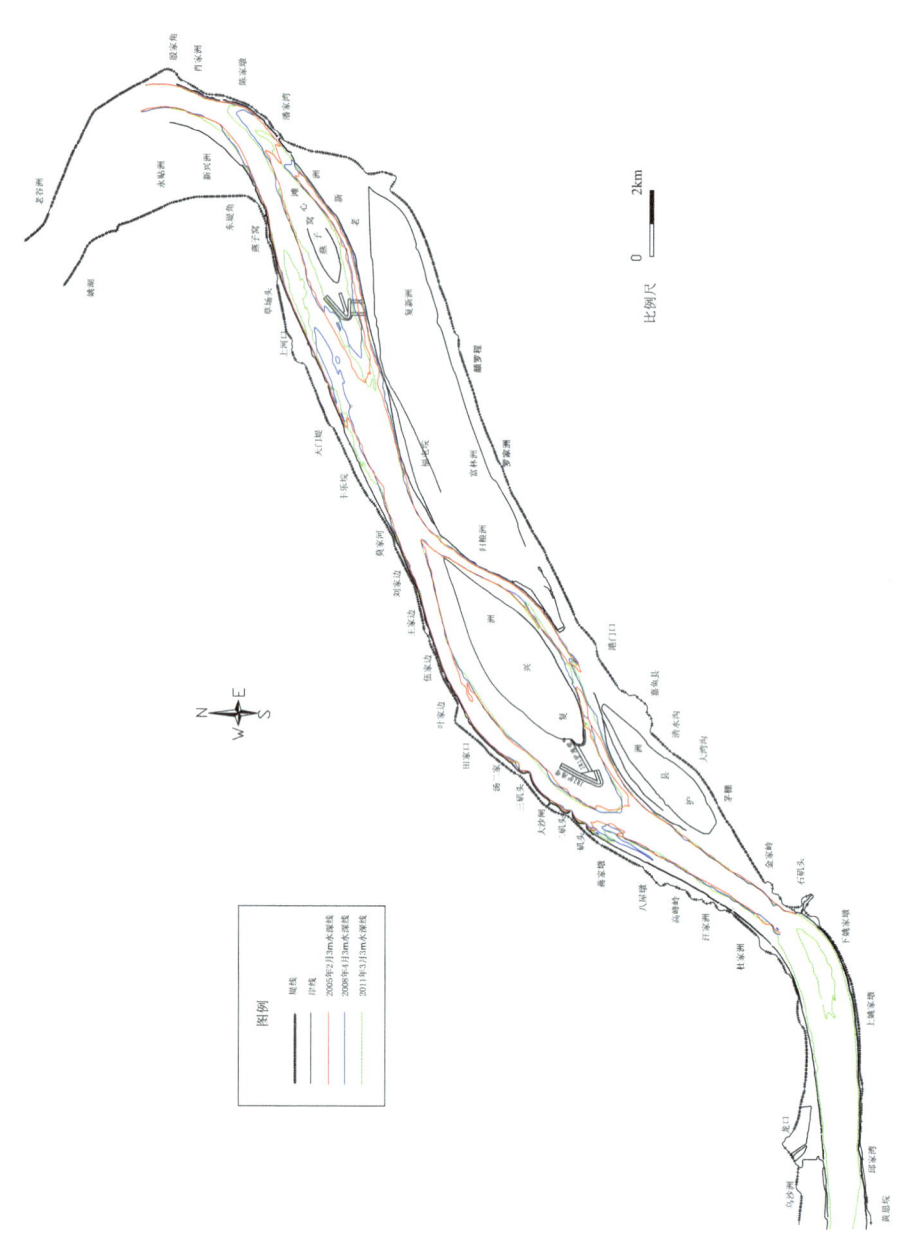

图 7.4-2 嘉鱼—燕子窝河段近期 3 m 等深线变化图

第7章 城汉河段航道冲淤及滩槽变化

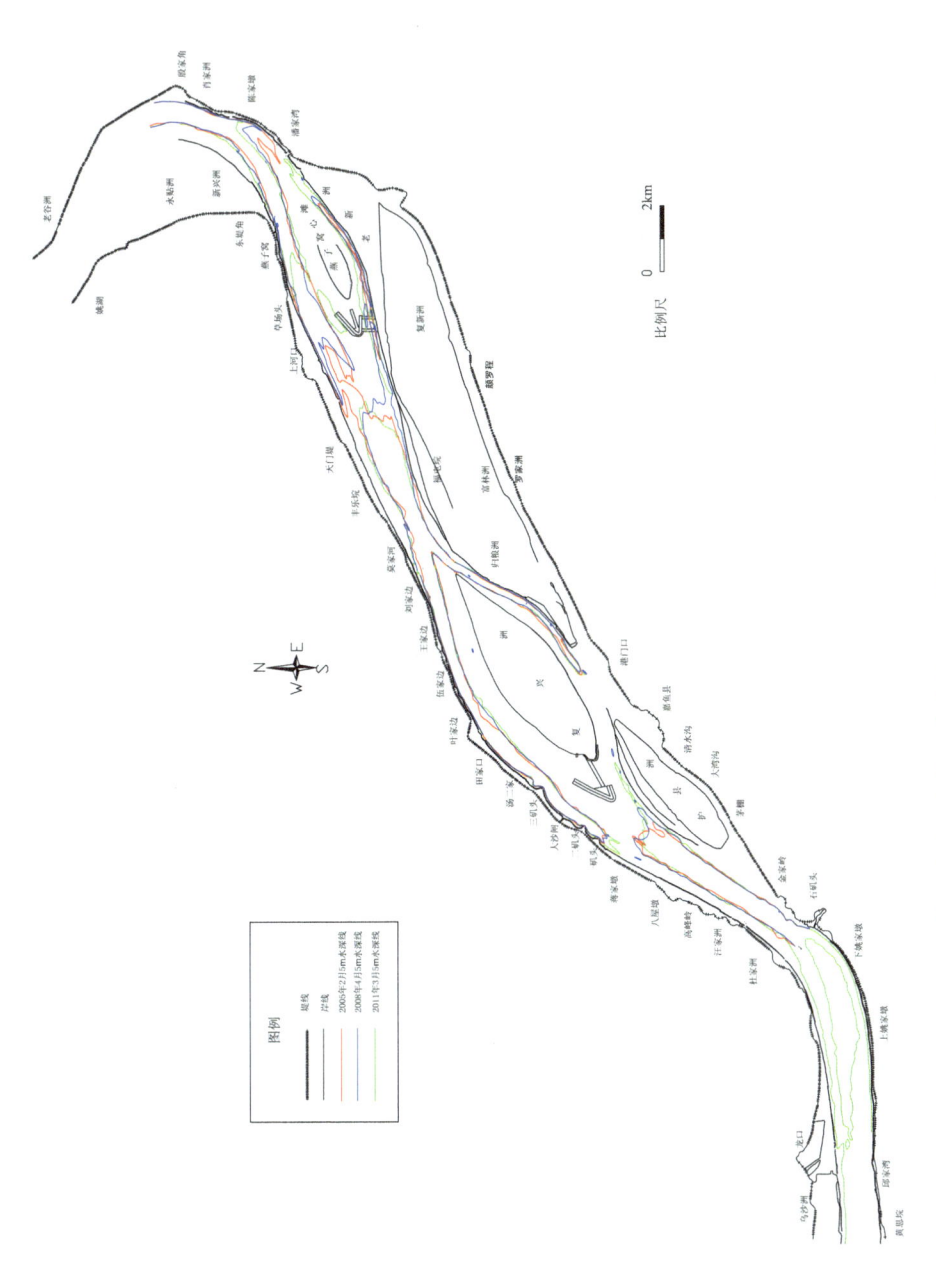

图 7.4-3 嘉鱼—燕子窝河段近期 5 m 等深线变化图

5 m等深线由2005年2月的左槽全线贯通演变为2008年4月的左槽不通,断开达到1 420 m。

2008年4月至2011年3月,燕子窝心滩头部3 m等深线有所上提,洲头已恢复到2005年2月的位置,但宽度变窄,3 m等深线的主要变化表现在滩体中上部的两缘,两缘的3 m等深线均有所后退,最大幅度在300 m左右,滩身表现为缩窄。

3. 深泓变化

图7.4-4为2005年后嘉鱼—燕子窝河段深泓线变化。

(1)嘉鱼水道左汊与中夹进口段的深泓线于2004年2月居河道中间偏左岸,随后,深泓表现为逐年右摆,到2011年2月深泓位置居河道中间偏右岸。

(2)燕子窝心滩上游深泓线年际间表现为下移。燕子窝左槽深泓线表现为逐年向心滩左缘靠近;右槽进口段深泓也表现为逐年偏向心滩右缘。

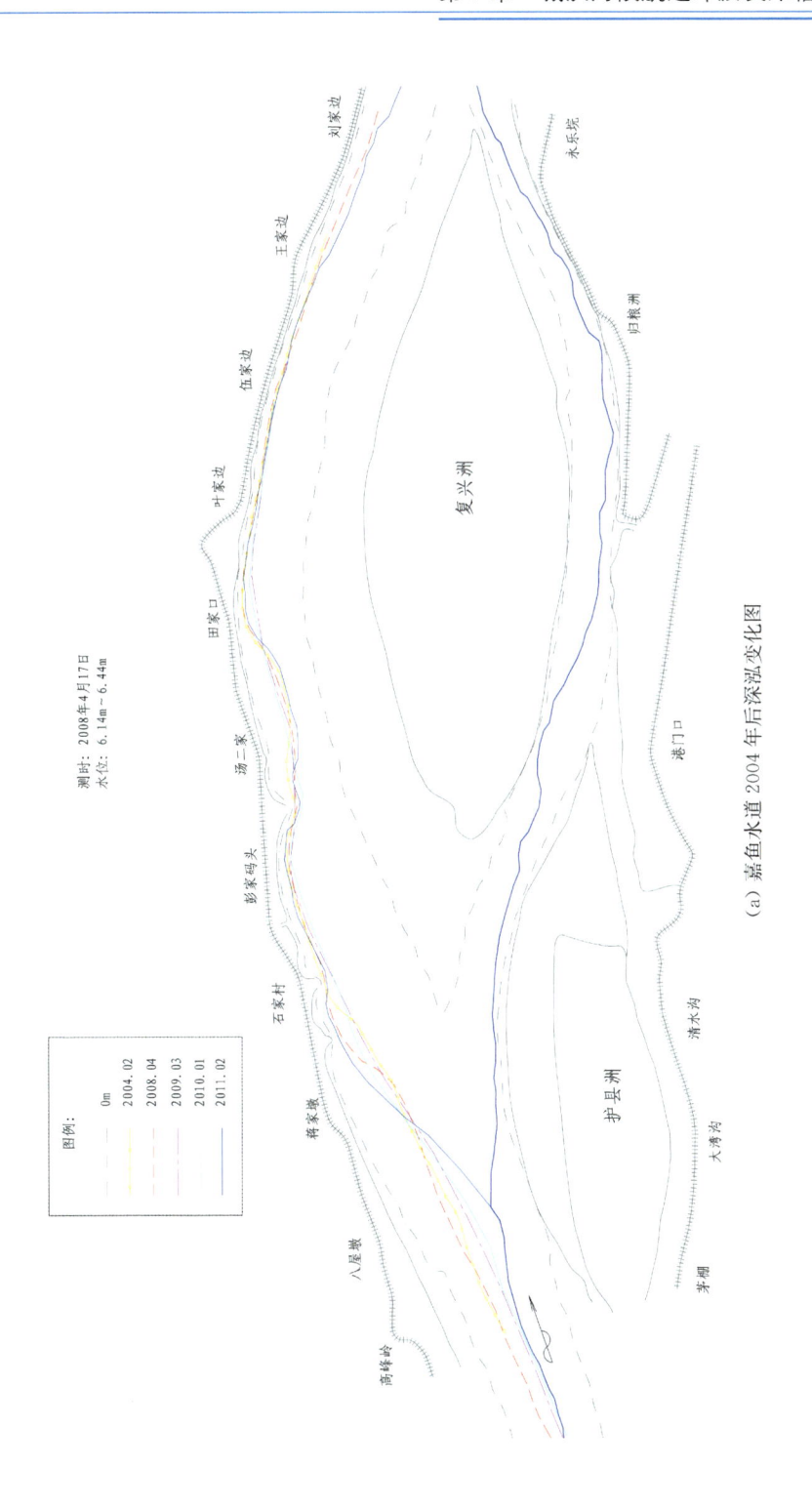

第7章 城汉河段航道冲淤及滩槽变化

(a) 嘉鱼水道 2004 年后深泓变化图

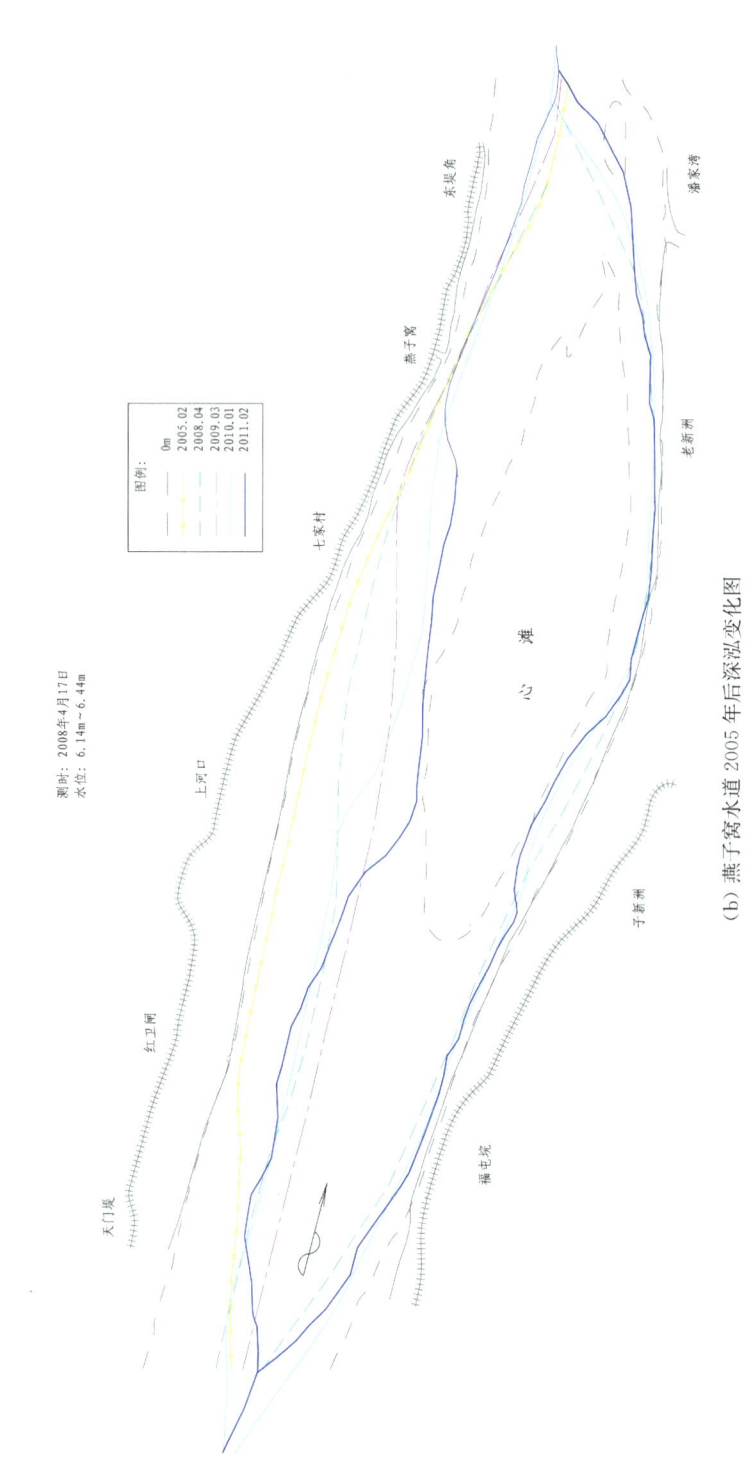

(b) 燕子窝水道 2005 年后深泓变化图

图 7.4-4 嘉鱼—燕子窝水道深泓变化图

第 8 章

宜昌至武汉河段航道冲淤及滩槽变化基本规律

8.1 河床冲淤强度随时间及空间的变化规律

8.1.1 河床冲淤强度随时间的变化规律

图 8.1-1 给出了三峡蓄水后 2002 年 10 月至 2012 年 10 月长江中游宜昌至武汉河段中洪水河槽($Q=30\ 000\ m^3/s$)冲淤强度沿时变化。表 8.1-1 给出了三峡蓄水后 2002 年 10 月至 2012 年 10 月长江中游宜昌至武汉河段不同河槽冲淤强度变化情况。

1. 三峡蓄水后,宜昌至武汉河段中洪水河槽 175 m 蓄水运用前冲深多而 175 m 蓄水运用后冲深少

研究河段即宜昌至武汉河段,三峡蓄水后中洪水河槽冲淤规律表现为:175 m 蓄水运用前冲深多而 175 m 蓄水运用后冲深少。其中,2002 年 10 月至 2003 年 10 月年平均冲刷强度为 139.2 万 m^3/km,2011 年 10 月至 2012 年 10 月年均冲刷强度为 71.1 万 m^3/km,年均冲淤强度显著减小。

宜枝河段中洪水河槽冲刷主要集中在三峡蓄水运用后的前 3 年(2002 年 10 月—2005 年 10 月),中洪水河槽冲刷量为 -8 128 万 m^3,占总冲刷量的 56%;之后冲刷强度逐渐减弱。其中,2002 年 10 月至 2003 年 10 月年平均冲刷强度为 61.9 万 m^3/km,2011 年 10 月至 2012 年 10 月年平均冲刷强度为 13.3 万 m^3/km。

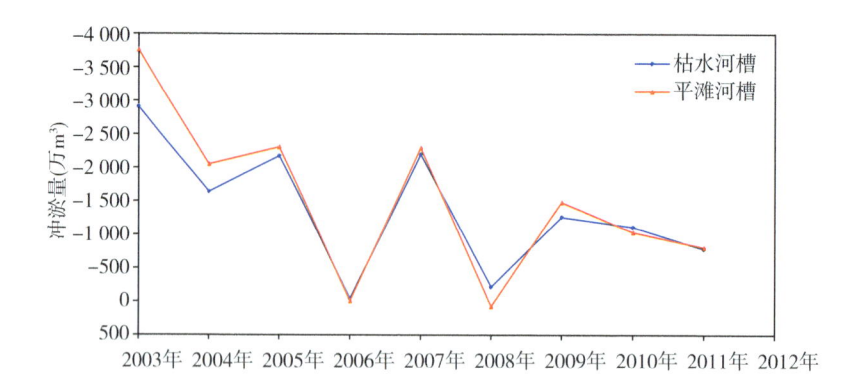

注:图中横坐标2003年指2002年10月—2003年10月时间段,依次类推,下同

图 8.1-1　三峡水库蓄水后宜昌至武汉河段冲淤量沿时变化(中洪水河槽 $Q=30\ 000\ m^3/s$)

表 8.1-1　三峡蓄水后宜昌至武汉河段不同河槽冲淤强度统计表

起止地点	长度(km)	时段	$Q_{平均}$	Q_{max}	冲淤强度(万 m^3/km)				
					枯水槽	基本	中洪水	低滩	高滩
宜枝河段（宜昌至枝城）	60.8	2002.10—2003.10	12 908	47 300	−47.9	−52.7	−61.9	−4.8	−9.2
		2003.10—2004.10	12 770	58 400	−27.0	−28.8	−33.8	−1.8	−4.9
		2004.10—2005.10	14 582	46 900	−35.7	−37.5	−38.0	−1.8	−0.5
		2005.10—2006.10	9 418	29 900	−0.7	−0.4	−0.2	0.4	0.2
		2006.10—2007.10	12 649	46 900	−36.2	−37.8	−37.8	−1.6	−0.1
		2007.10—2008.10	12 743	37 700	−3.6	0.2	1.2	3.8	1.0
		2008.10—2009.10	12 796	39 800	−20.8	−24.9	−25.2	−4.1	−0.3
		2009.10—2010.10	12 602	41 500	−18.3	−17.4	−17.1	0.9	0.3
		2010.10—2011.10	10 527	27 400	−12.9	−13.6	−13.3	−0.7	0.2
		2011.10—2012.10	14 419	46 700	—	—	−13.3	—	—
		2002.10—2012.10	12 541	47 300	—	—	−239.4	—	—
上荆江（枝城至藕池口）	171.7	2002.10—2003.10	12 296	39 800	−13.4	−12.2	−14.0	1.2	−1.7
		2003.10—2004.10	12 025	47 000	−22.7	−26.8	−29.0	−4.1	−2.2
		2004.10—2005.10	13 409	39 400	−23.9	−22.1	−29.0	1.8	−6.9
		2005.10—2006.10	9 265	25 300	5.2	4.7	3.9	−0.5	−0.8
		2006.10—2007.10	11 883	40 200	−24.7	−25.3	−23.3	−0.6	2.0
		2007.10—2008.10	11 924	33 800	−3.6	−3.3	−1.5	0.3	1.9
		2008.10—2009.10	12 236	32 800	−15.2	−15.4	−15.9	−0.2	−0.4

第8章 宜昌至武汉河段航道冲淤及滩槽变化基本规律

(续表)

起止地点	长度(km)	时段	$Q_{平均}$	Q_{max}	冲淤强度(万 m³/km)				
					枯水槽	基本	中洪水	低滩	高滩
上荆江（枝城至藕池口）	171.7	2009.10—2010.10	11 863	34 900	−21.3	−22.0	−22.5	−0.8	−0.4
		2010.10—2011.10	10 308	23 800	−36.2	−36.3	−36.7	−0.1	−0.5
		2011.10—2012.10	13 271	38 100	—	—	−25.0	—	—
		2002.10—2012.10	11 848	47 000	—	—	−192.8	—	—
下荆江（藕池口至城陵矶）	175.5	2002.09—2003.10	11 463	35 800	−23.4	−29.6	−42.3	−6.3	−12.7
		2003.10—2004.10	11 493	41 400	−29.1	−34.8	−45.6	−5.7	−10.8
		2004.10—2005.10	12 874	35 700	−13.0	−16.0	−13.6	−3.0	2.3
		2005.10—2006.10	9 033	23 800	−15.7	−15.4	−19.0	0.3	−3.6
		2006.10—2007.10	11 442	37 000	−3.8	−1.9	3.7	1.8	5.6
		2007.10—2008.10	11 586	30 800	−0.4	−1.0	0.4	−0.7	1.4
		2008.10—2009.10	12 081	33 000	−28.5	−28.9	−31.5	−0.4	−2.6
		2009.10—2010.10	11 388	32 400	−7.3	−5.9	−6.4	1.4	−0.5
		2010.10—2011.10	10 225	23 800	−9.9	−8.4	−7.1	1.4	1.4
		2011.10—2012.10	12 792	34 900	—	—	−3.7	—	—
		2002.10—2012.10	11 438	41 400	—	—	−165.1	—	—
城汉河段（城陵矶至武汉）	228.1	2002.10—2003.10	20 969	57 900	−6.0	−11.2	−21.0	−5.1	−9.9
		2003.10—2004.10	18 422	47 100	4.5	8.9	10.7	4.4	1.8
		2004.10—2005.10	20 304	43 300	−20.8	−20.7	−21.0	0.1	−0.3
		2005.10—2006.10	15 292	33 800	9.1	5.5	5.1	−3.5	−0.5
		2006.10—2007.10	18 022	51 200	−15.1	−14.3	−14.8	0.8	−0.5
		2007.10—2008.10	17 793	40 400	−0.5	5.7	15.6	6.1	10.0
		2008.10—2009.10	19 480	39 500	−1.7	−6.5	−9.6	−4.8	−3.0
		2009.10—2010.10	19 966	47 000	−14.7	−12.5	−12.5	2.2	0.0
		2010.10—2011.10	14 761	32 900	5.3	4.6	7.0	−0.7	2.3
		2011.10—2012.10	21 303	53 300	—	—	−29.1	—	—
		2002.10—2012.10	18 631	57 900	—	—	−69.7	—	—

注："＋"表示淤积；"−"表示冲刷。

下荆江河段三峡蓄水运用后，中洪水河槽冲淤规律也是175 m蓄水运用前冲深多而175 m蓄水运用后冲深少，2003年10月至2004年10月年平均冲刷强度为45.6万 m³/km，2011年10月至2012年10月年平均冲刷强度为3.7万 m³/km。

2. 三峡蓄水后,宜昌至武汉河段中洪水河槽冲淤强度年际间大小交替

宜枝河段三峡蓄水运用后,中洪水河槽冲淤强度年际间大小交替,即前一年份冲深多后一年份就冲深少。如2004年10月至2005年10月中洪水河槽年平均冲刷强度为38.0万 m^3/km,2005年10月至2006年10月中洪水河槽年平均冲刷强度为0.2万 m^3/km;2006年10月至2007年10月中洪水河槽年平均冲刷强度为37.8万 m^3/km,2007年10月至2008年10月中洪水河槽年平均淤积强度为1.2万 m^3/km;2008年10月至2009年10月中洪水河槽年平均冲刷强度为25.2万 m^3/km,2009年10月至2010年10月中洪水河槽年平均冲刷强度为17.1万 m^3/km。

上荆江河段三峡蓄水运用后,中洪水河槽冲淤强度年际间也大小交替。如2004年10月至2005年10月中洪水河槽年平均冲刷强度为29.0万 m^3/km,2005年10月至2006年10月中洪水河槽年平均淤积强度为3.9万 m^3/km;2006年10月至2007年10月中洪水河槽年平均冲刷强度为23.3万 m^3/km,2007年10月至2008年10月中洪水河槽年平均冲刷强度为1.5万 m^3/km。

下荆江河段三峡蓄水运用后,中洪水河槽冲淤强度年际间也大小交替。如2003年10月至2004年10月中洪水河槽年平均冲刷强度为45.6万 m^3/km,2004年10月至2005年10月中洪水河槽年平均冲刷强度为13.6万 m^3/km;2005年10月至2006年10月中洪水河槽年平均冲刷强度为19.0万 m^3/km,2006年10月至2007年10月中洪水河槽年平均淤积强度为3.7万 m^3/km;2008年10月至2009年10月中洪水河槽年平均淤积强度为31.5万 m^3/km,2009年10月至2010年10月中洪水河槽年平均冲刷强度为6.4万 m^3/km。

城汉河段三峡蓄水后更是有冲有淤,年际间冲淤交替。如2004年10月至2005年10月中洪水河槽年平均冲刷强度为21万 m^3/km,2005年10月至2006年10月中洪水河槽年平均淤积强度为5.1万 m^3/km;2006年10月至2007年10月中洪水河槽年平均冲刷强度为14.8万 m^3/km,2007年10月至2008年10月中洪水河槽年平均淤积强度为15.6万 m^3/km;2009年10月至2010年10月中洪水河槽年平均冲刷强度为12.5万 m^3/km,2010年10月至2011年10月中洪水河槽年平均淤积强度为7.0万 m^3/km。

3. 中洪水河槽冲淤强度随时间变化规律与三峡蓄水后水沙条件及河床组成之间的关系

三峡蓄水后,宜昌至武汉河段中洪水河槽175 m蓄水运用前冲深多而175 m蓄水运用后冲深少的变化规律是与三峡蓄水后的水沙条件变化相适应的。研究成果表明:三峡工程蓄水初期,坝下宜昌至武汉河段进口的水沙条件发生了重大变化,径流量变化不大,含沙量大幅度减小,水流处于极度不饱和状态,因此蓄水初期的前3年宜昌至武汉河段冲刷剧烈,但冲积河流具有自动调整的趋向性,即向着动态平衡的方向发展,随着时间的推移,河段内河床冲刷,床沙粗化,水沙条件相对减弱,冲刷强度也随之逐渐减弱。如宜枝河段三峡蓄水前为沙质河床或夹沙卵石河床,三峡蓄水后受来沙减少的影响,河床冲刷,床沙粗化,逐步演变为卵石夹沙河床,河床的抗冲性逐渐增强,宜枝河段目前冲刷量很小。如宜昌河段在2004年已基本实现了冲刷平衡,宜都河段在2009年也基本实现了冲刷平衡。荆江河段床沙主要由细沙组成,其次有卵石或砾石组成的沙质、砂卵质、砂卵砾质河床,可冲刷性大。三峡蓄水后,荆江河段卵石河床下延近5 km,沙质河床也逐年粗化,床沙平均中值粒径由2003年的0.197 mm变为2010年的0.227 mm,增粗幅度为15.2%,床沙呈现一定程度粗化,因此河床的抗冲性也逐年增强。城陵矶至武汉河段床沙大多为现代冲积层,床沙组成以细沙为主,其次是极细沙。三峡蓄水后,河段内床沙也有粗化的趋势,2003—2009年,城陵矶至武汉河段床沙平均中值粒径由0.159 mm变为0.183 mm,增粗幅度为15.1%。

上述演变规律不仅与三峡蓄水后水沙条件的变化有关,还与河段内的河床组成有关。三峡大坝下游大布街以上为沙卵石河段,冲刷幅度有限,将构成局部侵蚀基面,限制其上游冲刷向深度发展,实现冲刷相对平衡的状态相对较短;大布街以下为沙质河段,河段内的冲淤变化就变得相对复杂。

8.1.2 河床冲淤强度随空间的变化规律

图8.1-2给出了三峡蓄水后2002年10月至2012年10月长江中游宜昌至武汉河段中洪水河槽($Q=30\ 000\ \text{m}^3/\text{s}$)冲淤强度沿程变化。由图可知。

1. 三峡水库初期运行十年间,宜昌至武汉河段总体表现为冲刷,且自上至下冲刷强度逐渐减弱

三峡水库初期运行十年间,长江中游宜昌至武汉河段总体表现为冲刷,冲刷强度是自上而下逐渐减弱的,宜枝河段平均冲刷强度为 239.4 万 m³/km,上荆江河段平均冲刷强度为 192.8 万 m³/km,下荆江河段平均冲刷强度为 165.1 万 m³/km,城汉河段平均冲刷强度为 69.6 万 m³/km。

2. 三峡蓄水 135 m 期间,宜昌至武汉河段中洪水河槽表现为上段冲深多、下段冲深少的交替规律

三峡蓄水 135 m 期间,宜枝河段中洪水河槽平均冲刷强度为 133.9 万 m³/km,上荆江河段中洪水河槽平均冲刷强度为 68.1 万 m³/km,下荆江河段中洪水河槽平均冲刷强度为 120.5 万 m³/km,城汉河段中洪水河槽平均冲刷强度为 26.2 万 m³/km。

3. 三峡蓄水 156 m 期间,宜昌至武汉河段中洪水河槽表现为上段冲刷、下段淤积

三峡蓄水 156 m 期间,宜枝河段中洪水河槽平均冲刷强度为 36.6 万 m³/km,上荆江河段中洪水河槽平均冲刷强度为 24.8 万 m³/km,下荆江河段中洪水河槽平均淤积强度为 4.1 万 m³/km,城汉河段中洪水河槽平均淤积强度为 0.8 万 m³/km。

4. 三峡蓄水 175 m 期间,宜昌至武汉河段中洪水河槽总体表现为冲刷,冲刷强度较大的河段仍然位于上段,但冲刷强度最大的河段已经由宜枝河段下移至上荆江河段

三峡蓄水 175 m 期间,宜枝河段中洪水河槽平均冲刷强度为 68.9 万 m³/km,上荆江河段中洪水河槽平均冲刷强度为 100.1 万 m³/km,下荆江河段中洪水河槽平均冲刷强度为 48.7 万 m³/km。城汉河段中洪水河槽平均冲刷强度为 44.2 万 m³/km。冲刷强度最大的河段位于上荆江河段,说明目前坝下冲刷已发展至上荆江河段,随着蓄水时间的推移,冲刷必将逐渐下移。

5. 中洪水河槽冲淤强度随空间的变化规律与三峡蓄水后水沙条件的关系

宜昌至武汉河段三峡蓄水后的河道冲淤变化规律与三峡蓄水后的水沙条件变化是相适应的。研究成果表明:三峡工程蓄水后,宜昌站下泄流量变化不大,长江中游宜昌至武汉河段各水文站径流量的变化可视为来水量年际间的正常变化,说明三峡蓄水运用对宜昌至武汉河段年径流量变化的影响不大。但三峡工程蓄水运用后,入库泥沙减少,加之库区内泥沙大量淤积,因此出库泥沙显著减少,下泄水流处于不饱和状态,与蓄水前相比,宜昌至武汉河段蓄水后的水流条件相对变强,河道必将发生冲刷,且离坝越近水流条件越强,冲刷也就越强,随着距离的增加,沿程泥沙得到补给,含沙量逐渐趋于饱和,水沙条件逐渐减弱,冲刷强度也随之逐渐减弱。

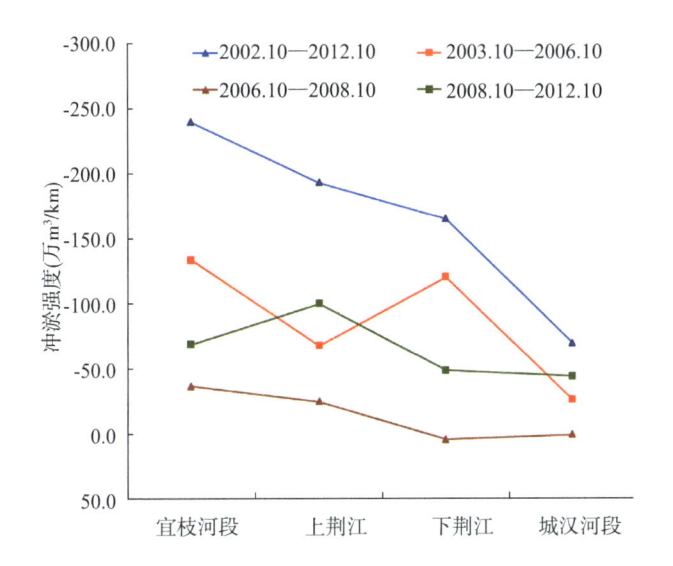

图 8.1-2　三峡蓄水后宜昌至武汉河段河槽冲淤强度沿程变化
(中洪水河槽 $Q=30\ 000\ m^3/s$)

8.2　枯水河槽冲淤规律

8.2.1　枯水河槽与河床冲淤规律一致

枯水河槽是指流量为 5 000 m³/s 时,图 8.2-1～图 8.2-4 为 4 个长河段枯水河槽和中洪水河槽冲淤量沿时变化图,由图可知:宜昌至武汉河段枯水河槽冲淤随时空的变化规律与河床冲淤随时空的变化规律是一致的。

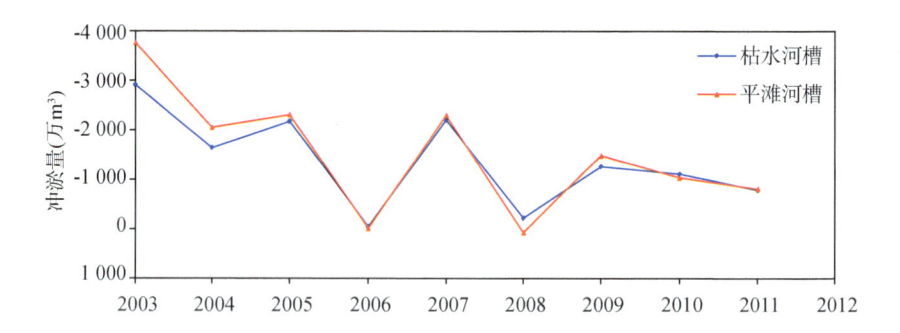

图 8.2-1　三峡蓄水后宜枝河段枯水河槽和平滩河槽冲淤量沿时变化

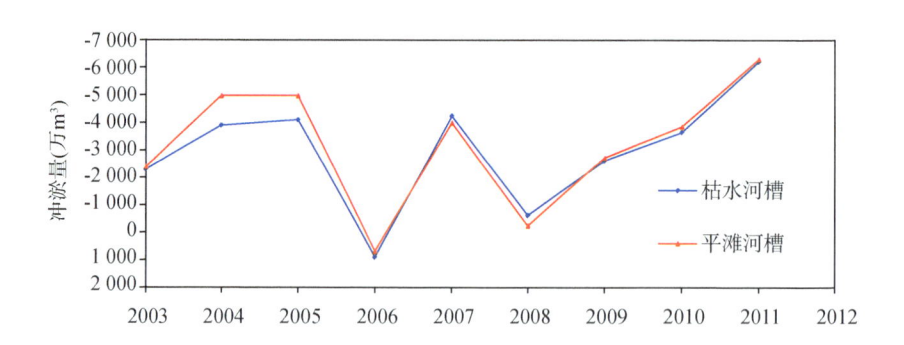

图 8.2-2　三峡蓄水后上荆江河段枯水河槽和平滩冲淤量沿时变化

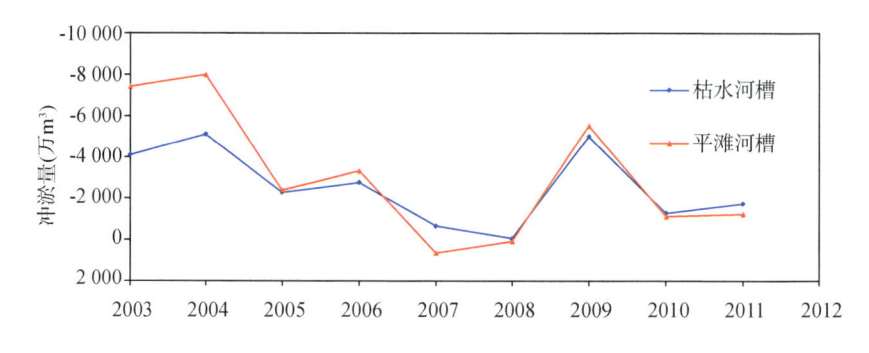

图 8.2-3　三峡蓄水后下荆江河段枯水河槽和平滩冲淤量沿时变化

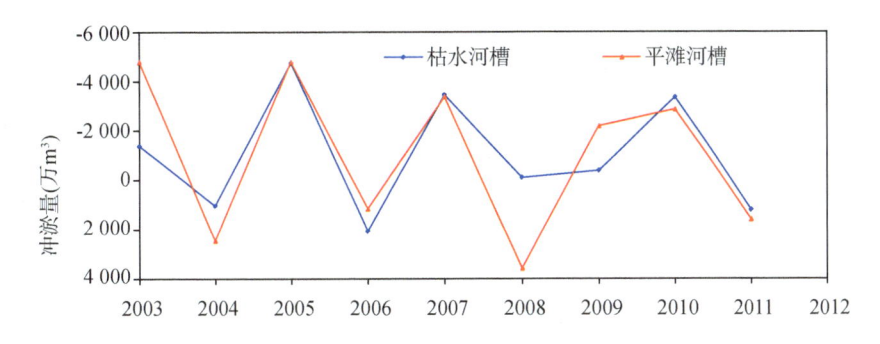

第 8 章 宜昌至武汉河段航道冲淤及滩槽变化基本规律

图 8.2-4 三峡蓄水后城汉河段枯水河槽和平滩冲淤量沿时变化

8.2.2 枯水河槽是河床变形的主体

三峡蓄水后，受边界条件的限制，宜昌至武汉河段枯水河槽是河床变形的主体，即冲刷主要集中在枯水河槽内。

表 8.2-1 为三峡蓄水后宜枝河段枯水河槽和中洪水河槽冲淤量统计表。由表可知：

宜枝河段 2002 年 10 月至 2011 年 10 月枯水河槽的冲刷量为 12 345 万 m³，中洪水河槽的冲刷量为 13 751 万 m³。枯水河槽冲刷量占中洪水河槽冲刷量的 90%，滩地的冲刷量为 1 406 万 m³，占中洪水河槽冲刷量的 10%，枯水河槽的冲刷量远远大于滩地的冲刷量，冲刷的主体为航槽。

表 8.2-1 三峡水库蓄水以来宜枝河段河道泥沙冲淤统计表

起止地点	长度(km)	时段	冲淤量(万 m³)	
			枯水河槽	中洪水河槽
宜枝河段	60.8	2002.10—2003.10	−2 911	−3 765
		2003.10—2004.10	−1 641	−2 054
		2004.11—2005.10	−2 173	−2 309
		2005.10—2006.10	−45	−10
		2006.10—2007.10	−2 199	−2 301
		2007.10—2008.10	−218	71
		2008.10—2009.10	−1 262	−1 533
		2009.10—2010.10	−1 112	−1 039
		2010.10—2011.10	−784	−811
		2002.10—2011.10	−12 345	−13 751

表 8.2-2 为三峡蓄水后荆江河段枯水河槽和中洪水河槽冲淤量统计表。由表可知：

上荆江河段 2002 年 10 月至 2011 年 10 月枯水河槽的冲刷量为 26 742 万 m³，中洪水河槽总冲刷量为 28 814 万 m³。枯水河槽冲刷量占中洪水河槽冲刷量的 93%，滩地的冲刷量为 2 072 万 m³，仅占中洪水河槽冲刷量的 7%。上荆江河段三峡蓄水后，以"冲槽"为主。

下荆江河段 2002 年 10 月至 2011 年 10 月枯水河槽的冲刷量为 22 968 万 m³，中洪水河槽总冲刷量为 28 322 万 m³。枯水河槽冲刷量占中洪水河槽冲刷量的 81%，滩地的冲刷量为 5 354 万 m³，占中洪水河槽冲刷量的 19%。三峡蓄水后前十年，表现为"滩槽同冲"，但深槽的冲刷量远远大于滩地的冲刷量。

表 8.2-2 三峡水库蓄水以来荆江河段河道泥沙冲淤统计表

起止地点	长度(km)	时段	冲淤量(万 m³) 枯水河槽	冲淤量(万 m³) 中洪水河槽
上荆江 （枝城至藕池口）	171.7	2002.10—2003.10	−2 300	−2 396
		2003.10—2004.10	−3 900	−4 982
		2004.11—2005.10	−4 103	−4 980
		2005.10—2006.10	+895	+676
		2006.10—2007.10	−4 240	−3 996
		2007.10—2008.10	−623	−250
		2008.10—2009.10	−2 612	−2 725
		2009.10—2010.10	−3 649	−3 856
		2010.10—2011.10	−6 210	−6 305
		2002.10—2011.10	−26 742	−28 814
下荆江 （藕池口至城陵矶）	175.5	2002.10—2003.10	−4 100	−7 424
		2003.10—2004.10	−5 100	−7 997
		2004.11—2005.10	−2 277	−2 389
		2005.10—2006.10	−2 761	−3 338
		2006.10—2007.10	−659	641
		2007.10—2008.10	−62	+76
		2008.10—2009.10	−4 996	−5 526
		2009.10—2010.10	−1 280	−1 127
		2010.10—2011.10	−1 733	−1 238
		2002.10—2011.10	−22 968	−28 322

(续表)

起止地点	长度(km)	时段	冲淤量(万 m³) 枯水河槽	冲淤量(万 m³) 中洪水河槽
荆江 (枝城至城陵矶)	347.2	2002.10—2003.10	−6 400	−9 820
		2003.10—2004.10	−9 000	−12 979
		2004.11—2005.10	−6 380	−7 369
		2005.10—2006.10	−1 866	−2 662
		2006.10—2007.10	−4 899	−3 355
		2007.10—2008.10	−685	−174
		2008.10—2009.10	−7 608	−8 251
		2009.10—2010.10	−4 929	−4 983
		2010.10—2011.10	−7 943	−7 543
		2002.10—2011.10	−49 710	−57 136

注:"+"表示淤积;"−"表示冲刷。

表 8.2-3 为三峡蓄水后城汉河段枯水河槽和中洪水河槽冲淤量统计表。由表可知:三峡蓄水后,城汉河段有冲有淤,年际间冲淤交替,冲刷主要集中于枯水河槽,淤积主要发生在枯水河槽以上,即总体表现为"冲槽淤滩"。2001 年 10 月至 2011 年 10 月,城汉河段枯水河槽的总冲刷量为 9 087 万 m³,中洪水河槽总冲刷量为 9 247 万 m³,枯水河槽冲刷量占中洪水河槽冲刷量的 98%。

表 8.2-3 三峡水库蓄水后城汉河段河道泥沙冲淤统计表

起止地点	长度(km)	时段	冲淤量(万 m³) 枯水河槽	冲淤量(万 m³) 中洪水河槽
城汉河段	228.1	2001.10—2003.10	−1 374	−4 798
		2003.10—2004.10	+1 033	+2 445
		2004.11—2005.10	−4 742	−4 789
		2005.10—2006.10	+2 071	+1 152
		2006.10—2007.10	−3 443	−3 370
		2007.10—2008.10	−104	+3 567
		2008.10—2009.10	−383	−2 183
		2009.10—2010.10	−3 349	−2 857
		2010.10—2011.10	+1 204	+1 586
		2001.10—2011.10	−9 087	−9 247

8.2.3 深泓沿程变化

1. 沙卵石河段深泓以下切为主

(1) 宜枝河段深泓以下切为主。

宜昌河段三峡蓄水后冲刷主要以纵向下切为主。2002 年 10 月至 2011 年 10 月,宜昌河段深泓纵剖面平均冲刷下切 1.7 m,最大冲深 5.4 m。

宜都河段三峡蓄水后相对于宜昌河段冲刷更明显,2002 年 10 月至 2011 年 10 月,宜都河段深泓纵剖面平均冲刷下切 5.3 m,最大冲深 18.0 m。

(2) 芦家河河段深泓以下切为主。

关洲水道右汊深泓相对较为稳定,进口段深泓高凸,且 2010 年至 2012 年间进口区域深泓有所淤高,向下游基本呈逐渐下降态势;而对左汊而言,左汊进口相对稳定,中下段深泓大幅度冲刷下切,从 2009 年以前的凹凸不平变化为普遍位于 10 m 以下。

芦家河水道由于沙、石泓深槽内可冲层有限,蓄水以来,沙、石泓的深泓高程较为稳定,仅 2005 年至 2006 年沙泓高程变化较为明显,2006 年至今基本稳定;蓄水以来,沙、石泓深泓一直保持较大高差。

(3) 枝江—江口河段深泓也表现为一定程度的冲刷下切。

枝江—江口河段三峡水库蓄水后河段有冲有淤,但总体表现为冲刷,其特点是枝江以上冲刷幅度小于枝江以下,深槽冲刷幅度大于高凸的浅滩段。枝江下浅区、江口过渡段浅滩所在位置高程较高,但由于沙质覆盖层相对较厚,年际之间冲刷较大;枝江上浅区、刘巷附近在蓄水后依然保持稳定,年际之间变化甚小。

2. 沙质河段深泓不稳定,在河道内摆动频繁

(1) 沙质河段深泓很不稳定,在河道内频繁摆动。

太平口水道深泓很不稳定,在河道内频繁摆动。20 世纪 80 年代初期,太平口心滩形成以后,三八滩北汊中下段深泓稳定,进口段横向最大摆动幅度约为 1 km;三八滩南汊深泓 1985 年至 1990 年上提 1.7 km,1990 年后逐年下移,至 1998 年特大洪水前,下移约 2.3 km。2000 年汛后,新三八滩形成后,沙市河段下段深泓小幅上提,至 2003 年,在北汊进口上下移动,移动最大幅度达 3.4 km;三八滩应急工程实施后,北汊进口深泓相对稳定,2005 年与 2004 年相比,摆动幅度不足 500 m。南汊内深泓横向摆动幅度较大,最大摆幅为 700 余米。近年来,太平口水道上段变化不大,但下段变化较大,主要表现在北汊进口段与南汊中段,北汊进口深泓线通常在筲箕子附近上下摆动,2007年9月,北汊进口深泓线下移幅度加大,与2006年9月相比,下移幅度达1.8 km,深泓贴三八滩应急工程左缘侧进入北汊中下段;而南汊深泓线仍保持在荆洲大桥7#孔附近,深泓线相对比较顺直。

瓦口子水道主流很不稳定,深泓在河道内频繁摆动。20世纪80年代中期以前,深泓绝大多数年份位于左槽,少数年份改走右槽,但很快又回到左槽;80年代中期以来,深泓改走右槽的频率增大,且历时有所增长。三峡工程蓄水以来,瓦口子水道深泓仍稳定于左槽,但进口段深泓右摆500 m。

(2) 周天河段主流变化比较大。

周天河段三峡蓄水运用以来至控导工程前,周公堤水道过渡段的主流变化较大,在2005—2006年间,戚家台边滩下游至覃家洲一带的主流下移约1 200 m,这说明在控导工程前,周公堤水道已经出现了主流左摆的迹象,控导工程实施后,该水道的过渡段虽然稳定为上过渡形式,但是主流还在一定幅度内摆动。天星洲水道的主流变化较大,同时由于控导工程均布置在周公堤水道,工程实施后,天星洲水道主流依然有所摆动,其中,在茅林口一带,由于水面展宽,加上天星洲滩头年际间呈现往复冲淤的变化,导致过渡段主流不稳,左右摆动较大,造成天星洲左缘冲刷后退。

(3) 碾子湾河段深泓摆动幅度很大。

藕池口水道深泓摆动幅度很大。藕池口水道自1999年汛后,倒口窑心滩生成分左汊上段为左、右槽后,形成两槽争流、多数年份左槽占优的局面,并且随着倒口窑心滩长大、下移并逐渐向藕池口心滩并拢,右槽分流比逐渐减小。1999年10月右槽刚生成时,呈直线自沙埠矶对开河心向左岸向家台上900 m过渡进入下深槽,此后逐年挫弯右摆下移,至2000年11月已右摆约600 m,同时,左岸顶冲点下移至向家台,到2002年,倒口窑心滩并入藕池口心滩前,右汊最大右摆幅度达1 300 m,而左岸顶冲点则变化较小,此时右槽深泓线较1999年增长约1 200 m。2003年,新的倒口窑心滩生成,新右槽的深泓线大幅度上提,在1999年10月的老右槽之上,此后右槽再次逐年挫弯右摆下移,近期主流位于左槽内,随着倒口窑心滩的不断右移,右槽也随之不断右摆。

碾子湾水道蓄水前深泓变化主要在两个位置,一处为石首至金鱼洲,即由石首弯道进入碾子湾弯道处,深泓摆幅在260 m;另一处为由柴码头至寡妇夹的过渡段,深泓摆动幅度为350 m。三峡蓄水后,深泓变化大体如下：三峡蓄水135 m期间,深泓在鱼尾洲附近摆动加剧,摆动幅度达550多米;在柴码头至鲁家湾深泓摆动较大,达360 m,并在进入河口水道时有一定摆动。三峡蓄水156 m、175 m期间,与上一阶段类似,鱼尾洲处深泓摆幅增大,达800 m,而后贴北碾子湾下行后,在柴码头至寡妇夹间出现第二个大幅摆动区,深泓摆动幅度为430 m,并在进入河口水道弯道处出现摆动。

(4) 莱家铺水道深泓摆动幅度大。

中洲子裁弯至三峡蓄水前,莱家铺水道弯道进口过渡段及下游顺直放宽段深泓发生了剧烈调整。具体来看,莱家铺水道进口八十丈附近岸段1973年5月至1995年11月,深泓不断右偏,偏幅在180 m左右,此后基本保持稳定;弯顶上段南河口一带原进口口门淤积,深泓向右偏转,同时可以看出,莱家铺弯道进口段水深相对较浅。三峡蓄水后,河道仍在剧烈变化,主要表现为弯道段及放宽过渡段局部河床形态的调整,深泓及主流在弯道上段及过渡段摆幅仍然较大。具体表现在莱家铺水道弯曲段深泓摆幅加大并总体上向凸岸侧摆动,出现明显的凸冲凹淤现象,莱家铺弯顶上段深泓摆幅相对有所减小;而弯顶中段南河口一方家夹段摆动幅度加大,顶冲点呈下移态势;弯顶下段方家夹附近深泓呈往复摆动,且摆幅较大。莱家铺水道顺直放宽段左岸方家夹以下主流贴流段未护岸线持续崩退,河道展宽,深泓由三峡蓄水前的单向左摆变成左右摆动,年际最大摆动幅度为220 m,年内摆动幅度更大,如2009年2月至9月,深泓摆幅为370 m,且深泓摆动的范围长达整个过渡段。由此可见,三峡蓄水以来,最明显的变化是深泓由单向摆动变成双向摆动,且摆幅、范围加大。

(5) 窑监大河段深泓摆动幅度较大。

窑监河段近年来,随着乌龟洲右缘的冲刷后退及新河口边滩向左淤长,下深槽深泓平面呈现明显持续左摆变化,下段左移的幅度较中段略大(2000年至今,中段深泓平面左移在300 m左右,而下段深泓平面左移达到350 m)。主流变化与乌龟洲体平面变化息息相关,该种变化已有所体现：乌龟洲右缘下段冲刷后退幅度较中段大,所以下段深槽主流左摆幅度较中段大。

大马洲水道受到上游窑监河段出口主流摆动与太和岭矶头挑流的影响,大马洲水道进口深泓逐渐坐弯,下段水流多次左右岸折冲过渡,出口段河面展宽。

第8章　宜昌至武汉河段航道冲淤及滩槽变化基本规律

乌龟夹下口主流沿持续崩退的左岸进入大马洲水道,直接顶冲太和岭上游岸线。从三峡蓄水以来的主流变化来看,2010年3月在2003年4月的基础上深泓左偏300 m。主流坐弯的同时,对应凸岸丙寅洲上边滩淤积,更加束窄了航槽,从而大马洲进口段航道十分弯曲,2010年3月的测图深泓线弯曲半径仅约900 m。另外,随着水位的下降,太和岭护岸乱石堆凸显,航道弯曲,流态越来越紊乱。

(6) 铁铺—熊家洲河段深泓出现不同程度的摆动。

铁铺水道自三峡蓄水以来,除进口过渡段深泓继续下挫外,深泓平面变化较小。

反咀水道自三峡蓄水以来,反咀弯道段岸线变化较小,但河道内边滩、深泓变幅较大,特别是弯道上段。弯道上段深泓很不稳定,呈左摆之势,2008年以前深泓呈不断左摆、最大摆幅在500 m以上,2009年深泓有所右摆。

熊家洲水道受反咀弯道变化的影响,熊家洲过渡段深泓发生左摆。

(7) 尺八口水道深泓摆动幅度较大。

尺八口水道自三峡蓄水以来,深泓平面变化较明显,在尺八口过渡段深泓左摆、下挫,2003年至2009年过渡段深泓左摆470 m左右,由左向右的过渡段深泓下移幅度约为1.3 km;七弓岭弯道凸岸侧深槽已冲深至航行基面以下10.9 m,致使过渡段以下水流向左、右两岸侧分散,其中,右槽内深泓平面比较稳定,基本上贴右岸侧,而左岸侧倒套向上延伸、左摆。从深泓纵剖面的年际变化来看,主深泓(由上深槽过渡至右深槽)平均淤高2~3 m,且在过渡段存在很明显的浅埂;上深槽至左槽一带,二洲子附近存在浅埂,但深泓冲刷明显。

(8) 界牌河段深泓呈现不同程度的摆动。

界牌河段从平面变化来看,右汊深泓相对稳定,仅进口段随着上边滩尾部的冲淤消长而有所摆动。新堤夹上段由于河面较宽,深泓摆幅较大,而下段河面较窄,摆幅较小,平面位置较稳定。两届大洪水后,新堤夹加速发展,深泓在新堤夹上段向右有较大幅度摆动;2001年后,由于螺山边滩下移,新堤夹进口水流受到限制,进口深泓逐渐右偏,上段逐年向左回摆,深泓逐渐弯曲。2005年,新堤夹进口深泓进一步右偏,靠近鱼嘴;夹内中段深泓变化很大,向左偏移了约500 m,主流贴岸,此后新堤夹由于快速萎缩,水动力强度下降,平面深泓基本稳定。从深泓纵剖面以及断面变化来看,大洪水之前,新堤夹就已出现了冲刷变深趋势,但幅度不大,这一阶段新淤洲右汊冲淤交替,没有趋势性的规律;连续两届大洪水后,由于大水取直,新堤夹冲开并迅速发展,深泓最大冲深达 8 m,一直到2002年初,夹内深泓最大冲深在 11 m 左右,与此相应的右汊在大水后到2002年,总体一直处于淤积状态;2003年以后,由于螺山边滩已逐渐接近新堤夹,夹内总体上开始呈现淤积的迹象;2007年以后,随着螺山边滩进一步堵塞新堤夹,其分流比逐渐减小,夹内深泓加快淤浅,而右汊深泓则逐渐冲深。

(9) 陆溪口水道深泓有所摆动。

陆溪口水道深泓平面变化主要集中在分汊进口段,中港进口段深泓年际间左右摆动,尚未有趋势性变化,直港进口深泓左移,由 2008 年的贴靠右岸摆动至 2011 年的贴靠新洲头部低滩,最大摆幅达 730 m 左右,2012年深泓再次摆回右岸侧,这与直港进口较大的年内冲淤幅度有密切的关系。

从深泓纵剖面变化来看,工程实施后,各个河段深泓均以冲刷为主,深泓高凸段冲刷幅度略小;陆溪口水道直港和中港深泓年内冲淤规律具有相似性,年际冲刷幅度直港显著大于中港。从年内变化来看,直港和中港都是涨水期上段淤积、下段冲刷,退水期则相反,上段冲刷而下段淤积。2009年涨水期,中港上段平均淤积幅度约 1.38 m,下段平均冲刷幅度约 1.51 m;退水期,中港上段平均冲刷幅度约 0.58 m,下段平均淤积幅度约 1.55 m。2011 年涨水期,直港上段平均淤积幅度约 0.41 m,下段平均冲刷幅度约 1.13 m;退水期,上段平均冲刷幅度约 0.33 m,下段平均淤积幅度约 0.11 m。从年际变化来看,工程实施后中港深泓冲淤变化不大,高凸段略有淤积,直港则表现为明显的单向冲刷,2011年初与2008年同期相比,沿程平均冲刷达到 1.71 m。直港和中港深泓冲淤与其分流比变化相对应。

(10) 嘉鱼—燕子窝河段深泓有所摆动。

嘉鱼水道左汊与中夹进口段的深泓线于 2004 年 2 月居河道中间偏左岸,随后,深泓表现为逐年右摆,到 2011 年 2 月深泓位置居河道中间偏右岸。

燕子窝心滩上游深泓线年际间表现为下移。燕子窝左槽深泓线表现为逐年向心滩左缘靠近;右槽进口段深泓也表现为逐年偏向心滩右缘。

8.3 滩地冲淤规律

1. 宜枝河段及上荆江河段滩地以冲为主,冲刷强度与枯水河槽冲淤强度相比较小

宜枝河段三峡蓄水后滩地以冲刷为主,冲刷强度与枯水河槽相比较小。如2002年10月至2003年10月枯水河槽年平均冲刷强度为47.9万 m^3/km,而中洪水河槽和枯水河槽之间的滩地年平均冲刷强度为14万 m^3/km;2004年10月至2005年10月枯水河槽年平均冲刷强度为35.7万 m^3/km,而中洪水河槽和枯水河槽之间的滩地年平均冲刷强度为2.3万 m^3/km;2006年10月至2007年10月枯水河槽年平均冲刷强度为36.2万 m^3/km,而中洪水河槽和枯水河槽之间的滩地年平均冲刷强度为1.6万 m^3/km(图8.3-1)。

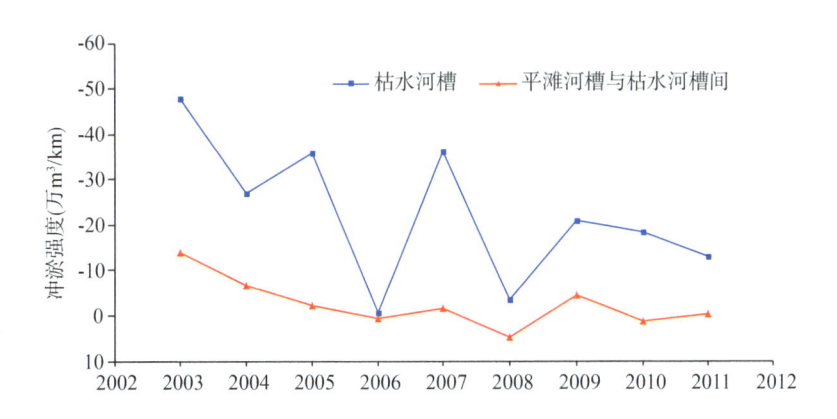

图 8.3-1　三峡蓄水后宜枝河段深槽和滩地冲淤强度沿时变化

上荆江河段三峡蓄水后滩地以冲刷为主,冲刷强度与枯水河槽相比较小。如2003年10月至2004年10月枯水河槽年平均冲刷强度为22.7万 m^3/km,而中洪水河槽和枯水河槽之间的滩地年平均冲刷强度为6.3万 m^3/km;2004年10月至2005年10月枯水河槽年平均冲刷强度为23.9万 m^3/km,而中洪水河槽和枯水河槽之间的滩地年平均冲刷强度为5.1万 m^3/km;2010年10月至2011年10月枯水河槽年平均冲刷强度为36.2万 m^3/km,而中洪水河槽和枯水河槽之间的滩地年平均冲刷强度为 0.5 万 m^3/km(图 8.3-2)。

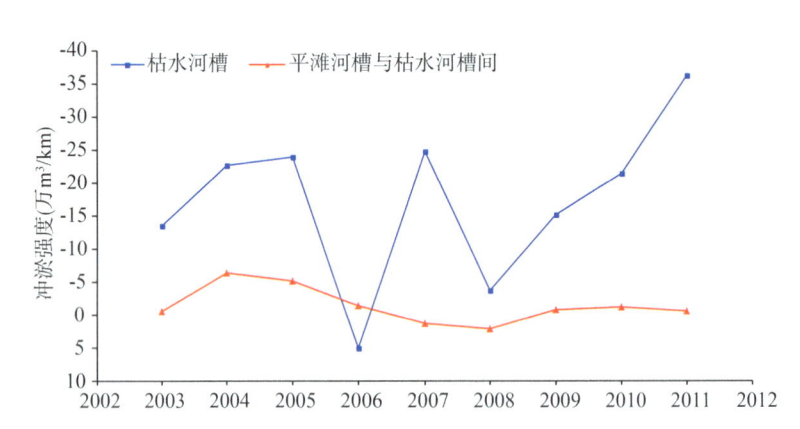

图 8.3-2　三峡蓄水后上荆江河段深槽和滩地冲淤强度沿时变化

2. 下荆江河段及城汉河段滩地三峡蓄水运行十年间的初期冲刷多、后期冲刷少，甚至淤积

下荆江河段滩地三峡蓄水运行十年间的初期冲刷多、后期冲深少，甚至淤积。如 2002 年 10 月至 2003 年 10 月中洪水河槽和枯水河槽之间的滩地年平均冲刷强度为 18.9 万 m^3/km；2005 年 10 月至 2006 年 10 月中洪水河槽和枯水河槽之间的滩地年平均冲刷强度为 3.3 万 m^3/km；而 2010 年 10 月至 2011 年 10 月中洪水河槽和枯水河槽之间的滩地年平均淤积强度为 2.8 万 m^3/km。

城汉河段滩地三峡蓄水运行十年间的初期冲刷多、后期冲深少，甚至淤积。如 2002 年 10 月至 2003 年 10 月中洪水河槽和枯水河槽之间的滩地年平均冲刷强度为 15 万 m^3/km；2007 年 10 月至 2008 年 10 月中洪水河槽和枯水河槽之间的滩地年平均淤积强度为 16.1 万 m^3/km(图 8.3-3)。

3. 城陵矶以上河段，高滩(中洪水河槽与基本河槽 $Q=10\,000\,m^3/s$ 间)冲刷强度大于低滩(基本河槽 $Q=10\,000\,m^3/s$ 与枯水河槽间)冲刷强度

从图 8.3-4 可以看出，城陵矶以上河段，中滩的冲刷强度明显大于低滩的冲刷强度。如宜枝河段 2002 年 10 月至 2011 年 10 月中滩的年平均冲刷强度为 13.3 万 m^3/km，而低滩的年平均冲刷强度为 9.8 万 m^3/km；上荆江河段 2002 年 10 月至 2011 年 10 月中滩的年平均冲刷强度为 9.0 万 m^3/km，而低滩的年平均冲刷强度为 3.0 万 m^3/km；下荆江河段 2002 年 10 月至 2011 年 10 月中滩的年

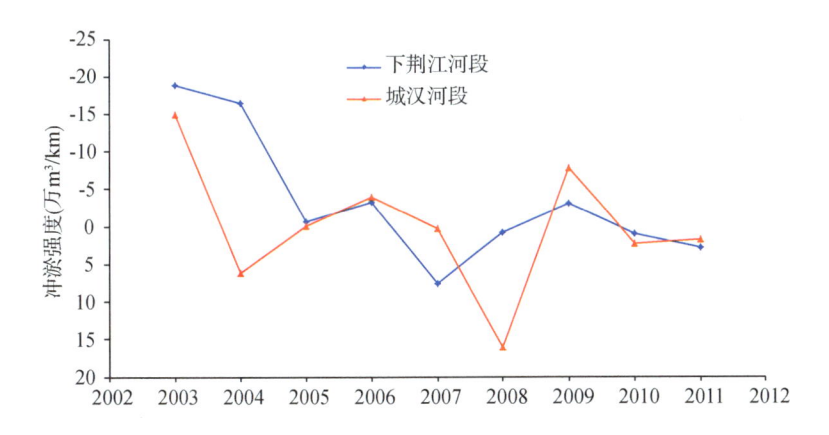

第8章 宜昌至武汉河段航道冲淤及滩槽变化基本规律

图 8.3-3 三峡蓄水后下荆江河段滩地冲淤强度沿时变化

平均冲刷强度为 19.5 万 m^3/km，而低滩的年平均冲刷强度为 11.2 万 m^3/km。

4. 宜枝河段和下荆江河段滩地冲刷多，其余河段冲刷少

从图 8.3-4 可以看出，宜枝河段和下荆江河段滩地冲刷多，其余河段冲刷少。如宜枝河段 2002 年 10 月至 2011 年 10 月低滩的平均冲刷强度为 9.8 万 m^3/km；上荆江河段 2002 年 10 月至 2011 年 10 月低滩的平均冲刷强度为 3.0 万 m^3/km；下荆江河段 2002 年 10 月至 2011 年 10 月低滩的平均冲刷强

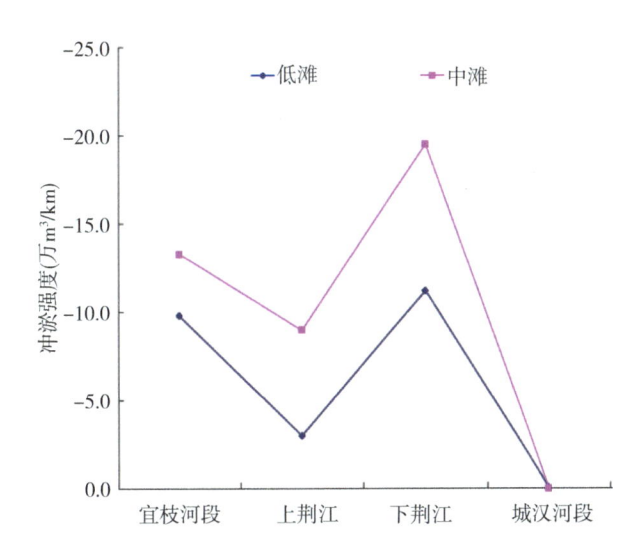

图 8.3-4 三峡蓄水后下荆江河段滩地冲淤强度沿时变化

173

度为 11.2 万 m³/km；城汉河段 2002 年 10 月至 2011 年 10 月低滩的平均冲刷强度为 0.06 万 m³/km。

8.4 砂卵石河段及沙质河段滩槽变化规律与水沙变化的关系

8.4.1 砂卵石河段滩槽变化规律与水沙变化的关系

1. 滩槽变化规律

(1) 砂卵石河段因受水沙和边界条件的影响，深槽以冲刷下切为主。

① 从宜昌河段内的宜 48 断面冲淤变化可以看出，冲刷下切主要在深槽位置，并且这种冲刷主要发生于蓄水后的初期(2003—2004)，后期基本稳定。

② 从宜都河段内的宜 70、72 断面冲淤变化可以看出，深槽发生明显冲刷下切。

③ 从关洲水道 2# 断面的冲淤变化图可以清晰看出，左汊深槽冲刷明显，在 2009 年之前较缓慢，2009 年后呈现出大幅度的冲刷下切。

④ 从芦家河水道 3# 断面的冲淤变化图可以看出，2003 年—2012 年，右侧主槽最大冲深 2.7 m，左侧边滩最大淤高 5.4 m。

(2) 砂卵石河段三峡蓄水后边滩以冲刷后退为主，心滩以滩头冲刷、洲尾上提、面积减小为主。

① 宜都水道：宜都河段右岸的三马溪边滩、左岸的中沙咀边滩、沙坝湾边滩在三峡蓄水后均有所蚀退。胭脂坝坝尾冲刷萎缩明显；南阳碛洲头冲刷后退，洲尾上提，洲体左右缘冲刷。

② 关洲水道：三峡蓄水后，左岸的人和垸边滩萎缩，关洲尾部逐渐侵蚀后退。

③ 芦家河水道：鸳鸯港边滩在三峡蓄水前冲淤交替，蓄水后边滩大幅冲刷后退；羊家佬边滩蓄水后表现冲刷，受石泓出口处深槽右摆的影响，边滩滩体大幅冲刷后退，滩体外缘冲刷幅度多在 2 m 以上；2004 年后，芦家河碛坝洲长有较大幅度减小，洲宽往复变化，洲体长度有大幅度减小，洲体面积也有较大幅度的减小。

④ 枝江—江口河段:张家桃园边滩在三峡蓄水后经历了一个先萎缩后又淤长的过程。2006年以来,枝江—江口河段开始剧烈冲刷,张家桃园边滩迅速萎缩变小、变低,至2008年初,0 m线以上部分的面积已不足2003年同期的一半;2009年初,该边滩0 m线已基本消失。张家桃园边滩头部实施护滩工程后,滩体冲刷趋势得到有效遏制,工程范围内滩体有所回淤。吴家渡边滩三峡蓄水后至2007年初,有冲有淤,滩体面积变化不大;从2007年开始,滩体总体表现为面积急剧萎缩,滩体下移,滩形变狭长。吴家渡边滩护滩带修建后,工程区域滩体平均淤高0.15 m,有效守护了吴家渡边滩头部。

水陆洲洲头低滩、洲体右缘以及洲尾成型堆积体都有冲刷萎缩,其中较为显著的洲尾成型堆积体近两年急剧萎缩的同时也趋向于散乱,尤其是洲头低滩不断受到水流切割及人为挖取卵石的影响,洲体完整性受到明显破坏。柳条洲洲头在三峡蓄水后,以冲刷为主,洲头中部保持稳定,但洲尾也呈冲刷态势。

2. 滩槽变化规律与水沙变化的关系

三峡蓄水后,砂卵石河段"滩槽均冲"的变化规律与来水来沙条件变化相关。

(1) 2003—2012年,该河段的径流量变化不大:宜昌站除2006年、2011年特枯水文年以外,径流量蓄水后与蓄水前年平均相比变化幅度在-12.52%~$+6.41\%$之间;但最枯流量随着蓄水阶段的推进,有逐年增大的趋势,宜昌站自蓄水以来,最枯流量由2003年的2 950 m^3/s增至2012年的5 680 m^3/s,增长近1倍。

(2) 输沙量大幅度减小:宜昌站年输沙量与蓄水前年平均输沙量相比,减小幅度在77.64%~98.74%之间。

(3) 含沙量大幅度减小:三峡蓄水前,宜昌站含沙量为1.126 m^3/s,蓄水后的2003年急剧减少,为0.238 m^3/s,之后有多有少,最少的年份为2006年的枯水年,仅为0.032 m^3/s,2012年的时候也只有0.092 m^3/s。

(4) 悬沙中值粒径蓄水后逐渐变细:三峡蓄水前,宜昌站悬沙中值粒径均为0.009 mm;三峡蓄水后,2003—2010年宜昌站年均悬沙中值粒径均小于0.007 mm,其中2006—2009年悬沙中值粒径仅为0.003 mm。

(5) 床沙呈现一定程度的粗化:坝下游砂卵石河段受来沙减少影响最为直接,床沙粗化相对明显。床沙平均中值粒径从2003年11月的0.638 mm增大到2011年10月的17.38 mm,增幅达27倍,河床组成从蓄水前的沙质河床或夹沙卵石河床逐步演变为卵石夹沙河床。

因此,在这种几乎可以看作"清水下泄"的水沙条件下,砂卵石河段不管是深槽还是洲滩都将会发生冲刷。

3. 重点浅滩水道内浅滩变化特点及趋势预测

长江中游坝下砂卵石河段内的重点浅滩水道主要有 3 个:芦家河水道、枝江水道和江口水道。

(1) 芦家河水道内浅滩变化特点及趋势预测。

① 芦家河水道内浅滩变化特点。

芦家河水道内浅滩三峡蓄水前后年内仍然保持"洪淤枯冲"的演变规律。

芦家河水道内浅滩位于沙泓进口处。

蓄水前,芦家河水道主流流路规律性较强。年内,中洪水期主流位于石泓,枯水期主流则位于沙泓;年际间,主流位置相对比较稳定。年内遵循"洪淤枯冲"演变规律,基本能够实现年内冲淤平衡,年际间冲淤变化幅度不大。芦家河的沙泓进口主要为淤沙型浅滩,洪水期,主流从石泓取直而下,沙泓进口形成缓流区,普遍发生淤积;汛后退水期,主流坐弯由石泓向沙泓偏转,水流归槽,发生冲刷,每当洪水退落石泓水深不足而沙泓进口尚未冲开时会出现"青黄不接"的碍航现象。

蓄水后,沙泓进口"洪淤枯冲"的演变规律不变。蓄水初期,因清水下泄,沙泓进口泥沙淤积量大幅减少,沙泓进口的碍航局面在蓄水初期有所改善,但是近几年来,芦家河水道内中、洪水期主航道的石泓冲刷发展,石泓的冲刷发展使得沙泓进口出现了较大范围的缓流区域,泥沙落淤,且枯水期水流归槽难度加大,使得沙泓进口及左侧鸳鸯港边滩普遍淤高,沙泓进口处仍然存在淤沙浅滩碍航问题。

② 芦家河水道内浅滩变化趋势预测。

上游关洲水道左汊的冲刷发展使得芦家河水道沙泓进口浅滩进一步恶化。

随着关洲水道左汊进入了冲刷较为剧烈的时期,左汊及边滩的冲刷发展使得关洲出口的汇流条件发生变化,这将对芦家河水道的进流条件产生极为不利的影响。蓄水前的自然条件下,洪水期主流走关洲的左汊,然后走芦家河水道的石泓;蓄水后,关洲左汊的冲刷发展使得洪水期水流更加集中于左汊,芦家河进口处主流也更加偏靠石泓。自关洲水道 2009 年后开始剧烈冲刷,关洲左汊冲刷迅猛发展后,石泓进口处深槽下延,这是芦家河水道沙泓进口河床淤积及鸳鸯港

第8章 宜昌至武汉河段航道冲淤及滩槽变化基本规律

边滩淤积长大的主要原因。随着蓄水阶段的推进,关洲水道左汊有继续冲刷的趋势,因此可能会导致芦家河水道沙泓进口浅滩条件恶化。

(2) 枝江水道内浅滩变化特点及趋势预测。

① 枝江水道内浅滩变化特点。

枝江水道内的上浅区位于陈家渡至肖家堤拐一带,一直较为稳定,三峡蓄水前后均难以冲刷,年内、年际冲淤幅度很小;下浅区位于肖家堤拐向左岸枝江市城下跨河过渡段中部,年内冲淤变化遵循"涨冲落淤"的规律。

三峡蓄水前,枝江水道上下浅区均出现过碍航现象。

三峡蓄水初期(2003—2005 年),枝江水道总体处于淤积状态。随着上游冲刷下移至枝江水道的泥沙大幅减少,下浅区普遍冲刷,航道逐渐右摆,出口变得顺畅;上浅区因河床组成为硬质黏土夹卵石,底板高程一直较高,但由于三峡调度的枯水补偿,加上枯水期清江隔河岩水库也增加了下泄流量,使枝江上浅区航道水深基本维持在 3.0 m 以上,从而保证了枝江水道未出浅碍航。

144~156 m 蓄水期(2006—2007 年),因上游来沙量大幅减少,深槽冲刷,枝江水道变化为"冲槽",航道条件较好。由于枝江上浅区仍难以冲刷下切,在下游沙质河床冲刷加剧、水位下降的情况下,枝江水道比降有所增大,但尚未引起碍航。

175 m 蓄水后,枝江水道的右汊为主航道,上浅区由于底高床硬,难以冲刷下切,水深条件并没有明显提高;枝江水道上浅区的河床高程一般在 28.0 m 左右,故上浅区的航道条件主要取决于枯水位的高低。三峡蓄水后,枝江—江口河段以冲刷为主,河段内关键滩体因冲刷而缩小、降低,直接导致枯水河槽边界约束变差,水位降低,航道条件变差。2008 年 3 月,3 m 线最窄宽度约 190 m,2009 年 10 月起实施了一期航道整治工程,对关键滩体实施了守护,工程实施后 2010 年 3 月浅区 3 m 线最窄宽度增至 280 m 左右;4 m 水深航宽约为 200 m,之后年份中上浅区 3 m 线变化不大,但由于航槽边缘水下乱石堆较多,限制了航宽进一步拓展。下浅区蓄水以来,由于上游冲刷搬运至枝江水道的泥沙大幅减少,致使枝江下浅区普遍冲刷,航道条件明显改善,由工程前后河段 3 m 等深线变化情况来看,下浅区 3 m 等深线变化不大,依然保持较宽,航道条件较好。

② 枝江水道内浅滩变化趋势预测。

枝江上浅区仍可能会出现航深不足的问题。

随着蓄水阶段的推进,上浅区冲刷下降幅度有限,水位仍有可能进一步降低,若任其发展,航宽、航深将难以满足 3.5 m×200 m 的规划尺度。

(3) 江口水道内浅滩变化特点及趋势预测。

江口水道蓄水前为长江中游航道维护的重点浅水道之一。

三峡蓄水后,江口水道的主航道一直位于右汊,蓄水初期整体呈淤积状态,特别是右汊深槽大范围淤积,过渡段浅区蓄水后略有淤高,但水深满足通航要求,没有出现碍航问题,2003—2006 年连续 4 年枯水期航道条件一直较好;2006—2008 年连续 2 届枯水期,江口过渡段航槽因为吴家渡边滩根部窜沟发展,柳条洲洲尾冲刷、崩退,造成枯水期过渡航槽较大幅度的淤积,致使航宽不足,航道条件变差。吴家渡边滩护滩工程实施后,2010 年 3 月,浅梗冲刷消失,浅区航道条件也呈好转的趋势,但 2010 年汛期遭遇较大洪水,从 2010 年 11 月份测图显示江口过渡航槽上游侧存在较大幅度的淤积,造成航宽略有缩窄。

随着蓄水阶段的推进江口水道吴家渡过渡段浅区仍处在较为不利的河势特征阶段,深槽过渡段范围过宽、吴家渡边滩低矮、窜沟发展、江口夹出流顶托等,航道条件不稳定。

8.4.2 沙质河段滩槽变化规律与水沙变化的关系

沙质河段内浅滩河段主要有 3 大类:顺直型、弯曲型和分汊型(其中分汊型又分为顺直分汊、弯曲分汊和鹅头型分汊 3 类)。从前面的分析可知:三峡蓄水后,长江中游沙质河段的水沙条件发生了不同程度的变化,从而可能会引起不同类型的浅滩河段滩槽形态也发生一定程度的变化,通过以上对沙质河段重点浅滩河段的滩槽变化分析,总结出不同类型浅滩河段的滩槽变化规律如下。

1. 顺直型浅滩河段的滩槽变化规律及水沙变化的特点

沙质河段中单一顺直型河段内河道两侧一般具有犬牙交错的边滩和深槽,上下深槽之间存在较短的过渡段称为浅滩。

(1) 三峡蓄水后,一些沙质浅滩河段以"冲槽"为主。

① 三峡蓄水后,周天河段枯水期以冲刷为主,主要表现为"冲槽",航槽断面形态有宽浅向窄深型发展的趋势。

从周天河段选取的代表性横断面的冲淤变化分析中可以看出,周天河段中选取的 10 个代表性横断面中有 8 个横断面的深槽表现为持续冲刷,且大部分断

第8章　宜昌至武汉河段航道冲淤及滩槽变化基本规律

面为"冲槽"。

此外,从对代表性横断面的河相系数 ζ 的分析,也可以看出 9 个断面的河相系数蓄水后的值均较蓄水前低。根据河床演变分析基本理论得知,河相系数 ζ 越大,河道越宽浅;河相系数 ζ 越小,河道越窄深,河道从宽浅向窄深发展的过程也表明了周天河段三峡蓄水后深槽以冲刷为主。

② 三峡蓄水后,界牌河段的上段顺直单一段以"冲槽"为主,航槽断面形态由宽浅向窄深型发展。

从界牌河段选取的 CS01~CS06 代表性横断面位于界牌河段上段的顺直段,大部分断面为"冲槽"。

(2) 三峡蓄水后,一些沙质浅滩河段以"冲滩淤槽"为主。

三峡工程蓄水运用后,顺直河段总体较稳定,但局部边滩冲刷。边滩冲刷使得河道展宽,增大了主流的摆动空间,水流也变得相对散乱,加剧了滩槽的不稳定,如铁铺水道、熊家洲水道等。

铁铺水道进口左岸存在何家铺边滩,中部右岸存在广兴洲边滩。三峡蓄水后,广兴洲边滩冲刷明显,近几年局部航槽淤积逐渐明显,航槽向宽浅方向发展,致使枯水航槽位置更不稳定、浅滩冲刷难度加大。

熊家洲水道内由于反咀弯道出口凹岸边滩的冲蚀引起熊家洲水道内右边滩冲刷、下移,河道展宽的同时河心淤积,断面形态较宽浅。

长江中游宜昌至武汉河段中单一顺直微弯型河段内河道两侧一般具有犬牙交错的边滩和深槽,上下深槽之间存在较短的过渡段称为浅滩。顺直型浅滩河段总体上遵循"洪淤枯冲"的演变规律,由于环流强度较弱,泥沙横向输移的强度也较弱,河床冲刷具有自上而下"滚动"发展的规律。

2. 弯曲型浅滩河段的滩槽变化规律及水沙变化的特点

(1) 三峡蓄水后,沙质弯曲浅滩河段呈现凸岸冲刷、凹岸淤积的变化规律。

自然条件下,弯曲河段的主要演变规律基本表现为"凹冲凸淤",即凹岸持续冲刷后退,而凸岸边滩随之逐渐淤长。弯曲河段的曲率半径呈逐渐减小的趋势。

三峡蓄水后,受水沙条件变化的影响,河段基本上表现为凸岸冲刷、凹岸淤积,即凸岸边滩冲刷,凹岸深槽淤积,如碾子湾水道、莱家铺水道等都呈现出凸岸冲刷、凹岸淤积的规律。反咀水道为急弯段,弯道段总体上不断向急弯发展,上段凸岸冲刷、凹岸淤积明显;反咀弯道段凸岸边滩大幅刷低的同时,上段新堤子至新埠子过河槽淤积明显,河床向宽浅方向发展。

(2) "切滩撇弯"概率增大。

三峡水库蓄水运用后,河床展宽、下切,"切滩撇弯"增多。在河宽较大的急弯段,如反咀弯道或尺八口弯道,中洪水期主流漫滩后,由于来沙量减少,水流动力轴线取直,滩面受到冲刷,且退水过程中难以淤还。受此影响,中枯水流路也逐渐向凸岸侧摆动,凹岸逐渐淤积,从而形成或快或慢的"切滩撇弯"趋势。

三峡工程蓄水运用后,一方面,来沙减少,水流或处于不饱和状态,而弯道段水流动力轴线年内大幅度横向摆动,汛期水流动力轴线取直,流经凸岸边滩;汛后水流动力轴线坐弯,回到凹岸深槽。凸岸边滩在中洪水期主流漫滩后,由于水流挟沙不饱和,滩面必然受到冲刷,而退水过程中又难以淤还。另一方面,三峡水库的运用使流量过程发生变化,枯水流量显著增加,特别是 175 m 蓄水后,枯水流量的增幅更加显著,水流动力轴线的曲率半径增加,也使得主流离开凹岸,向凸岸移动。受此两方面的影响,凹岸北控制的弯曲河段开始呈现"凸冲凹淤"的变化规律。

"切滩撇弯"趋势增多的原因:建库后,枯水期流量加大,凸岸中上缘横向来沙减少,发育不良;中等洪水出现频率增大,使"切滩撇弯"频度增大。上游来沙减少,一方面,滩面难以淤积;另一方面,凸岸发育不良,弯道段维持稳定的条件有所减弱,进口河床变宽,发生局部"切滩撇弯"的概率增大。

3. 分汊型浅滩河段的滩槽变化规律及水沙变化的特点

长江中游沙质河段分布着大量的分汊河段,分汊型河段又分为顺直分汊、弯曲分汊和鹅头型分汊。三峡蓄水后,分汊河段的滩槽演变特性较为复杂。

(1) 三峡蓄水后,江心滩有冲有淤,但总体上呈冲刷、下移、缩小的态势。

沙质河段内的分汊河段,通过对太平口水道、瓦口子水道、马家咀水道、藕池口水道、窑集佬监利水道、界牌水道、陆溪口水道、嘉鱼水道、燕子窝水道三峡蓄水后滩槽变化特征的分析得出:三峡蓄水后,江心洲、江心滩发生了明显的冲刷,江心洲、江心滩总体表现为头部冲刷后退、滩体面积缩小等。对于滩顶相对低矮的江心滩,在三峡运行初期普遍表现为头部冲刷、尾部淤积,随后尾部也逐渐进入冲刷,如太平口水道的三八滩,在三峡蓄水后表现为持续萎缩,守护工程实施后,其滩形就基本保持不变了;腊林洲中部低滩头部冲刷萎缩,与此相应地,杨林矶边滩继续下移;界牌河段的新淤洲洲头低滩近期也正处于冲刷后退的阶段。

第8章　宜昌至武汉河段航道冲淤及滩槽变化基本规律

对于滩顶较高、一般洪水不淹没的江心洲,三峡水利工程运行初期表现为其头部低滩冲刷,滩体两侧或一侧发生崩岸,滩体缩窄,如马家咀水道的南星洲、窑监河段的乌龟洲等。

(2) 分汊河段的河型保持稳定,分汊格局有所调整。沙质河段内的分汊河段,年内主支汊交替的分汊河段两汊都将冲刷发展,年内不交替的分汊河段则表现为主汊发展、支汊萎缩。

沙卵石河段内的分汊河段,如关洲水道,主汊深槽形态长期处于较为稳定的态势,支汊深槽三峡蓄水后变化较为剧烈,主要表现为支汊进口相对较为稳定,自支汊出口向上游逐年冲深、展宽,因此支汊显著冲刷发展;芦家河水道,枯水期主航道沙泓深槽内可冲有限,蓄水以来,深泓高程较为稳定,中洪水期主航道石泓出现了较为明显的冲刷发展。

沙质河段内的分汊河段有两种类型,一种是年内主支汊交替的,另一种是年内主支汊稳定不变的。年内主支汊交替的水道,支汊均位于凸岸侧,主汊位于凹岸侧,受弯道"大水取直、小水坐弯"的影响,汛期水流流经支汊,由于三峡蓄水后,水流处于不饱和状态,支汊发展迅速,主汊也冲刷发展,且洪水期主汊发展快于枯水期主汊。城陵矶以下的陆溪口水道、嘉鱼水道、燕子窝水道等属于主支汊年内交替的分汊河段,支汊也都有不同程度的发展。如燕子窝水道受上游河势及本河段平面形态的影响,主汊位于凸岸侧,支汊位于凹岸侧,但中洪水期主流偏向支汊,因此尽管对燕子窝水道采取了控制工程措施,但由于工程强度有限,支汊进口的护底带已严重破坏,支汊进一步发展,与此同时,心滩滩头及靠主汊一侧的滩缘也逐渐冲刷萎缩,使得主汊进口滩形散乱,河道宽浅。年内主支汊不交替的河段,三峡蓄水后主汊冲刷发展,支汊处于萎缩态势。下荆江的窑监河段平面形态为弯曲分汊,三峡蓄水后,弯曲分汊浅滩河段的支汊总体是趋于萎缩的,这是因为其支汊不位于主流摆动的范围内,加之蓄水后泥沙来源大减,位于主流区的主汊稳定性有所加强。

三峡水库建成后,分汊河段主、支汊得以长期共存的洪枯季相协调的分水分沙关系受到破坏,导致主、支汊年内、年际发育失衡。具体表现如下:

(1) 原枯季淤积、汛期冲刷的支汊,因洪峰削减,得不到有力的冲刷而淤死。另外,汛期流量过程调平,中低水持续时间增长,对于支汊河底高程显著高于主汊的,不利于支汊的冲刷发展,对主汊的发展有利,如藕池口水道左汊发展,右汊衰退；反之，主汊河底高程高于支汊的，支汊就有兴旺的可能。

（2）来沙减少，枯水流量增大，原汛期淤积、枯季冲刷的支汊，因来沙减小，汛期得不到淤积，同时枯水期流量加大，冲刷增强，支汊得到发展。如瓦口子水道支汊处于凸岸一侧，三峡工程蓄水运用后，支汊（右槽）处于发展态势。

（3）汊道分流区冲刷或洲滩滩头退蚀，导致主流摆动或分水分沙比改变。如马家咀水道，三峡蓄水后，南星洲洲头滩体先冲后淤。2003—2005年，南星洲洲头滩体大幅冲刷后退，相应地，马家咀左汊支汊2006年以前分流比增加，2006年后受航道整治一期工程影响，分流比减小的趋势得到逆转。

参考文献

[1] 谭艺. 航道整治工程技术规范(JTJ 312—2003)简介[J]. 水运工程,2004(10): 119-120.

[2] 周冠伦. 航道工程手册[M]. 北京:人民交通出版社,2004.

[3] 钱宁,张仁,周志德. 河床演变学[M]. 北京:科学出版社,1987.

[4] 朱玉德,李旺生. 长江中游沙市河段航道治理思路的探讨[J]. 水道港口,2006,27(4): 223-226.

[5] 乐培九,张华庆,李一兵. 坝下冲刷[M]. 北京:人民交通出版社,2013.

[6] 李旺生. 长江中下游航道整治技术问题的几点思考[J]. 水道港口,2007,28(6): 418-424.

[7] 李旺生,朱玉德. 长江中游沙市河段河床演变分析及趋势预测[J]. 水道港口,2006,27 (5):294-299.

[8] 乐培九. 河床演变与模拟文集[M]. 天津:天津科学技术出版社,2001.

[9] 潘庆燊. 三峡工程泥沙问题研究60年回顾[J]. 人民长江,2017,48(21):18-22.

[10] 刘万利,李一兵,朱玉德,等. 长江长河段系统治理技术研究[Z]. 交通运输部天津水运工程科学研究所,2013.

[11] 张瑞瑾. 河流动力学[M]. 北京:中国工业出版社,1961.

[12] 张瑞瑾,谢鉴衡,王明甫,等. 河流泥沙动力学[M]. 北京:水利电力出版社,1989.

[13] 谢鉴衡. 河床演变及整治[M]. 武汉:武汉大学出版社,2013.

[14] 谢鉴衡. 河流模拟[M]. 北京:水利电力出版社,1990.

[15] 谢鉴衡. 下荆江系统裁弯后的河床演变研究[R]. 北京:水利电力出版社,1959.

[16] 梁应辰,等. 长江三峡工程泥沙和航运问题研究成果汇编[G]. 北京:交通部三峡办公室,1997.

[17] 李一兵,郑宝友,陈晓云,等. 三峡工程蓄水运用对荆江(大布街—城陵矶)和洞庭湖湖

区港口航道影响及对策研究[R].天津:交通运输部天津水运工程科学研究所,2011.

[18] 交通部水运司编.内河航道整治工程技术交流大会文集[M].北京:人民交通出版社,1998.

[19] 王益良,刘建民,唐存本,等.内河航道与港口水流泥沙模拟技术规程[Z].交通部天津水运工程科学研究所,2005.

[20] 赵连白,张秀琴,刘万利.葛州坝大江下游航道通航水流条件改善措施试验研究[J].水运工程,2001(12):32-39.

[21] 李丹勋,毛继新,杨胜发,等.三峡水库上游来水来沙变化趋势研究[M].北京:科学出版社,2010.

[22] 方宗岱.河型分析及其河道整治上的应用[J].水利学报,1964(1):1-12.

[23] 冯兵,郑亚惠.长江干流中游九江河段河床演变分析[J].人民长江,1995,26(1):31-36.

[24] 冯春,陈建平,王庆飞.长江武汉段河道近期沉积特征及演变趋势[J].地学前缘,2001(1).

[25] 韩其为,何明民.三峡水库建成后长江中、下游河道演变的趋势[J].长江科学院院报,1997,14(1):12-15.

[26] 胡向阳.三峡工程坝下游河道冲刷研究进展综述[J].水利水电快报,1998.19(21):26-29.

[27] 黄金池,万兆惠.黄河下游河床平面变形模拟研究[J].水利学报,1992(2):13-18.

[28] 季成康,刘开平.长江下游河床演变对防洪的影响探讨[J].水力发电,2002(1):9-13.

[29] 金德生.长江流域地貌系统演化趋势与流域开发[J].长江流域资源与环境,1993(1):1-8.

[30] 林承坤,陈钦峦.荆江河曲的成因与演变[J].南京大学学报(自然科学版),1965(1):98-122.

[31] 林一山.荆江河道的演变规律[J].人民长江,1978(1):2-10.

[32] 林承坤,陈钦峦.下荆江自由河曲形成与演变的探讨[J].地理学报,1959,25(2):20-28.

[33] 马有国,高幼华.长江中下游鹅头型汊道演变规律的分析[J].泥沙研究,2001(1):11-15.

[34] 施少华,林承坤,杨桂山.长江中下游河道与岸线演变特点[J].长江流域资源与环境,2002,11(1):69-73.

[35] 潘庆燊,史绍权,段文忠.长江中游河段人工裁弯河道演变的研究[J].中国科学,1978(2):212-225.

[36] 潘庆燊.长江中下游河道演变趋势及对策[J].人民长江,1997,(5):23-25,48.
[37] 潘庆燊,卢金友.长江中游近期河床演变分析[J].人民长江,1999,30(2):32-31.
[38] 潘庆燊.长江中下游河道近50年变迁研究[J].长江科学院院报,2001,18(5):18-22.
[39] 石国钰,许全喜,陈泽方.长江中下游河道冲淤与河床自动调整作用分析[J].山地学报,2002,20(3):257-265.
[40] 陈立.长江中游水沙特性及运动规律研究[R].南京:武汉大学,2014.
[41] 张修桂.近代长江中游河道演变及其整治[J].复旦学报(社会科学版),1994(6):55-61.
[42] 王维国,阳华芳,熊法堂,许波.近期长江荆江河道演变特点[J].人民长江,2003,34(11):19-21.
[43] 贾锐敏.从丹江口、葛洲坝水库下游河床冲刷看三峡工程下游河床演变对航道的影响[J].水道港口,1996(3):1-13.
[44] 李宪中,陆永军,刘怀汉.三峡枢纽蓄水后对荆江重点河段航道影响及对策初步研究[J].水运工程,2004(8):55-59.
[45] 江凌,李义天,张为.长江中游沙市河段演变趋势探析[J].泥沙研究,2006(3):76-81.
[46] 刘小斌,卢金友,林木松.三峡工程对长江中下游河道影响分析[R].水电2006国际研讨会,1072-1076.
[47] 许炯心,师长兴.汉江丹江口水库下游游荡段河岸侵蚀及其在河床调整中的意义[J].科学通报,1995,40(18):1689-1692.